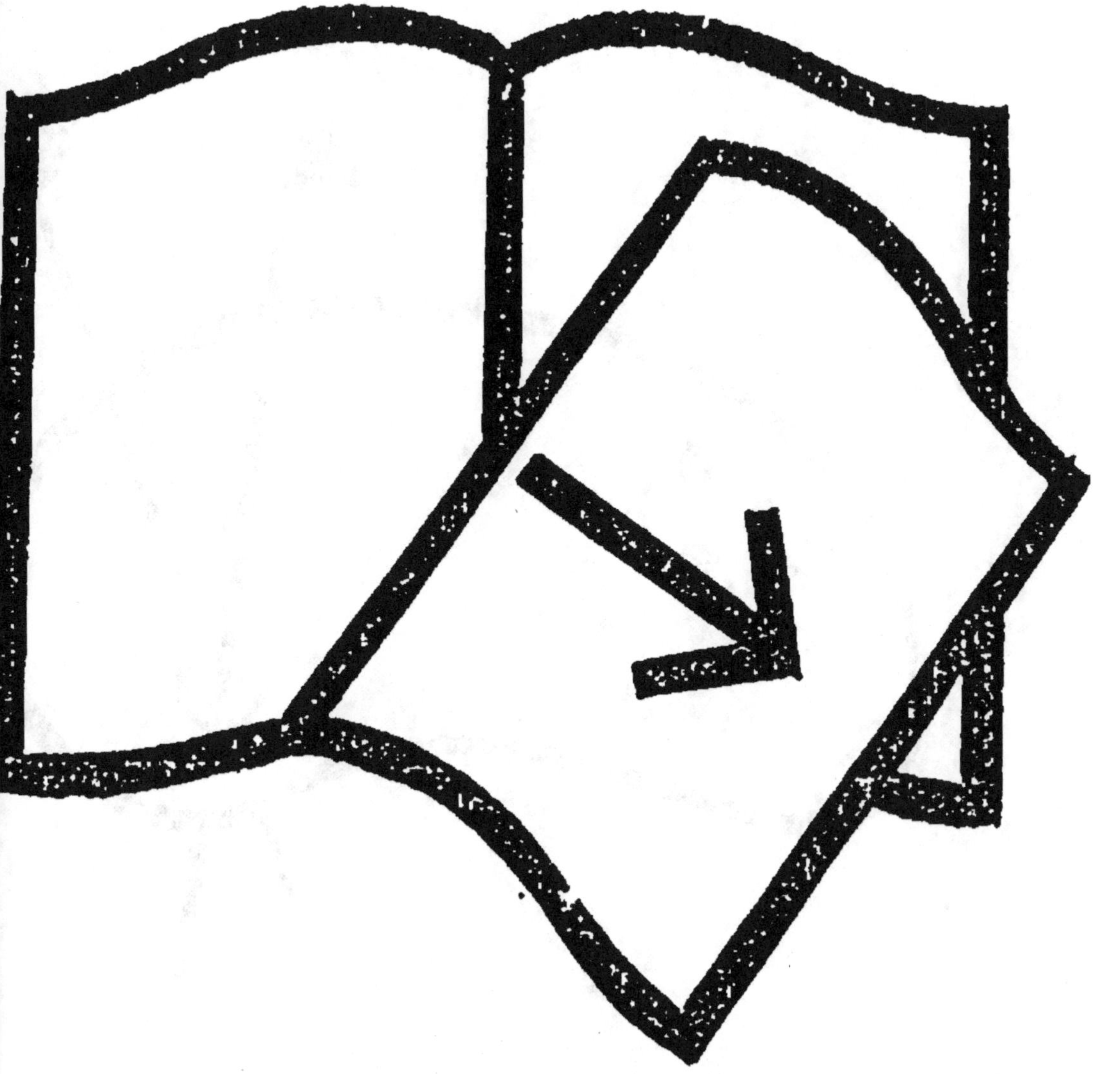

Couverture supérieure manquante

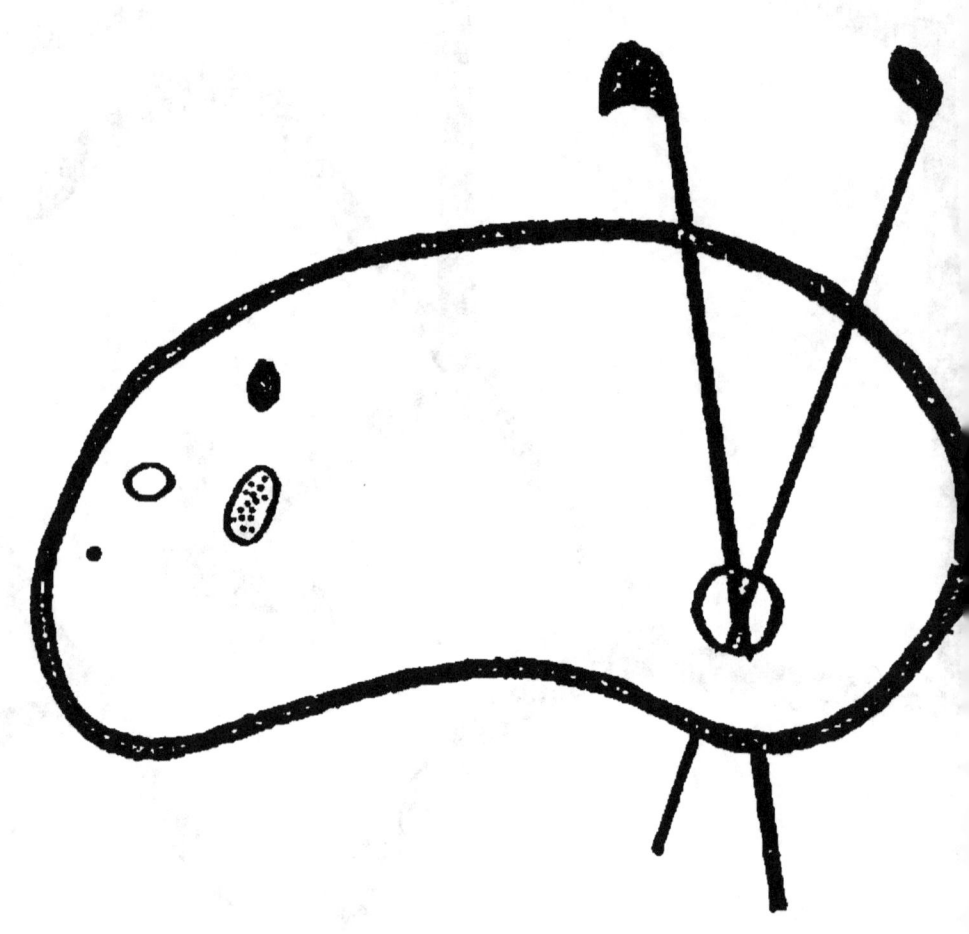

ORIGINAL EN COULEUR

Librairie HACHETTE et C‸ie, Boulevard Saint-Germain, 79, PARIS.

BIBLIOTHÈQUE VARIÉE A 3 FR. 50 LE VOLUME
FORMAT IN-16

Etudes littéraires

ALBERT (Paul) : *La prose*, études sur les chefs-d'œuvre des poètes de tous les temps et de tous les pays. 1 vol.
— *La prose*, études sur les chefs-d'œuvre des prosateurs de tous les temps et de tous les pays. 1 vol.
— *La littérature française des origines jusqu'à la fin du* XVI*e siècle*. 1 vol.
— *La littérature française au* XVII*e siècle*. 1 vol.
— *La littérature française au* XVIII*e siècle*. 1 vol.
— *La littérature française au* XIX*e siècle*. 2 vol.
— *Variétés morales et littéraires*. 1 vol.
— *Poètes et poésie*. 1 vol.
BERGER (Ad. ph.) : *Histoire de l'éloquence latine, depuis l'origine de Rome jusqu'à Cicéron*, publiée par M. V. Cucheval. 2 vol.
Ouvrage couronné par l'Académie française.
BERSOT : *Un moraliste*, études et pensées. 1 v.
BOSSERT : *La littérature allemande au moyen âge*. 1 vol.
— *Goethe, ses précurseurs et ses contemporains*. 1 vol.
— *Goethe et Schiller*. 1 vol.
Ouvrage couronné par l'Académie française.
BRUNETIÈRE : *Etudes critiques sur l'histoire de la littérature française*. 2 vol.
CARO : *La fin du* XVIII*e siècle*, études et portraits. 1 vol.
DUFOUR : *Les études classiques au* XIX*e siècle*. 1 vol.
Ouvrage couronné par l'Académie française.
DESCHANEL : *Etudes sur Aristophane*. 1 vol.
DESPOIS (E.) : *Le théâtre français sous Louis* XIV. 1 vol.
GEBHART (E.) : *De l'Italie*, essais de critique et d'histoire. 1 vol.
— *Rabelais, la Renaissance et la Réforme*. 1 vol.
Ouvrage couronné par l'Académie française.
— *Les origines de la Renaissance en Italie*. 1 vol.
Ouvrage couronné par l'Académie française.
GIRARD (J.), de l'Institut : *Etudes sur l'éloquence attique* (Lysias, — Hypéride, — Démosthène). 1 vol.
— *Etudes sur la poésie grecque* (Archiloque, — Pindare, — Sophocle, — Théocrite, — Apollonius). 1 vol.
— *Le sentiment religieux en Grèce*. 1 vol.
— *Essai sur Thucydide*. 1 vol.
Ouvrages couronnés par l'Académie française.

LAVELEYE (E. de) : *Eschyle et Arétin*. 1 vol.
LENIENT : *La satire en France au moyen âge.*
— *La satire en France, ou la littérature militante au* XVI*e siècle*. 2 vol.
LICHTENBERGER : *Etudes sur les poésies lyriques de Goethe*. 1 vol.
Ouvrage couronné par l'Académie française.
MARTHA (C.), de l'Institut : *Les moralistes sous l'empire romain*. 1 vol.
Ouvrage couronné par l'Académie française.
— *Le poème de Lucrèce*. 1 vol.
— *Etudes morales sur l'antiquité*. 1 vol.
MAGRARGUES (A.) : *Pétrone*. 1 vol.
MÉZIÈRES (A), de l'Académie française : *Shakespeare, ses œuvres et ses critiques*.
— *Prédécesseurs et contemporains de Shakespeare*. 1 vol.
— *Contemporains et successeurs de Shakespeare*. 1 vol.
Ouvrage couronné par l'Académie française.
— *Le Dante*. 1 vol.
— *Pétrarque*. 1 vol.
MONTÉGUT (E.) : *Poètes et artistes de l'Italie*. 1 vol.
— *Types littéraires et fantaisies esthétiques*. 1 v.
— *Essais sur la littérature anglaise*. 1 vol.
— *Nos morts contemporains*. 2 vol.
— *Les écrivains modernes de l'Angleterre*. 1 vol.
NISARD (Désiré), de l'Académie française : *Etudes de mœurs et de critique sur les poètes latins de la décadence*. 2 vol.
PARIS (G.) : *La poésie au moyen âge*. 1 vol.
PATIN : *Etudes sur les tragiques grecs*. 4 vol.
— *Etudes sur la poésie latine*. 2 vol.
— *Discours et mélanges littéraires*. 1 vol.
PEY : *L'Allemagne d'aujourd'hui*. 1 vol.
PRÉVOST-PARADOL : *Etudes sur les moralistes français*. 1 vol.
SAINTE-BEUVE : *Port-Royal*. 7 vol.
TAINE (H.), de l'Académie française : *Essai sur Tite-Live*. 1 vol.
Ouvrage couronné par l'Académie française.
— *Essais de critique et d'histoire*. 2 vol.
— *Histoire de la littérature anglaise*. 5 vol.
— *La Fontaine et ses fables*. 1 vol.
TREVERRET (A. de) : *L'Italie au* XVI*e siècle*. 2 vol.
WALLON : *Les Evangiles*. 3 vol.

Chefs-d'œuvre des littératures étrangères.

BYRON (lord), *Œuvres complètes*, traduites de l'anglais par M. Benjamin Laroche. 4 vol.
CERVANTES : *Don Quichotte*, traduit de l'espagnol par M. L. Viardot. 2 vol.
DANTE : *La divine comédie*, traduite de l'italien par P. A. Fiorentino. 1 vol.
OSSIAN : *Poésies gaéliques*, recueillies par Macpherson, trad. de l'anglais par P. Christian.
SHAKESPEARE : *Œuvres complètes*, traduites de l'anglais par M. E. Montégut. 10 vol.
Ouvrage couronné par l'Académie française.
Chaque volume se vend séparément.

QUELQUES MOTS

SUR

L'INSTRUCTION PUBLIQUE

EN FRANCE

A LA MÊME LIBRAIRIE

Michel Bréal : *Mélanges de mythologie et de linguistique.* 1 vol. in-8. 7 fr. 50 c.

Bopp (François) : *Grammaire comparée des langues indo-européennes*, comprenant le Sanscrit, le Zed, l'Arménien, le Grec, le Latin, le Lithuanien, l'ancien Slave, le Gothique et l'Allemand, traduite sur la deuxième édition et précédée d'introductions, par M. Michel Bréal, professeur de grammaire comparée au Collège de France. Troisième édit. 5 vol. grand in 8. 38 fr.

Le tome V : *Registre détaillé des mots compris dans les quatre volumes*, par M. Francis Meunier, se vend séparément 6 fr.

6414 — Paris Imp A L Guillot et A Julien, 7. rue des Canettes.

QUELQUES MOTS

SUR

L'INSTRUCTION PUBLIQUE

EN FRANCE

PAR

MICHEL BRÉAL

MEMBRE DE L'INSTITUT
PROFESSEUR AU COLLÈGE DE FRANCE

CINQUIÈME ÉDITION

PARIS
LIBRAIRIE HACHETTE ET Cie
79, BOULEVARD SAINT-GERMAIN, 79

1886

QUELQUES MOTS

SUR

L'INSTRUCTION PUBLIQUE

EN FRANCE.

ORIGINE ET OBJET DE CE TRAVAIL.

Ce ne sont point, comme on pourrait le croire, les événements de 1870 qui m'ont engagé à écrire ces pages. Depuis longtemps, j'amassais des notes sur la valeur comparative de l'enseignement en France et en Allemagne. Peut-être, sans la guerre, les aurais-je gardées encore en portefeuille; mais aujourd'hui la situation de notre pays est telle que tous ceux qui lui sont attachés doivent mettre à son service les renseignements dont ils disposent. Je m'adresse à des lecteurs trop éclairés pour craindre qu'on ne se méprenne sur l'intention de ce travail. Le moment serait mal choisi pour faire des rapprochements de pure contemplation. Je ne recommanderai que les réformes que je croirai possibles, et si je signale des défauts de notre enseignement, c'est que je penserai que nous avons les moyens de les guérir. Je ferais d'ailleurs injure à mon lecteur si je prenais avec lui des précautions d'une autre nature : les événements ont montré d'une façon trop cruelle que les meilleurs amis du pays n'étaient pas ceux qui lui laissaient ignorer l'étranger et qui entretenaient la France dans une confiance illimitée en elle-même.

Si nous voulons remédier aux défauts de notre enseignement, c'est maintenant qu'il faut nous mettre à l'œuvre. L'histoire nous montre qu'après les grandes guerres, après les guerres malheureuses surtout, l'attention publique se tourne vers l'éducation. Nous pouvons prendre modèle sur nos adversaires. « Il faut, disait le 10 août 1807, le roi « de Prusse Guillaume III, que l'État regagne en « force intellectuelle ce qu'il a perdu en force « physique. » Grâce à des hommes comme Guillaume de Humboldt, alors ministre de l'instruction publique, comme Fichte, comme Stein, la Prusse, de 1807 à 1813, réorganisa l'éducation nationale. C'est là un exemple à suivre, quoique la tâche en France soit quelque peu différente. Il s'agit moins encore chez nous de retremper le caractère de la nation que de corriger certains défauts de l'esprit qui sont entretenus par des méthodes vicieuses.

Si nous laissons passer deux ans, trois ans, la

force de l'habitude l'emportera. Il ne faut pas oublier que nous sommes le pays le plus rebelle aux vraies réformes, le plus fidèle aux traditions séculaires. Notre histoire est semée de révolutions à la surface; mais ce qui constitue le fond de la vie intellectuelle et morale s'est à peine modifié depuis deux siècles. Nos enfants font les mêmes exercices que Rollin dictait à ses élèves, et si la Révolution française a étendu à une grande partie de la nation l'éducation qui était autrefois le privilége d'un petit nombre, elle n'a pas eu la force de transformer cette éducation. Les livres que Bossuet a composés pour le Dauphin servent aujourd'hui à l'instruction des enfants de notre bourgeoisie. Il y a eu extension de l'ancienne culture française, mais elle ne s'est pas sensiblement modifiée. De pénétrants observateurs de notre génie national ont cru reconnaître que dans les réformes qui touchent aux choses de l'esprit, notre trait distinctif était la timidité. Ce sont pourtant les seuls changements vraiment féconds, les seuls qui à la longue, amènent après eux tous les autres. Si nous ne modifions pas l'esprit de la nation, les mêmes maux reparaîtront d'intervalle en intervalle, de plus en plus aigus et cuisants. Pas plus que les révolutions, les leçons les plus dures de la destinée ne pourront en empêcher le retour.

De louables efforts ont été tentés pour la diffusion de l'enseignement; mais si vous généralisez un enseignement vicieux, vous n'aurez produit qu'un demi-bien : à chaque école nouvelle qui s'ouvre, je suis prêt à applaudir; mais si cette école où l'on apprend à lire n'inspire pas en même temps le goût de la lecture, ou si ces jeunes esprits que vous munissez des premiers instruments de la science ne sont pas mis en mesure de s'en servir avec discernement, vous aurez stérilisé vos dons ou mêlé un germe de corruption à la nourriture que vous distribuez. D'un autre côté, on croit que tout est pour le mieux quand on peut annoncer que le niveau des études, dans nos lycées, est en voie de remonter ; mais encore faut-il savoir si ces études, pour lesquelles on distribue si généreusement les prix à notre jeunesse, et auxquelles s'attachent tant d'espérances publiques et privées, sont les meilleures qu'on puisse offrir à nos enfants, et si ces lauréats que tous les ans nos lycées jettent dans la société ont été le mieux équipés pour soutenir le combat de la vie et pour être des citoyens utiles.

Je ne fais ici qu'indiquer une ou deux de ces questions qu'on passe ordinairement sous silence. Notre démocratie s'est montrée de tout temps plus jalouse d'obtenir sa part de ce qu'elle voyait aux mains d'autrui, que de créer à son usage des institutions nouvelles. Quant aux classes élevées, d'où devaient partir les réformes, elles ont manqué tantôt de hardiesse, tantôt de lumières, tantôt du repos nécessaire à l'accomplissement d'un changement de ce genre.

Le malheur veut que les questions, en France, soient toujours posées d'une façon absolue. On discute si le latin et le grec sont des études utiles ou s'il vaut mieux les supprimer. Mais peu de gens songent à se demander si la manière dont nous pratiquons l'étude des langues anciennes est la mieux faite pour obtenir le profit intellectuel que la société serait en droit d'en exiger. On semble supposer que la méthode d'enseignement usitée dans nos lycées est la seule possible, et que l'unique alternative qui nous soit offerte, c'est de la suivre ou de renoncer aux langues classiques. Il en est de même aux autres degrés de l'enseignement. On assiste avec stupeur aux égarements de notre population ouvrière, pour laquelle l'école semble n'être que l'introduction à toutes les chimères et à toutes les erreurs. Mais tandis que nous entendons dire que le catéchisme appris par cœur devrait constituer toute l'instruction élémentaire du peuple, le plus petit nombre songe à rechercher quelles sont les lacunes et les faiblesses de notre enseignement primaire.

Si les questions sont ainsi posées sous la forme d'un dilemme, il ne faut pas uniquement en accuser notre goût pour les solutions simples. L'ignorance a la plus grande part dans ce travers. Nous ne connaissons que nous-mêmes, et n'ayant pas l'idée d'un autre état de choses que le nôtre, la seule question qui se pose pour chaque institution, c'est d'être ou de n'être pas. Cependant, il serait bon de profiter des expériences d'autrui, comme l'étranger profite des nôtres. Il est impossible qu'un seul peuple ait par lui-même l'idée de tous les progrès qui se sont présentés à l'esprit des autres nations. Des événements particuliers ont pu favoriser à l'étranger des réformes qui ont pu être contrariées chez nous par des circonstances fortuites. Il n'est pas jusqu'aux erreurs de nos voisins qu'il ne soit bon de connaître, pour ne pas tomber dans les mêmes fautes ; car il pourrait nous arriver d'introduire chez nous, comme réformes, des expériences depuis longtemps condamnées à l'étranger.

Combien de personnes savent en France que les fameuses innovations de M. Fortoul étaient la répétition à peu près complète de celles qui, au début du règne de Joseph II, en 1780, furent tentées en Autriche, et que là, comme chez nous, elles amenèrent un déplorable abaissement des études ? C'était alors le même esprit de défiance pour la science, la même manie de réglementation, le même goût pour l'utilité immédiate, le même besoin d'enrôler et de classer tous les hommes qui avaient échappé à la hiérarchie administrative[1].

Combien de personnes savent que la campagne entreprise vers 1852 par l'abbé Gaume contre les études classiques avait déjà été poursuivie, non sans éclat, de 1820 à 1825, en Allemagne? On a déjà pu entendre alors toutes les objections présentées depuis contre l'antiquité classique, sur son immoralité, sur l'esprit révolutionnaire et sur les idées païennes qu'elle répand, et sur l'avantage qu'il y aurait à la remplacer par la lecture des Pères de l'Église. La réplique fut donnée alors par d'excellents *scholars*, de sorte que pour répondre à ces reproches, lorsqu'ils furent reproduits en France, il aurait suffi de traduire les ouvrages qui plaidèrent, chez les Allemands, la cause de l'antiquité classique[2].

Malgré l'apparence troublée de notre histoire, malgré nos prétentions cosmopolites et humanitaires, peu de nations ont eu un développement intérieur aussi peu influencé du dehors que la France. Nous avons successivement rejeté de notre sein tout ce qui répugnait ou semblait incom-

---

[1]. En 1790, quelques jours avant sa mort, Joseph II fut obligé de retirer ses réformes et de revenir aux avantages et aux inconvénients de l'ancien système.

[2]. Voyez surtout Thiersch : *Ueber gelehrte Schulen*.

mode à notre tour d'esprit. Nous avons éliminé la féodalité, le protestantisme, l'aristocratie, les universités, la monarchie héréditaire. Les admirateurs n'ont pas manqué à ces exécutions multipliées, et l'on nous assurait que la France, en possession d'un idéal, marchait vers des destinées de plus en plus glorieuses. La réalité vient de nous montrer ce qu'il faut penser de ces flatteries imprudentes ou intéressées. En écartant de nous les éléments que nous aurions dû nous assimiler, nous avons réduit de plus en plus la substance intellectuelle dont nous vivons : du même coup, nous avons diminué les forces matérielles de la nation, qui marchent toujours de pair avec les forces morales. Pendant ce temps, d'autres pays faisaient tourner à leur profit les mêmes événements qui ont abouti chez nous à des convulsions stériles, et ils gardaient, en les transformant, les institutions que nous avons trouvé plus facile de supprimer que d'améliorer. Mais non-seulement ces nations avaient sur nous l'avantage d'un développement régulier et continu : à aucune époque nos voisins n'ont négligé d'emprunter à la France toutes les idées dont ils pouvaient tirer parti et d'imiter tous les établissements qu'ils jugeaient enviables. De même qu'au treizième siècle l'Université de Paris a fourni le modèle des premières universités allemandes, qui nous étonnent aujourd'hui par leur prospérité, tandis que les nôtres sont réduites à un état misérable, de même encore c'est en Allemagne qu'à la fin du dix-huitième siècle, les idées de Rousseau sur l'éducation, ces « semences ailées » dont parle Jean Paul[1], ont trouvé le terrain où elles ont germé et porté leurs fruits. Resterons-nous insensibles à ces leçons multipliées et continuerons-nous à vivre sur notre propre fonds, de plus en plus resserré et épuisé, en nous privant volontairement de tout ce qui pourrait le renouveler et l'accroître ?

Je sais tout ce qui se dit, en pareil cas, sur les qualités distinctives de l'esprit français et sur le génie particulier de notre race. La même école qui a présenté les erreurs et les accidents de notre histoire comme les conséquences nécessaires et heureuses d'un développement intérieur, a imaginé un esprit français auquel ses lacunes et ses faiblesses, quelquefois toutes récentes, sont comptées comme autant de qualités natives.

Le patriotisme pourrait servir d'excuse à ces théoriciens, si l'on ne voyait pas que, le plus souvent, ils composent le portrait de l'esprit français d'après un ensemble de traits qu'on retrouve en

---

1. *Levana.* Œuvres complètes, seconde édition, t. XXII, p. 28.

eux-mêmes. Il me semble déjà entendre ces admirateurs du génie national prendre leur parti, au point de vue intellectuel, de la perte de l'Alsace, puisqu'après tout, en se dégageant de cet élément germanique, la flamme de l'esprit français brûlera d'une lumière plus pure. Je n'ai jamais mieux compris la valeur de ces sortes de théories qu'en lisant un jour une circulaire du ministre de l'instruction publique d'Espagne, qui engageait le personnel enseignant sous ses ordres à se défier des vaporeuses conceptions d'une philosophie et d'une critique étrangères au génie espagnol[1].

On trouvera donc souvent dans les pages qui suivent des rapprochements avec l'étranger. Je ne craindrai pas, non plus, de citer le jugement que des observateurs du dehors, plus clairvoyants et plus désintéressés que nous-mêmes, ont porté sur notre instruction publique[2]. Pour une nation comme la France, enfermée depuis longtemps en ses qualités et en ses défauts, c'est un des meilleurs moyens de se bien connaître que de voir l'impression qu'elle fait sur d'autres peuples. On verra que ce jugement ne ressemble guère à l'idée

1. *Revue de l'instruction publique* du 9 août 1866.
2. Surtout L. Hahn, *Das Unterrichts-Wesen in Frankreich*. Breslau, 1848. L'auteur paraît avoir bien connu nos écoles et nos collèges : son livre, quoique déjà assez ancien, est encore d'une entière justesse, tant les choses ont peu changé depuis vingt ans.

que nous nous faisons de nous-mêmes. Mais le pire danger pour notre pays, et c'est une illusion qui ne règne pas seulement dans notre démocratie ouvrière, serait de croire que le monde civilisé a les yeux fixés sur nous pour nous copier et pour nous admirer, au lieu qu'en réalité nos ennemis se réjouissent de notre état, les indifférents secouent la tête, et les amis éclairés de la France s'alarment et s'affligent.

L'ÉCOLE.

DES CARACTÈRES PARTICULIERS DE L'INSTRUCTION PRIMAIRE EN FRANCE.

Tandis que notre enseignement supérieur et secondaire remonte jusqu'au moyen âge, et de là, par une tradition qui n'a jamais été complétement interrompue, jusqu'aux écoles romaines, l'organisation de notre enseignement primaire date d'hier. La première République le décréta à plusieurs reprises; mais nul sous la République, nul sous l'Empire, il ne commença d'exister que sous la Restauration, et il ne prit une assiette solide qu'en 1833.

Comment la France a-t-elle attendu si longtemps et comment s'est-elle laissé devancer à tel point par les nations voisines? car il ne faudrait point croire que dans toute l'Europe l'instruction primaire soit chose si récente. L'Allemagne, la Hollande, la Suède, depuis deux siècles, possèdent de nombreuses écoles : dans le royaume de Prusse, alors si restreint et si pauvre, le roi Frédéric-Guillaume I, à lui seul, en avait fondé dix-huit cents, et dès le règne de son successeur Frédéric II, l'enseignement était déclaré obligatoire. D'où vient que la France, qui, dans le même temps, comptait tant d'économistes éclairés, tant de philosophes amis de l'humanité, tant d'esprits généreux, ait absolument délaissé l'instruction du peuple ?

Il faut avoir le courage de nommer la cause du mal, non pour réveiller des ressentiments qui ne sont pas de saison, ni pour provoquer des regrets stériles, mais pour voir enfin clair dans notre histoire et pour savoir où elle nous conduirait, si nous ne prenions soin d'en modifier la direction ou d'en atténuer les conséquences. La vérité est que l'enseignement primaire, partout où il s'est établi avant ce siècle, est fils du protestantisme. Cela est si évident, et cela peut être prouvé par des textes si explicites, qu'il est à peine nécessaire d'y insister.

En 1524, Luther adressa une lettre aux Conseils de toutes les villes d'Allemagne pour les engager à fonder des écoles :

« Chers Messieurs, puisqu'il faut annuellement tant dépenser pour arquebuses, routes, escaliers, digues, etc., afin qu'une ville ait la paix et la commodité temporelles, à plus forte raison devons-nous dépenser en faveur de la pauvre jeunesse nécessiteuse, pour entretenir un habile homme ou deux comme maîtres d'école. Toute la force et la puissance de la chrétienté est dans sa postérité, et si l'on néglige la jeunesse, il en sera des églises chrétiennes comme d'un jardin qui est négligé au printemps. On trouve des gens qui servent Dieu par beaucoup de pratiques étranges : ils jeûnent, portent des cilices et font mille choses par piété; mais ils manquent au vrai service divin, qui est de bien élever leurs enfants, et ils font comme autrefois les Juifs qui abandonnèrent le temple de Dieu pour sacrifier sur les hauteurs.

« Crois-moi, il est bien plus nécessaire que tu prennes soin de bien élever tes enfants, que d'obtenir l'absolution, de prier, d'aller en pèlerinage et d'exécuter des vœux.

« Mon opinion est que l'autorité est tenue de forcer les sujets d'envoyer leurs enfants à l'école.... Si elle peut obliger les sujets valides à porter la lance et l'arquebuse, à monter sur les remparts et à faire tout le service de guerre, à plus forte raison peut-elle et doit-elle forcer les sujets d'envoyer leurs enfants à l'école, parce qu'ici il s'agit d'une guerre bien plus terrible avec le satané démon. Et moi-même, si je pouvais ou si je devais renoncer à mon ministère de prédicateur et à mes autres occupations, il n'est pas métier que je ferais plus volontiers que celui de maître d'école ou d'instituteur. Car je crois que, après la prédication, c'est là le ministère le plus utile, le plus grand et le meilleur, et encore ne sais-je pas lequel des deux doit passer le premier. »

Le réformateur protestant ne pouvait tenir un autre langage. En rendant l'homme responsable de sa foi et en plaçant la source de cette foi dans l'Écriture sainte, la Réforme contractait l'obligation de mettre chacun en état de se sauver par la lecture et par l'intelligence de la Bible. L'instruction devint donc le premier des devoirs de charité, et tous ceux qui avaient charge d'âmes, depuis le père de famille jusqu'aux magistrats des villes et jusqu'au souverain de l'État, furent appelés, au nom de leur propre salut et chacun dans la mesure de sa responsabilité, à favoriser l'enseignement populaire. Ainsi le protestantisme, par un enchaînement d'idées dont il serait hors de propos de discuter la valeur philosophique, mais dont les conséquences pratiques furent d'un prix inestimable, mit au service de l'instruction le stimulant le plus efficace et l'intérêt le plus puissant qui agisse sur les hommes.

Quand nous voulons, en France, gagner les esprits à la cause de l'enseignement, les raisons solides ne nous manquent point. Augmenter les ressources de l'individu et multiplier du même coup la richesse de l'État, répandre une moralité qui rende les crimes plus rares et un respect des lois qui diminue l'armée de l'émeute, égaler la diffusion des lumières à l'extension des droits politiques et éclairer notre souverain, qui est le suffrage universel, tels sont les motifs qu'invoquent ordinairement les partisans de l'instruction du peuple. Mais si pressante que nous paraisse l'évidence de ces raisons, l'expérience prouve qu'elle ne l'est pas encore assez pour secouer l'inertie ou pour dissiper les préjugés de nos paysans. On peut encore entendre aujourd'hui dans nos campagnes quelques-uns des propos qui accueillaient en 1833 M. Lorain, inspecteur de l'instruction primaire, pendant qu'il faisait sa tournée : « Nos enfants seront ce « qu'ont été nos pères. Le soleil se lève égale« ment pour l'ignorant et pour le savant. — « Mais si la dépense vous effraye, vous n'aurez « rien à dépenser, familles indigentes, et vous « aurez le double avantage de donner à vos en« fants une éducation meilleure, sans bourse dé« lier. — Nous ne voulons, répondent-ils, d'instruc« tion à aucun prix. — Mais nous vous fournirons « même les livres. — Pas davantage. — Mais « j'accorderai des secours à ceux d'entre vous qui

« seraient malades, si vous voulez me promettre
« d'envoyer vos enfants à l'école. — Nenni. —
« Mais on vous payra. — Foin de l'instruction,
« nous avons mangé du pain sans savoir lire et
« écrire, nos enfants feront de même. Voyez un
« tel qui sait lire, il est pourtant moins riche que
« nous qui ne savons pas.... Quand tous les en-
« fants du village sauront lire et écrire, où trou-
« verons-nous des bras? Ils iront dans quelque
« fabrique, et déserteront nos campagnes, ou bien
« ils feront comme les séminaristes de Servières,
« ils se dégoûteront des travaux manuels aux-
« quels les destinaient leurs pères, et ils aug-
« menteront le nombre des fainéants et des avo-
« cats de village qui déjà pullulent dans nos
« hameaux[1]. »

D'un autre côté, l'État, qui est ou devrait être
plus éclairé que les masses, se laisse trop souvent
distraire du devoir de l'instruction publique par
des soins et des exigences d'un autre ordre. Nous
avons vu, il y a huit ans, un ministre organiser en
faveur de l'instruction publique une ardente et
généreuse campagne; mais qu'en reste-t-il aujourd'hui et combien s'est ralenti le zèle qui
avait fait propager les cours d'adultes et les

---

1. Lorain, *Tableau de l'instruction primaire en France.* Paris,
1837, p. 15 et suiv.

écoles du soir? Il a suffi d'un revirement politique pour compromettre, même avant nos désastres, toutes ces créations d'un patriotisme prévoyant. L'action moins visible, mais permanente de la religion, qui dispose du concours de toutes les générations de croyants, n'a donc pas seulement un pouvoir plus incontesté que l'autorité civile, elle possède en outre cette force continue qui finit par écarter tous les obstacles. Ce n'est pas à dire que la foi soit aujourd'hui, en Allemagne, l'intérêt unique, ni même l'intérêt principal, qui soutienne et multiplie les écoles. La religion peut désormais s'affaiblir et disparaître dans les pays protestants : les biens qu'elle a procurés n'en resteront pas moins acquis, et les avantages que donne tous les jours l'instruction populaire sont assez éclatants pour que l'argument tiré de la foi puisse sans danger perdre son empire sur les esprits. Il en est de la nécessité de l'enseignement comme de ces prescriptions de la morale qui ont été placées, à l'origine des sociétés, dans la bouche même des dieux, et qui ont pénétré assez profondément dans notre raison et dans nos habitudes pour qu'aujourd'hui elles puissent se maintenir au nom des affections naturelles de l'homme, au nom de la raison ou de l'utilité générale. L'enseignement obligatoire a été légalement établi dans les pays protestants sans y rencontrer aucune de ces résistances qu'il n'a encore pu vaincre chez nous, parce que, grâce à la religion, depuis longtemps déjà tous les esprits s'étaient familiarisés avec une telle idée, et qu'avant d'être décrétée au nom des intérêts de la société, l'obligation existait déjà virtuellement pour toutes les consciences chrétiennes[1].

Avant de quitter ce sujet, nous ne pouvons nous empêcher de rappeler la réclamation présentée à François II par les États généraux d'Orléans, en 1560 : « Levée d'une contribution sur les bénéfices ecclésiastiques pour raisonnablement stipendier des pédagogues et gens lettrés, en toutes villes et villages, pour l'instruction de la pauvre jeunesse du plat pays, et soient tenus les pères et mères, à peine d'amende, à envoyer lesdits enfants à l'école, et à ce faire soient contraints par les seigneurs et les juges ordinaires. »

C'est dans les cahiers de la noblesse, qui pour moitié appartenait à la religion réformée, qu'était exprimée cette demande. On voit clairement par là que le protestantisme, s'il s'était établi en France, y aurait porté les mêmes fruits qu'ailleurs. Mais deux ans après, les guerres de religion commençaient; l'hérésie, après de longs efforts, était écrasée, et pendant trois siècles on ne

1. Aujourd'hui personne en Allemagne, même parmi les conservateurs les plus décidés, ne songerait à mettre en question l'enseignement obligatoire.

devait plus entendre pétition semblable dans notre pays.

Nous ne voulons pas dire que l'Église catholique soit nécessairement l'ennemie de l'école. Mais on peut affirmer sans crainte d'être contredit, et l'histoire au besoin est là pour attester qu'elle ne l'exige ni ne la suppose. Non-seulement la foi catholique a dominé pendant de longs siècles chez nous sans songer à fonder l'enseignement populaire, mais quand les progrès de la raison publique, l'exemple des nations voisines et les obligations du régime démocratique décidèrent l'État à créer des écoles dans nos communes, le clergé a faiblement secondé ce mouvement, comme un homme qui assiste à une grande expérience dont il ne voit pas bien la nécessité, et dont il ne sait pas au juste ce qu'il doit attendre. C'eût été après tout une illusion singulière d'espérer une autre disposition d'esprit des représentants de la foi catholique, si l'on songe aux ressentiments tout récents qu'avaient dû laisser dans leurs cœurs les folies et les violences d'une Révolution entreprise au nom de la Raison.

Par une réaction naturelle, l'école, fondée sans le secours exprès du clergé, se mit en défiance contre lui, et l'instituteur fut entraîné petit à petit à se regarder comme en antagonisme avec le curé. Triste rivalité qui s'est établie aux dépens de l'enfance et sur le terrain d'où toutes les rivalités devraient être bannies! Tandis que dans les écoles protestantes, le maître est une sorte de demi-pasteur, participant au caractère vénérable du prêtre, l'instituteur français revendiqua de plus en plus son caractère laïque; il se considéra comme le représentant d'un principe à part, qu'on appelait tantôt le progrès, tantôt l'État ou les idées modernes. Dès lors, le prêtre, déjà médiocrement disposé pour l'école, cessa d'en franchir le seuil, ou s'y renferma strictement dans ses attributions, et le divorce entre ces deux représentants du monde moral fut accompli. Ainsi non-seulement l'instruction populaire s'est accomplie tardivement et lentement dans notre pays, comme tout ce qui se fait sans le concours des forces réunies de la nation, mais une fois installé, cet enseignement a vu la religion, qui ailleurs en est le soutien, se détourner de lui avec froideur et avec méfiance.

Cependant, comme un tel état de choses était intolérable, le clergé se mit à fonder ou à multiplier les écoles dont des religieux étaient les directeurs. On sait qu'aujourd'hui ces écoles sont très-nombreuses et qu'un tiers de nos enfants y reçoit l'instruction[1].

---

1. Nous parlons ici de l'ensemble de notre jeunesse, car la distinction qu'on a l'habitude de faire entre l'instruction des

Mais soit que la défiance contre l'esprit du siècle décidât les chefs du clergé à mesurer la science d'une main avare, soit que les méthodes pour former les maîtres fussent surannées ou vicieuses, il est trop certain que cet enseignement donné par les frères des congrégations est insuffisant et superficiel.

Il n'en faut pas juger d'après quelques écoles de nos grandes villes, ni d'après le mérite de quelques élèves choisis. C'est sur la masse des écoliers, c'est sur le niveau des écoles de campagne, qu'il convient de se faire une opinion. Nous constaterons alors que si cet enseignement éclaire l'esprit de nos enfants, c'est d'un jour si faible et si peu durable que la continuité de la nuit ne vaudrait guère moins. Lire et écrire sont certes d'excellentes choses; mais ce serait rétrécir étrangement le sens des mots que de croire qu'un homme mis en état d'écrire un bulletin de vote ou de lire la plaque clouée au coin de nos rues doive compter pour cela parmi ceux qui ont reçu l'enseignement élémentaire. Qu'est-ce qu'une instruction qui ne développe ni la réflexion, ni le jugement, qui ne grave dans l'intelligence aucune connaissance positive et qui ne laisse point après elle le désir d'apprendre ? C'est là le semblant et

filles et celle des garçons, comme si l'une importait moins que l'autre, est l'un des maux les plus profonds de notre pays.

non la réalité de l'instruction primaire, et si, au lieu de dresser nos statistiques d'après une page épelée ou une signature tracée par nos conscrits, nous élevions un peu plus haut nos exigences, nous verrions qu'il faut grossir au delà de toute idée la proportion des illettrés. Au lieu des deux cinquièmes, ce sont les trois quarts de nos enfants qu'il faut regarder comme voués à l'ignorance.

Telle est donc la situation où la France, subissant les conditions que lui fait son passé, se trouve aujourd'hui réduite. A côté d'un enseignement laïque qui s'est établi à grand'peine, et qui est loin d'avoir encore toute l'extension qu'un effort général et persistant aurait pu lui donner, s'élève l'enseignement religieux qui lui dispute les enfants pour leur distribuer un savoir incomplet et précaire. Quel remède apporter à cette situation? Faut-il supprimer les écoles des prêtres? on n'y peut songer un seul instant. Outre qu'une telle suppression serait un attentat au droit des familles et à la liberté des citoyens, le premier résultat qu'elle produirait serait de faire dégénérer en lutte ouverte la guerre sourde qui existe entre le prêtre et l'instituteur; chacun de nos paysans aurait dès lors à choisir pour son enfant entre l'école mise en interdit ou l'Église sans l'école. La rupture entre l'État et le clergé serait a conséquence dernière d'une telle loi, qui ne serait pas moins contraire aux principes de la vraie démocratie et aux doctrines d'une politique libérale qu'aux sentiments et aux droits de la partie croyante de la nation.

Il ne faut pas espérer de remédier par un texte de loi à un mal qui est la conséquence de toute notre histoire. De remède héroïque et radical, il n'en existe pas. Ce serait se leurrer étrangement que de croire qu'une nation peut, aux époques décisives, prendre le moins bon parti, sans en porter la peine durant son existence entière. Nous avons eu les splendeurs de la monarchie absolue dans un temps où l'Angleterre était déchirée, où l'Allemagne était abaissée, humiliée, morcelée : mais notre état intellectuel et moral est le prix dont nous payons et dont nous payerons longtemps notre puissance au dix-septième siècle.

Cependant les forces de la France sont si grandes et un sang si généreux coule dans les veines de ce peuple que nous ne devons pas renoncer à l'espérance. Sur une nation si bien douée l'enseignement peut beaucoup, pourvu qu'il devienne ce qu'il doit être. Améliorons les méthodes, éveillons l'esprit engourdi de nos petits paysans, formons le bon sens de nos enfants des villes, habituons-les tous à observer et à penser. Ce sera là, du même coup, le seul remède possible à la scission dont nous parlions tout à l'heure.

Que nos écoles laïques produisent des effets si excellents, qu'elles munissent nos enfants d'une instruction si saine et si substantielle et qu'elles arment leur esprit d'une supériorité si incontestable, que les écoles religieuses soient obligées d'adopter les mêmes méthodes, sous peine de perdre leurs élèves. Ainsi naîtra une concurrence qui ne vaudra peut-être point l'association existant ailleurs, mais qui tournera au profit de la nation et qui lui préparera des générations meilleures. C'est ce perfectionnement de nos écoles que nous essayerons de décrire dans la suite de cette étude. Nous serons obligé d'entrer parfois en des détails qui pourront sembler excessifs à plus d'un lecteur. Mais les méthodes ne s'enseignent que par des exemples, et c'est pour avoir voulu rester dans la région plus noble des idées générales que plus d'un écrit excellent est demeuré sans effet.

DE LA DOUBLE UTILITÉ DE L'ÉCOLE.

Tous ceux qui ont réfléchi sur la nature et les effets de l'enseignement sont d'accord pour reconnaître qu'en toute leçon donnée à la jeunesse le maître peut se proposer deux objets. D'un côté, notre intention peut être d'ouvrir l'intelligence de l'enfant, d'éveiller ses facultés, de l'habituer à se rendre compte des choses et de le mettre en état d'apprendre plus tard par lui-même; d'un autre côté, nous pouvons avoir directement en vue la transmission de certaines connaissances, abstraction faite de leur influence sur l'esprit. Nos voisins de l'Est, qui ont tant écrit sur l'éducation, ont deux termes pour caractériser ces deux sortes d'enseignement: ils appellent le premier *formel*, et en effet il tend à former l'esprit plutôt qu'à l'enrichir de notions nouvelles; quant au second, ils l'appellent *matériel*, parce qu'en le donnant on s'attache surtout à la matière ou au contenu des leçons. Il est clair que l'une et l'autre sorte d'enseignement est également nécessaire, puisqu'une intelligence exercée, mais vide de connaissances sérieuses, n'est pas moins inutile à la société qu'une tête restée oisive, dont la mémoire seule aurait été cultivée.

Toute espèce de science, convenablement enseignée, peut contribuer au développement formel de l'intelligence. Mais en présence du peu d'années dont disposent la plupart des familles pour faire donner l'enseignement primaire à leurs enfants, il est évident qu'on devra choisir de préférence les connaissances les plus indispensables, de sorte que l'idéal d'un bon enseignement sera celui qui exercera le mieux l'esprit des enfants en leur procurant les notions les plus utiles, ou pour parler encore plus exactement, celui qui leur inculquera toutes les connaissances nécessaires à l homme et au citoyen de la façon la plus profitable pour le développement de la raison.

Voyons donc si l'instruction donnée par nos écoles primaires répond à cette définition. On devine que sur la *matière* de l'enseignement il ne peut guère y avoir de désaccord : les exigences de la vie sont si manifestes qu'en tout pays, et quelle que soit la tendance générale de l'école, le programme des leçons est à peu près le même. Langue française, calcul, système métrique, dessin linéaire, histoire de France, géographie, notions de physique et d'histoire naturelle, tels sont, avec les leçons de religion ou de morale, les éléments à peu près invariables de l'enseignement primaire. Mais si le programme ne change guère, on se doute bien qu'il peut recouvrir les choses les plus diverses, et que rien ne serait plus trompeur que de s'en tenir à des indications aussi vagues. Tout dépend de la façon dont vous donnerez vos leçons et du point jusqu'où vous les conduirez. Grammaire, géographie, ce sont là des enseignes; mais quelle différence, par exemple, entre l'enfant qui saura, sur le sujet que vous lui donnez, écrire une lettre dont toutes les idées seront présentées en ordre et correctement enchaînées, et celui qui, pour toute connaissance de la langue, vous dira par cœur quelques bribes d'un manuel grammatical : ou encore entre celui qui, faisant l'histoire d'un voyage, en tracera sans peine l'itinéraire sur le tableau, et l'écolier qui aura retenu de la leçon de géographie quelques noms de pays et de capitales sans aucune idée de leur situation! C'est donc la manière dont nos enfants savent les choses et la limite où s'étendent leurs connaissances qu'il convient d'examiner. Il nous faut pour cela entrer dans les salles d'école, interroger les élèves, écouter les leçons du maître : la simple inspection des programmes ne nous apprendrait rien.

Nous allons donc passer en revue quelques-uns des principaux sujets d'étude de l'école, et nous nous conformerons aux traditions scolaires en commençant par la langue française.

LANGUE FRANÇAISE.

Par une rencontre qui, au fond, n'a rien que de naturel, le langage est à la fois l'instrument le plus indispensable de communication entre les hommes, et le plus utile moyen de développement pour l'esprit. Aussi, depuis qu'il existe une éducation, c'est la connaissance de la langue qui en a toujours formé le premier degré. Cela est vrai de tous les pays et de tous les peuples. Dans les antiques écoles de l'Inde aussi bien que chez nos jeunes contemporains, partout où il y a un maître et un élève, c'est par la grammaire que l'instruction commence. S'il n'est pas exact de considérer le langage, ainsi qu'on l'a fait quelquefois, comme le dépôt où sont accumulées les idées de nos ancêtres, il est cependant vrai de dire qu'il est le registre où elles se trouvent toutes représentées par un signe. Chaque mot de la langue correspond à une notion acquise, à une conquête de l'humanité, et pour peu que le maître sache placer en regard du signe l'objet dont il est l'expression, il n'est pas de moyen plus court et plus commode pour faire entrer un jeune esprit dans l'héritage intellectuel de nos aïeux. Voilà pour le lexique. D'un autre côté, les règles grammaticales sont le produit d'une logique instinctive qui ressemble beaucoup à celle des enfants; je ne parle pas ici des règles qui sont l'invention des érudits ou des scribes. Enfin, la syntaxe, qui nous apprend à enchaîner et à subordonner nos pensées, pourra devenir une sorte de gymnastique pour l'esprit de l'enfant, du moment que le maître en saura proportionner l'enseignement à l'intelligence de son élève. Aussi bien que la syntaxe s'est formée petit à petit, grâce aux progrès de l'entendement humain, qui gagnait en force et en agilité, aussi bien, par une réciprocité naturelle, l'enfant s'habituant à employer en connaissance de cause les tours de la langue, accroîtra la vigueur et la souplesse de son esprit.

Il semble, d'après cela, qu'il ne puisse y avoir d'enseignement plus attrayant et plus substantiel que la leçon de grammaire française. D'où vient cependant qu'elle est la plus vide et la plus rebutante de toutes? Si nous consultons nos souvenirs, nous nous rappellerons que la grammaire française était pour nous une source d'ennuis et de dégoûts, et si nos maîtres veulent être sincères, ils conviendront que c'est cette leçon qui, dès les premiers pas, détourne pour toujours de l'école ou décourage de tout effort sérieux une quantité de nos enfants.

Deux grandes erreurs pèsent sur l'enseignement de la langue française. D'un côté on suppose que le français doit être appris par règles, comme une langue morte, et d'autre part on fait prédominer l'enseignement de la langue écrite sur celui de la langue parlée[1].

Quand l'enfant entre à l'école, il apporte son vocabulaire déjà formé, sa langue déjà toute faite, et de combien supérieure le plus souvent à celle qu'on lui apprendra en classe ! Si vous en doutez, écoutez les enfants avant qu'ils entrent dans la salle d'école : les mots leur manquent-ils pour se communiquer leurs idées ou pour convenir de quelque projet, ou pour discuter un incident qui les touche? Je suppose qu'une discussion s'élève sur le *mien* et le *tien* : sont-ils embarrassés de trouver les pronoms personnels et les adjectifs possessifs? Ou bien qu'une question de la vie de tous les jours les divise : comme le français coule de source, et ceux qui tout à l'heure auront l'air hébété et muet sont peut-être les plus éloquents ! Non-seulement ils disposent de

---

[1]. Je dois beaucoup pour la suite de ce chapitre, ainsi que pour plusieurs autres passages de mon livre, à un excellent travail de M. Rudolf Hildebrand, *Vom deutschen Sprachunterricht in der Schule*. Leipzig, 1867.

tous les mots correspondant aux idées de leur âge, mais ils ont les tours et la construction et (chose non moins précieuse) le ton et le geste. Mais à peine sont-ils assis sur les bancs de la classe, que ces avocats si diserts sont traités comme s'ils avaient le français à apprendre et comme s'ils avaient été sourds et muets jusqu'au jour de leur entrée à l'école. Soyez donc surpris que cette étude les laisse froids! Elle les assomme, parce qu'elle repose sur une fiction et que ces élèves ne reçoivent rien que déjà ils ne possèdent. Ah! si à l'entrée de la classe, au lieu de tout glacer, le maître savait conserver cet élément en fusion, et pouvait attirer à lui la discussion de tout à l'heure pour la guider et pour l'élever! La leçon de français deviendrait une leçon de droit civil ou de droit des gens, ou d'équité sociale : reprenant le dire de chacun, écartant doucement ce qui est irrégulier ou bas, il ferait monter de degré en degré les différentes opinions jusqu'à leur forme la plus pure et la plus nette, de manière que chacun, pensant intérieurement : oui, voilà ce que je voulais dire, se sentirait grandir et monter dans l'échelle intellectuelle. Ne serait-ce pas là une leçon de français, et de combien supérieure à vos définitions? Qui songerait encore aux bancs et aux murs de l'école? Toute l'attention des enfants serait tendue vers la parole du maître, et l'école et le monde se trouveraient pour un instant confondus.

Sans doute c'est là un événement scolaire qui ne pourra avoir lieu tous les jours, et il faut que l'instituteur soit déjà bien maître de ses élèves et de lui-même pour se mêler ainsi à leur vie intime. Aussi avons-nous seulement voulu montrer par un exemple ce que peut devenir l'enseignement du français, quand un vrai maître y voit autre chose que les creuses subtilités qu'on a décorées de ce nom.

L'idée d'apprendre le français au moyen d'un manuel de grammaire ne se serait probablement jamais présentée à l'esprit de personne, si le latin n'avait pas été durant tant de siècles le fond de tout notre enseignement. Nos premières grammaires françaises étaient calquées sur les grammaires latines, et si l'on a petit à petit éliminé de nos livres les règles latines qui ne sont d'aucune application en français, l'esprit de la méthode n'en est pas moins resté le même. C'est en apprenant par petits morceaux les différents chapitres de la grammaire et en les récitant par cœur, — non pas même toujours à l'instituteur, mais à quelque élève à peine plus âgé — que nos enfants sont censés apprendre leur langue. Chose plus étonnante encore, cet exercice est considéré comme utile pour le développement de l'intelligence, et l'on ne cesse de vanter l'heureuse influence qu'il a sur l'esprit !

Quand on examine les manuels grammaticaux qui sont mis entre les mains des enfants, on voit qu'outre les paradigmes et les règles de formation, ces livres comprennent trois parties, le plus souvent confondues et mêlées ensemble. Il y a d'abord des définitions : l'écolier apprend ce que c'est qu'un nom, un verbe, une préposition, une locution adverbiale. En second lieu, on donne des règles qui se rapportent à l'écriture et à l'orthographe : on nous dit comment s'écrit le pluriel des noms en *au, eau, eu*, quels sont les noms composés qui prennent un *s*, dans quel cas on fait accorder le participe. En troisième lieu, viennent les règles de construction et les éléments de l'analyse logique : on enseigne la différence qui existe entre *dont* et *d'où*; on nous prévient qu'il ne faut pas dire : c'est à vous à qui je parle, parce qu'il y aurait deux compléments indirects ; on montre ce qu'est le sujet simple et le sujet multiple, l'attribut complexe et l'attribut incomplexe. Nous ne songeons pas à faire la critique de ces petits livres, dont quelques-uns ont été composés par des hommes fort dévoués à la jeunesse. Mais il est trop clair qu'ils laissent échapper le meilleur de la langue, et que remettre à des enfants un tel ouvrage en leur laissant croire qu'ils y apprendront le français, ne serait pas moins déraisonnable, que si nous avions la prétention de former des poëtes en expliquant ce que c'est qu'un vers, un hémistiche, en enseignant les règles de la rime et de la césure, et en décrivant les différentes espèces de strophes.

Parler est dans un ordre supérieur un art de même sorte que marcher ou se servir de ses mains. L'enfant apprend à prononcer ses premiers mots, à assembler ses premières phrases, en entendant parler ses parents, comme il apprend un jeu en voyant jouer ses camarades. N'est ce pas là un avertissement donné par la nature, et que faut-il penser de l'instituteur qui prétend enseigner la langue par le moyen de quelques règles et de quelques définitions sans parler avec les écoliers et sans les faire parler? Si un tel enseignement produit des résultats, il ne peut en avoir d'autres que de paralyser la facilité naturelle des enfants. C'est le latin, nous l'avons déjà dit, qui nous a valu cette étrange méthode. Comme l'enfant qui apprend le latin n'a qu'à transporter dans une autre langue les mots et les tours qui lui sont fournis dans la langue maternelle, la grammaire et le dictionnaire lui suffisent. Mais en français l'enfant est abandonné à lui-même, il doit trouver les idées, les mots et la construction. Il lui faut donc un tout autre enseignement, et les manuels que nous employons lui donnent à la fois trop et trop peu.

Sans le chapitre sur les *locutions vicieuses*, on pourrait croire, en lisant nos grammaires françaises, qu'elles enseignent une langue morte. Comme il est plus facile de défendre ce qui est mauvais que de montrer ce qui est bon, les prohibitions ne manquent point : l'écolier est prévenu qu'il ne faut dire ni ceci, ni cela. La grammaire n'a l'air de prendre la parole que pour avertir et pour punir. Il y a des enfants dont l'intelligence est assez élastique pour résister à cette sorte d'enseignement. Mais si vous examinez le plus grand nombre, vous voyez que leur tête, mise quelque temps au régime de ces leçons, s'embarrasse et s'engourdit Qui n'a été témoin d'un fait de ce genre ? Un enfant à l'esprit vif et curieux, habitué à babiller sur tous les sujets qui l'intéressent, entre à l'école. Après quelques semaines, sa vivacité est éteinte, son abondance est tarie. Si vous l'interrogez sur ses études, si vous le priez de vous donner un spécimen de ce qu'il a appris, il vous dira d'une voix monotone quelque règle de formation ou quelque recette d'orthographe. Tels sont les résultats de cet enseignement qui devrait être le plus fécond et le plus attrayant de tous.

On dira qu'il faut faire la part de la timidité du jeune âge, et qu'il n'y a point de mal à réprimer chez les enfants une excessive facilité. Laissons donc les écoliers et voyons les hommes faits. Entrons dans les ateliers ou mêlons-nous dans la rue aux groupes populaires. Pourquoi est-il si rare de trouver un ouvrier qui sache donner une explication relative à sa profession? Pourquoi ce témoin d'un événement qui vient de se passer il n'y a qu'un instant, ne peut-il pas le raconter? Pourquoi dans les rassemblements, au temps de nos agitations politiques, la parole improvisée est-elle si rare? Je ne sais ce qu'étaient les réunions populaires en 1793. Mais il est certain qu'aujourd'hui le don de la parole est à peu près nul dans le peuple. Ces orateurs qu'on écoute récitent des morceaux composés d'avance ou empruntés à leurs lectures. Ces interlocuteurs qui ont l'air de discuter échangent sans cesse les mêmes arguments, et la discussion reste sur place. Ces plaisants qui retiennent autour d'eux la foule répètent le bon mot du jour, qu'ils n'ont pas inventé, et qu'ils ne comprennent peut-être pas. La conversation existe à peine dans le peuple : aussitôt que les renseignements nécessaires ont été échangés, l'entretien tombe. Est ce là cette nation si bien douée pour la parole, d'esprit si vif, et qui déjà au temps de César se distinguait par son goût pour l'éloquence? Si l'on veut expliquer un tel état de choses, il ne suffit point d'invoquer des causes générales et vagues, telles que le trouble des esprits ou l'abaissement moral; on doit avoir le courage d'aller à la cause palpable et directe, qui est le manque absolu d'habitude et le mauvais enseignement de nos écoles.

Il faut, a dit Herder, apprendre la grammaire par la langue, et non la langue au moyen de la grammaire. Si ce principe est vrai pour les idiomes anciens, à plus forte raison l'est-il pour la langue maternelle. Pour enseigner le français à vos élèves, faites-les parler, encore parler, toujours parler. Ayez des livres français dont vous ferez la lecture à haute voix : choisissez-les intéressants, pour que l'enfant ait plaisir à écouter et prenne goût à la lecture. Après avoir lu un morceau,— quelque chose de simple et de familier, un chapitre de Robinson Crusoé, par exemple, ou un conte de Perrault, — faites-le répéter de mémoire par un élève. Naturellement vous vous adresserez d'abord à un écolier dont la mémoire soit heureuse et l'esprit alerte. Quand un fait lui échappera, les autres élèves lui viendront en aide. Chacun se rappellera une circonstance du récit. Pourquoi l'auteur a-t-il mis cela? et que veut dire cette expression? N'avez-vous pas oublié quelque chose? Que chaque élève soit autorisé à prendre la parole dès que la mémoire faiblit ou que l'expression devient incorrecte. La classe apprendra plus de français à cet exercice que par tous les traités de grammaire. Donnez ensuite à rapporter ce morceau par écrit ou faites-le répéter à la classe suivante, en ayant soin que les élèves le sachent couramment et mettent le ton convenable.

Un exercice de ce genre ne convient qu'aux écoliers déjà avancés. Mais même les enfants plus jeunes doivent prendre l'habitude de la parole. En Allemagne, après l'abécédaire, le premier livre remis entre les mains de l'élève, ce n'est point une grammaire, mais la *fibel*. On appelle ainsi un recueil contenant, entre beaucoup d'autres choses des lectures faciles et amusantes. « Le maître désigne d'abord le morceau qu'il se propose de faire lire et les enfants le lisent tout bas pendant quelques instants ; ensuite il le lit lui-même à haute voix, très-distinctement et en accentuant avec justesse les mots les plus saillants. Puis il le fait lire aux enfants, en commençant par ceux qui lisent le mieux et en descendant jusqu'aux moins avancés. Alors il fait fermer tous les livres et demande le contenu du morceau. Celui qui se croit sûr de pouvoir le reproduire demande à être interrogé en levant un doigt, et s'il se trompe, on voit immédiatement une foule de petits doigts s'élever de toutes parts[1]. »

1. Baudouin. *Rapport sur l'État de l'enseignement en Belgique, en Allemagne et en Suisse*, 1865, p. 87.

Nous avons aussi en France nos *livres de lecture courante* : mais combien inférieurs pour la plupart aux livres allemands ! Ces qualités qu'on nous dit françaises par excellence, le bon sens assaisonné d'esprit, la gaieté, la bonhomie narquoise, la familiarité sans bassesse, c'est dans les livres de l'Allemagne qu'on les trouve. Les nôtres sont sages, raisonnables, souvent édifiants, instructifs quelquefois : mais ils sentent l'enseignement et jamais l'élève ne prendra plaisir à se les rappeler quand il sera sorti de l'école.

C'est par la poésie surtout que l'enfant se rend maître de la langue. Le vers se grave plus facilement dans la mémoire et frappe plus vivement l'esprit. Aussi ne saurait-on faire une trop large place à la lecture de morceaux poétiques [1]. En Allemagne, où il existe des centaines de chrestomathies destinées aux écoliers, les vers tiennent toujours la moitié de ces volumes.

Nous avons besoin de recueils analogues pour les élèves de nos écoles primaires. Il ne s'agit pas

---

[1]. « Les vers, a dit le grand philologue F. A. Wolf, servent plus que tout le reste à l'éducation, et il ne devrait point, à cet égard, y avoir de différence entre les classes de la société. Jusqu'à sept ou huit ans, les vers doivent être l'essentiel, car c'est sur cet âge que la poésie fait la meilleure impression. Il ne peut pas encore sentir la beauté supérieure de la prose. C'est la même chose que pour la nation en masse. Le passage à la prose est très-difficile. »

de leur mettre entre les mains les Méditations de Lamartine ou les Orientales de Victor Hugo ; je ne voudrais même pas que les morceaux de Corneille et de Racine y fussent en trop grand nombre. Mais la poésie qui idéalise les sentiments de famille et la vie de tous les jours, certaines pièces de Brizeux et de Mme Tastu y seront bien à leur place. Il faut se défier de la poésie qui, cherchant ses sujets hors de la vie réelle, dépouillerait de tout charme aux yeux de l'enfant le foyer domestique. Parlons à son imagination, mais pour lui faire comprendre l'attrait de la vie populaire soit aux champs, soit à l'atelier.

Plus d'un lecteur se dira peut-être qu'on aura peine à réunir un nombre suffisant de ces sortes de pièces, et il faut convenir, en effet, que nos poëtes n'ont guère songé jusqu'à présent à se faire comprendre ni des enfants, ni du vrai peuple. Mais une fois que notre éducation nationale sera ce qu'elle doit être, ils brigueront la popularité donnée par l'école, la plus noble et la plus durable de toutes. A cette source de poésie devrait venir s'en joindre et s'en mêler une autre. Depuis un siècle, les plus grands écrivains se sont inspirés des chants populaires pour en tirer des pièces qui réunissent au caractère naïf et touchant de la poésie spontanée, la suite dans les idées et la clarté de la poésie savante. Il suffit de rappeler ici les noms de Goethe, d'Uhland, de Burns. Les écrivains français n'ont pas beaucoup exploité cette mine, soit que notre pays fût devenu plus pauvre que l'Allemagne ou l'Écosse en légendes poétiques, soit que le goût public ne fût point préparé à ce genre de jouissance littéraire. Rien ne convient mieux aux enfants que des pièces ainsi retravaillées et épurées. La ballade du roi Renaud, qui se chante encore dans tant de provinces de notre pays, est un admirable morceau qu'on pourrait recomposer aisément en faisant un choix parmi les différentes versions [1]. Des pièces d'un autre caractère, trimazos, rondes, guillaneus, moyennant un soigneux triage, pourraient faire leur entrée à l'école, et nos petits paysans reconnaîtraient avec bonheur, sous une forme plus cultivée, les chants de leur propre village. Mais il n'est pas nécessaire que nous bornions notre butin aux morceaux recueillis sur le sol natal. Aussi bien que les poëtes dont nous parlions tout à l'heure ont été chercher dans toutes les contrées de l'Europe les sujets dont ils se sont inspirés, nous prendrons pour nos écoles ce qu'il y a de meilleur en ce genre dans les littératures étrangères. Les enfants comprendront ces poésies

---

[1]. Voyez le recueil de M. de Puymaigre : *Chants populaires du pays messin*, p. 1, et rapprochez-en l'article de M. Gaston Paris, dans la *Revue critique* du 12 mai 1866.

du premier coup, car en tout pays le sentiment populaire est le même : vous reconnaîtrez bientôt que nos jeunes paysans ne sont pas la race prosaïque dont on nous parle, et que si leurs pères sont devenus trop souvent étrangers à la poésie, c'est qu'on leur avait laissé ignorer ou qu'on leur avait appris à dédaigner les chants populaires, par où se transmet, chez tous les peuples de l'Europe, la veine poétique. Là-dessus, comme sur tant d'autres points, il faut qu'avec l'aide de l'école nous renouions la tradition qu'un mépris imprudent du passé a rompue à notre détriment.

Je reviens maintenant à la grammaire pour montrer comment l'enseignement des principales règles peut se rattacher à la lecture d'un texte.

Je suppose que vous vouliez faire comprendre l'emploi du subjonctif à vos élèves, et qu'il se présente une phrase comme celle-ci : Quoi que tu fasses, quoi que tu entreprennes, consulte d'abord ta conscience. Prenez cette phrase pour exemple. Répétez-la plusieurs fois, en exagérant d'abord le ton, puis en le modérant peu à peu et en le ramenant à la vraie mesure. Expliquez alors la cause du subjonctif : c'est le mode qu'on emploie quand il y a doute, incertitude, ou quand on fait une supposition ou une concession. Demandez ensuite qu'on vous donne d'autres exemples du subjonctif avec quoique. Quoique tu sois pauvre, n'envie point le sort d'autrui. Je suppose, j'admets que tu sois pauvre, même alors tu ne dois pas envier autrui. — Quoiqu'il eût marché rapidement, il arriva trop tard. — C'est une concession : il est vrai qu'il a marché rapidement ; il est néanmoins arrivé trop tard. Présentée de cette façon, la règle n'apparaîtra plus à l'enfant comme quelque chose d'extérieur à la langue, mais comme une loi naturelle qu'il pratiquait déjà sans la connaître et qu'il a le plaisir de retrouver en ses propres paroles. Reste à expliquer la différence d'orthographe entre les deux *quoique*: mais maintenant que l'enfant a compris la construction, ce n'est plus là qu'une règle d'écriture qu'il retiendra aisément, tout en sachant le cas qu'il en doit faire.

Dois-je m'excuser d'entrer en ces détails ? j'espère que non. Quand il s'agit d'apprendre à penser à nos enfants, au lieu de leur faire tourner en aveugles quelque manivelle grammaticale, on ne doit pas avoir besoin de prendre ses précautions auprès du lecteur. Il est vrai qu'aux yeux de bien des personnes on ne saurait parler sérieusement sur ce sujet, sans courir le danger d'être pris pour un pédant. Mais les mêmes hommes qui ne veulent point entendre parler des règles de la grammaire sont ceux qui se conforment le plus scrupuleusement à ses exigences les plus futiles.

Trop timides pour lui désobéir en quoi que ce soit, ils refusent de connaître les raisons de leur obéissance, et ils croient montrer suffisamment la portée de leur esprit en se moquant du livre dont ils suivent en aveugles toutes les prescriptions.

Il est certain qu'une règle ainsi formulée : *Gens* est féminin quand l'adjectif précède, masculin quand l'adjectif suit, n'a rien qui stimule l'esprit. C'est un cas de tératologie grammaticale devant laquelle l'intelligence est invitée à s'incliner. Mais si, lisant La Fontaine avec mes élèves, je trouve ces vers :

> Je suis oiseau : voyez mes ailes.
> Vive la gent qui fend les airs !

et que, expliquant ce mot, j'y rattache le pluriel *gens* et les expressions : les *vieilles gens*, les *bonnes gens*, voici que l'élève commencera à réfléchir. Je lui dirai alors que le sens du mot *gens* étant devenu de plus en plus semblable à celui du mot *hommes*, il a été fait du masculin, excepté dans ces quelques locutions qui étaient trop bien établies par l'usage pour qu'on pût les modifier. L'élève aura une vue sur le passé de la langue, et il n'en retiendra que mieux la règle. J'y pourrai joindre quelques explications sur le mot *gentil* et sur la double acception qu'il a gardée en français. Le changement de genre que nous venons d'observer servira à faire comprendre celui qui s'est fait pour *personne* et pour *chose*, dans les locutions comme : Personne n'est venu. Quelque chose a été dérobé. Les mots prendront leur véritable aspect devant les yeux de l'enfant et il se fera une idée plus juste de la transformation du langage.

On entend souvent dire qu'avec les enfants il faut être dogmatique. Ceux qui parlent ainsi n'expriment pas leur pensée tout entière. Ils sont d'avis également qu'il faut être dogmatique avec les jeunes gens et avec les hommes. Car pourquoi refuseraient-ils à l'enfant les explications qu'il peut comprendre, s'ils avaient l'intention de raisonner avec l'homme fait? Il sera trop tard alors pour faire entrer la raison dans ces têtes qui n'ont pas pris l'habitude de penser et qu'une longue obéissance a privées de tout ressort. Que de fois n'a-t-on pas répété le mot de Lhomond : La métaphysique ne convient point aux enfants. Mais il n'est point question ici de métaphysique, et ceux qui mêlent la métaphysique à la grammaire, qu'ils s'adressent à des hommes ou à des enfants, prouvent bien qu'ils entendent peu de chose à l'une et à l'autre. C'est d'histoire et non de philosophie qu'il s'agit; et je sais par expérience que ces notions si simples, non-seulement ne sont pas au-dessus de l'intelligence des enfants, mais sont le meilleur moyen pour leur faire retenir la règle grammaticale.

« Les noms en *al* changent au pluriel *al* en *aux* : le mal, les maux ; le cheval, les chevaux. » Voilà une règle qui laisse l'élève absolument stupide. Mais si, m'adressant à de petits Parisiens, je leur demande ce que signifie le nom de la rue Mauconseil, leur intelligence se mettra en campagne, et sans doute l'un d'entre eux, plus avisé que ses camarades, ou guidé par quelque souvenir, me dira : C'est la rue des mauvais conseils ou du mauvais conseil. Je demanderai ensuite ce que signifie un chevau-léger, et toute la classe répondra : c'est un soldat qui a un cheval léger. Le moment sera alors venu de leur expliquer qu'autrefois on disait au singulier, suivant l'occurrence, mal ou mau, cheval ou chevau, de sorte que le pluriel consiste simplement dans l'addition d'un x à la seconde de ces formes. Pour mieux leur graver la règle dans la mémoire, je leur citerai le verbe maudire, et je demanderai ce que signifient les noms comme Vaugirard, Vaucluse. L'élève, emportant la règle dans sa tête, se réjouira d'en savoir la raison.

Nous ne songeons pas à retirer des mains de nos écoliers le petit livre où sont exposés les éléments de la grammaire française. Mais le rôle de ce manuel doit changer. Jusqu'à présent, il était le personnage essentiel de la classe, et l'instituteur n'était que le commentateur du livre. C'est au contraire par la bouche du maître que les enfants doivent d'abord connaître les règles. Il les expliquera en classe, les livres étant fermés. Puis, quand tout le monde aura bien saisi et recueilli la parole du professeur, le livre sera consulté comme un *memento*, et, si l'on veut, appris par cœur. Dans la suite de cette étude, nous aurons à montrer plus d'une fois qu'en France le maître, au lycée comme à l'école, s'est trop laissé refouler au second plan, et que sous les livres et les devoirs écrits, son enseignement est presque étouffé.

Nous avons déjà parlé de la tendance prohibitive de nos manuels, beaucoup plus occupés d'énumérer ce qui est défendu que d'enseigner ce qui est permis. Mais quand la grammaire ne se montre que par son côté négatif, elle n'a rempli que la moitié de sa besogne. Il y a tout un côté vraiment fécond qui, jusqu'à présent, n'a guère trouvé place dans nos écoles. Je voudrais qu'on enseignât à nos enfants comment se forment les mots de notre langue : par quel mécanisme un seul verbe donne naissance à une quantité de composés qui, à l'acception première, ajoutent des nuances accessoires. Le verbe *lever*, par exemple, a autour de lui toute une famille, comme élever, soulever, enlever, prélever, qu'il sera utile et intéressant de passer en revue et d'encadrer chaque fois dans une phrase. A combien de remarques ne donnera pas lieu le verbe *faire* avec ses composés ! D'autres fois c'est la dérivation que j'étudierai avec mes élèves : je leur montrerai comment *gouverner* a donné gouverneur, gouvernail, gouvernants, gouvernement, gouverne, ingouvernable. Ce sera un plaisir pour les écoliers de compléter la collection. Il faudra leur montrer ensuite la valeur des différents suffixes : quelles sont, par exemple, les ressources du français pour former des noms abstraits. Nous avons les noms en *ance*, comme séance, enfance; en *ée*, comme entrée, chevauchée, en *ment*, comme ménagement, changement; en *tion*, comme action, administration; en *ure*, comme peinture, ouverture; en *té*, comme pauvreté, opiniâtreté. Voilà des exercices qui font passer en revue les ressources de la langue française, et entendue de cette façon la grammaire cesse de ressembler au code pénal.

La première qualité du langage, c'est la propriété des termes, et l'on est en droit de l'exiger de l'ouvrier et du paysan aussi bien que du littérateur et du philosophe. Pourquoi cette qualité est-elle devenue si rare? Ce n'est pas seulement parce que beaucoup de gens traitent de matières qu'ils savent imparfaitement. C'est aussi parce que leur esprit n'a pas été dressé, dans l'enfance, à des habitudes suffisantes de rigueur et de netteté. Nous parlerons bientôt des exercices de pensée.

Mais puisque nous en sommes sur le langage, veut-on savoir d'où provient le jargon bien connu de tous aujourd'hui, grâce à nos vaudevillistes et à nos dessinateurs comiques, qui est attribué d'ordinaire aux soldats, mais qui se retrouve dans la bouche de beaucoup de Français ayant reçu la demi-instruction de l'école primaire? Ce qui le caractérise, ce sont les expressions employées à faux, les formes grammaticales hasardées, la constante impropriété des termes et le mélange des mots empruntés au style soutenu côtoyant des expressions triviales. Il y faut voir le produit d'un enseignement incomplet et indigeste, qui néglige de faire parler l'enfant et qui lui bourre la tête de mots mal expliqués. Toutes les fois que la lecture amène un terme difficile, l'instituteur doit multiplier les exemples pour le faire comprendre, et s'assurer par des interrogations qu'il a été entendu de tous. Je suppose que cette phrase se présente: L'éducation doit avoir égard aux besoins respectifs du corps et de l'âme. C'est le moment, non de définir le mot respectif, ce qui serait long et difficile, mais de le faire saisir aux enfants grâce à une quantité de phrases où vous le ferez entrer. — Ces trois corps de logis ont leurs jardins respectifs. — Les élèves se rangeront autour de leurs moniteurs respectifs. — Le juge a concilié les prétentions respectives des plaideurs. C'est ainsi que notre écolier finira par comprendre l'emploi du mot. Si jamais il devient officier, il n'écrira pas dans son rapport, comme ce commandant de la Commune de Paris : Positions toujours respectives.

On a dit avec justesse qu'une langue est un recueil de métaphores pâlies. L'une des plus belles tâches de l'école est de faire revivre un certain nombre de ces métaphores. Je suppose que lisant avec mes élèves la scène d'Auguste et de Cinna, j'arrive à ces vers :

>Toutes les dignités que tu m'as demandées,
>Je te les ai sans peine et sur l'heure accordées.

Que veut dire accorder? — Toute la classe répondra par le synonyme donner. — Mais n'y a-t-il pas de différence entre les deux mots? Quand vous donnez une chose à contre-cœur, pouvez-vous dire que vous l'accordez? Qu'appelle-t-on des jeunes gens qui sont accordés? d'où vient qu'on dit d'un enfant qui a un mauvais caractère : il ne s'accorde pas avec ses camarades? et pourquoi dit-on encore : accorder deux ennemis? La parenté d'accorder et de cœur étant devenue visible pour tous les élèves, vous pourrez faire comprendre la force de l'expression de Corneille. Et accorder un violon? il n'est là nullement question de cordes. Comme il s'agit de mettre le violon en rapport régulier avec les autres instruments la langue, par une conception hardie, en fait un être animé, qui a besoin de vivre en bonne intelligence avec ses compagnons. L'enfant saisira sans peine la métaphore, qui ne s'effacera plus de son esprit, et quand il lira dans son rudiment que l'adjectif s'accorde en genre et en nombre avec son substantif, cette phrase elle-même, qu'il connaissait depuis longtemps, prendra à ses yeux un aspect moins maussade.

Cette sorte d'enseignement se présentera, pour peu qu'on y prenne garde, à tout instant. Quand vous parlerez à vos élèves de leur avenir, le mot de carrière ne pourra guère manquer d'être prononcé. Expliquez alors que c'est à la course fournie par le cheval qu'on assimile la route suivie dans la vie par un homme. On dira donc : entrer dans la carrière, la parcourir, l'achever. Mais comment vous y prendriez-vous pour l'embrasser? Un ami pourra vous l'ouvrir, un ennemi vous la fermer : mais personne n'est en état de la briser. On a dit que toute métaphore devait pouvoir se peindre. Il est encore plus simple de la mimer. Voulez-vous faire comprendre aux enfants cette locution si fréquemment employée : les affaires marchent? Mettez-vous à marcher. Les affaires s'arrêtent? Arrêtez-vous. Et de même : elles vont bien, elles vont mal, elles languissent, elles sont paralysées, elles reprennent, elles roulent. L'enfant sera étonné de la vivacité du langage, et il prendra plaisir à chercher des locutions analogues.

Montrez-lui comment la langue anime tout : les bras d'un fauteuil, les jambes d'un compas, la tête d'un clou, le col d'une bouteille. Ces futurs ouvriers trouveront un jour des expressions analogues. Faites voir aussi le sentiment intime qui se cache en certains mots que nous prononçons sans y penser : deux amis se sont *désunis*. N'est-ce pas montrer que l'amitié n'en faisait qu'un seul être? Nos espérances se sont *évanouies*. Le langage en un instant nous laisse apercevoir un mirage qui s'est dissipé.

Chaque langue, outre les mots, possède un certain nombre de locutions toutes faites qui sont comme les pièces blanches du langage, à côté de la menue monnaie. On peut les comparer à ces hémistiches et à ces vers tout composés d'avance dont disposait le poëte épique pour exprimer les événements ordinaires et les actes journaliers de la vie. D'où proviennent ces locutions? c'est quelque tête bien faite, quelque malin ou poétique conteur qui les a imaginées, et on les a trouvées si justes et si pittoresques qu'elles ont été adoptées aussitôt, et qu'elles n'ont pas cessé depuis lors d'être en usage. De quelqu'un qui a donné dans un piége grossier vous entendez dire : il a coupé dans le pont. D'où provient cette expression bizarre? Elle est empruntée au langage des bateleurs. Les faiseurs de tours de cartes vous présentent le jeu à couper; mais ils ont plié si habilement la partie supérieure du paquet, qu'elle forme comme un pont dans lequel vous couperez comme un sot, si vous n'y prenez garde. D'autres fois la langue frappera les enfants par l'énergie de ses expressions. Je suppose que dans un récit où il est question d'une grande douleur nous rencontrions ces mots : avoir le cœur brisé. Que veut dire ceci? Le cœur se brise-t-il quand nous sommes dans le chagrin? — Un élève répondra : C'est une image. — Non : ce n'est pas une image; si quelqu'un d'entre vous a déjà subi une des grandes épreuves de la vie, s'il a assisté à la mort d'un père, d'une mère, n'a-t-il pas senti en lui un coup comme si son cœur se brisait? et ceux à qui cette douleur a été épargnée, rien que d'y penser ne sentent-ils pas quelque chose d'analogue? Celui qui a d'abord parlé de la sorte, a éprouvé aussi cette impression, et nous répétons après lui le mot qu'il a créé.

Les proverbes, si chers à nos aïeux, et dont Franklin savait tirer un si bon parti, ont bien perdu de leur prestige. C'est encore un legs du passé que nous répudions trop légèrement, sans nous demander par quoi nous remplacerons tout ce bon sens ramassé en courtes sentences. Il est bien vrai que c'est une arme à deux tranchants, et que sur la plupart des sujets on peut ranger les proverbes par paires qui se contredisent. Mais s'il en est beaucoup qui plaident la cause de l'égoïsme, il y en a encore plus qui sont des maximes d'honneur et de vertu. C'est la tâche de l'école de les mettre en pleine lumière et de les graver en traits profonds dans l'esprit de l'enfant, pour qu'il les emporte dans la vie comme un sûr viatique. Plus d'une fois, durant le cours de son existence, l'ancien écolier sera placé entre deux conduites à suivre, et dans la délibération qu'il tiendra avec lui-même, il appellera à son aide, pour s'éclairer et pour se soutenir, tout ce que lui pourra fournir sa mémoire : exemples, récits conseils. Alors une maxime apprise à l'école, se présentant avec la voix, le geste et le visage de l'instituteur, s'il a été à la hauteur de sa mission et digne de ce nom, le retiendra peut-être dans la bonne voie. L'école dédaigne cette sagesse des peuples : de ce magasin qui contient de l'excellent et du détestable, très-souvent le mauvais seul vient jusqu'aux oreilles de l'enfant. Le maître ne devrait pas craindre de citer, à l'occasion, quelque dicton égoïste pour le mettre en parallèle avec les maximes honnêtes; il n'aura point de peine à montrer de quel côté se trouvent la supériorité morale et le véritable esprit de conduite.

Ce sont là des exercices qui feront entrer dans la mémoire et dans l'usage de nos élèves une bonne partie de la langue française qui d'ordinaire ne se trouve point dans nos livres de classe. Cela n'empêchera pas l'instituteur de leur faire connaître des morceaux de style soutenu. Le préjugé qu'il n'y a qu'une seule manière de bien dire les choses est en partie entretenu par nos manuels grammaticaux, qui, imposant une expression, condamnent tout ce qui s'en écarte. Ne dites pas ceci : dites de cette façon. Voilà ce que nos enfants entendent depuis leur plus jeune âge. Quelquefois ces admonestations sont incompréhensibles. Ne dites pas la prochaine fois que vous viendrez. Dites : la première fois que vous viendrez. Et pourquoi? Quand vous demandez leurs raisons à ces pointilleux censeurs, ils balbutient et n'en ont point à vous donner. L'Académie française a bien un peu poussé dans cette voie, en laissant croire que tout ce qui n'est point permis par elle, est défendu. Mais c'est appauvrir la langue, tarir le naturel et figer l'esprit que de semer ainsi les prohibitions sous les pas de l'enfant. Comme le dévot sous les yeux du Seigneur, il est tenu dans une crainte perpétuelle de la grammaire. Mais cette divinité n'est pas aussi sévère qu'on nous le fait croire. Elle se plaît, au contraire, dans la diversité, et toutes les façons de parler sont approuvées par elle du moment qu'elles sont naturelles et claires. Loin de faire le vide autour de l'expression officielle, je voudrais appeler l'attention de mon élève sur les différentes manières dont on peut dire la même chose. Entre le mot familier, quelquefois trivial, et la locution littéraire, viendront se placer par couches toute une série d'expressions qui seront à la disposition de l'enfant, suivant qu'il parlera à la maison ou en public, s'adressant à un égal ou à un supérieur, par écrit ou de vive voix. En possédant plusieurs locutions, les unes bonnes, les autres meilleures, l'enfant sentira que vraiment il s'enrichit. Il écoutera avec avidité cette leçon de français, qui est en même temps une leçon de goût et de style; on verra bientôt disparaître cette bigarrure de langage dont nous avons déjà parlé, qui vient de ce que certaines expressions apprises dans les livres sont cousues tant bien que mal au parler natif, que l'élève, en dépit de vos grammaires, n'a pu dépouiller entièrement, puisque vous ne lui avez rien donné à la place.

Quel que puisse être le mérite d'un manuel imprimé, il sera toujours d'une complète insuffisance par un côté où nous voulons maintenant appeler l'attention de nos lecteurs. Nous avons déjà dit qu'il ne faut pas enseigner le français comme une sorte de latin, mais qu'il faut l'appuyer autant que possible à la langue populaire, dont il est le correctif et l'idéal. Dans la plupart de nos provinces cette langue populaire s'écarte sensiblement du français proprement dit, tant par la prononciation que par le lexique. On devine que nous voulons parler des patois, que l'ignorance a pu longtemps considérer comme une sorte de corruption ou de caricature du français, mais qui aujourd'hui, grâce à des notions plus saines, commencent à être envisagés sous leur vrai jour, c'est-à-dire comme des dialectes non moins anciens, non moins réguliers que le français proprement dit, lequel pour avoir été le dialecte de l'Ile-de-France, est devenu la langue littéraire de notre pays. La plupart de nos instituteurs enseignent le français comme une langue tellement au-dessus du patois qu'on ne peut même pas songer un instant à les mettre en parallèle : le patois pour eux est non avenu, ou s'ils en parlent, c'est comme d'un antagoniste qu'il faut détruire. L'élève qui arrive à l'école parlant son patois est traité comme s'il n'apportait rien avec lui ; souvent même on lui fait un reproche de ce qu'il apporte, et on aimerait mieux la table rase que ce parler illicite dont il a l'habitude.

Rien n'est plus fâcheux et plus erroné que cette manière de traiter les dialectes. Loin de nuire à l'étude du français, le patois en est le plus utile auxiliaire, et il ne sera pas difficile de démontrer que là où il existe un patois, l'enseignement grammatical, pour peu qu'on sache s'y prendre, devient aussitôt plus intéressant et plus solide. On ne connaît bien une langue que quand on la rapproche d'une autre de même origine. Le patois, là où il existe, fournit ce terme de comparaison. Quelques règles de permutation données par l'instituteur mettront l'élève en état de trouver les liens de parenté qui unissent les deux langages.

L'idée que le patois est un parler tout à fait digne de mépris est si bien établie dans l'opinion générale, qu'il faudra d'abord quelque précaution pour l'introduire à l'école. La première fois que le maître prononcera une phrase patoise, j'entends d'ici le bruyant et profond éclat de rire qui l'accueillera. Les élèves tout surpris auront le sentiment comme si la civilisation était soudainement représentée par eux et l'ignorance par l'instituteur. Mais que le maître ne se laisse point décontenancer, qu'il répète tranquillement sa phrase ou quelque chose d'analogue. Le rire recommencera, mais déjà il sera moins spontané et il s'y mêlera l'idée qu'il y a là quelque chose à quoi ils n'avaient jamais songé et dont ils vont avoir l'explication. C'est le moment où l'enfant prête l'oreille. Montrez-lui alors que la phrase patoise peut se ramener aisément à la forme française. Faites comprendre où résident les différences et quelles sont les analogies. L'enfant commencera à considérer son propre langage sous un tout autre aspect : la forme française lui apparaîtra comme une sœur d'un rang plus élevé qui tend la main à sa sœur du peuple, ou comme l'espèce ennoblie par la greffe à côté de l'espèce sauvage. Il ne sera plus étonné que de son rire de tout à l'heure. Tantôt le patois présentera à l'état simple des mots qui, en français littéraire, n'existent plus que dans des composés ou des dérivés. Ainsi l'habitant du Berry dit « faire son viron » (faire son tour) et « vironner » (tourner), tandis que le français possède seulement *environ* et *environner*. Pour ouvrir la bouche le paysan de la Saintonge dit « bader » : c'est l'origine et l'explication de notre mot *badaud*. D'autres fois un mot qui est sorti de notre langue vit encore dans les patois : Ainsi *caver*, qui veut dire creuser, et qui explique *cave* et *caveau*. Souvent le français n'a gardé que le sens détourné, quand le patois a encore le sens propre et primitif. Nous disons, par exemple, s'emparer d'une ville, d'une contrée. Mais qu'est-ce qu'emparer? nos patois vous l'apprendront. Emparer veut dire garnir, fortifier : emparer une ville de murailles. De là l'adjectif désemparé et le dérivé rempart (qu'on devrait écrire rempar). On comprend dès lors qu'en terme de guerre on ait dit : s'emparer d'une position, d'une province, et, au figuré, s'emparer d'un esprit, s'emparer de la conversation.

Que n'a-t-on pas écrit sur l'expression *à l'envi*, que certains grammairiens ont proposé d'orthographier *à l'envie*, comme si en parlant de deux étourdis qui font des folies à l'envi l'un de l'autre, on voulait dire qu'ils se portent envie. Les petits paysans du Bourbonnais en remontreront là-dessus aux savants. Quand on fait sa mise au jeu, le premier joueur dit : « j'envie » c'est-à-dire j'invite. Le second « je renvie » c'est-à-dire je renchéris sur la mise, et l'invitation elle-même s'appelle l'envi. C'est donc à l'invitation l'un de l'autre, et pour ne pas être en reste, que nos deux fous de tout à l'heure commettent leurs sottises.

Quel plaisir pour l'enfant de voir officiellement reconnues, de trouver dans la bouche du maître, ces expressions qu'il gardait par devers lui, n'osant les employer, même quand il n'avait rien à mettre à la place! Tous ces termes auxquels pour lui se rattachent tant de souvenirs, il ne sera plus obligé de faire effort pour les oublier.

Si avec cela le maître lui montre que son dialecte (comme il arrive si souvent) est conforme à l'ancien français, et qu'il se rencontre avec la langue de Henri IV ou même avec celle de saint Louis, comme l'enfant respirera à son aise, comme en rentrant chez lui il verra d'un autre œil le foyer domestique! N'est-ce pas là le premier des biens de ne pas être exproprié de son langage pour adopter exclusivement celui de Paris? Si, par bonheur, la province a déjà quelques auteurs, comme Jasmin, comme Roumanille ou Mistral, lisez de temps en temps ces livres à côté des livres français. L'enfant se sentira fier de sa province et n'en aimera que mieux la France. Le clergé connaît bien cette puissance du dialecte natal : il sait s'en servir à l'occasion, et c'est pour avoir méconnu la force des attaches locales que votre culture est trop souvent sans racine et sans profondeur. Il faut que l'école tienne au sol et n'ait pas l'air d'y être simplement superposée.

Une fois que l'attention des élèves sera tournée de ce côté, ils provoqueront d'eux-mêmes les explications du maître. L'enfant est naturellement collectionneur : aussi bien qu'il réunit des minéraux, des papillons ou des timbres-poste, il fera collection de locutions curieuses. A côté de beaucoup de non-valeurs, vous verrez ainsi paraître plus d'un trésor de la vieille langue, plus d'une expression frappante qui méritait d'être mise en lumière. De temps en temps il arrivera qu'un écolier, se levant dans la classe, apprendra au maître comme à ses camarades quelque chose que tous ignoraient. Mais cela même n'est pas mauvais, la classe y gagnera en sérieux, et les élèves se feront une idée plus juste de ce qu'est le savoir humain. Il est vrai qu'ils adresseront parfois au maître des questions embarrassantes : c'est à cela que vous reconnaîtrez les têtes qui travaillent, qui ne sont pas toujours les élèves les plus brillants en classe. Si l'instituteur ne peut répondre, où est le mal? qu'il dise tranquillement : Je ne sais pas au juste, ou : je ne sais pas, mais je voudrais bien le savoir. Ceci encore fait réfléchir les enfants. C'est ainsi qu'on apprend à ignorer et à chercher.

Ce que nous venons de dire, plus d'un instituteur le pratique sans doute. Mais autre chose est de hasarder des rapprochements à la dérobée et comme par contrebande, autre chose de les proposer avec méthode et avec la pleine conscience de leur valeur. Qu'on ne craigne pas que l'autorité de la langue officielle s'en trouve ébranlée : ce n'est pas le danger que nous courons, et la littérature, le journalisme, l'administration suffisent amplement pour en rappeler à toute heure la nécessité. Quant aux provinces, qui, comme la

Bretagne et le pays basque, parlent une langue à part, introduisez le français tout en respectant le dialecte natal. Si l'Alsace nous est et nous reste attachée de cœur, c'est, entre autres causes, parce que nous n'avons jamais essayé de lui enlever son langage[1]. Laissons des nations qui parlent plus que nous du respect de la langue, faire la guerre à tout ce qui n'est pas leur propre idiome. Elles n'arrivent par là qu'à faire haïr leur domination. Ç'a été l'honneur de l'ancienne monarchie française aussi bien que de la France moderne, que pareille lutte ne s'est jamais vue chez nous. Nous avons eu nos guerres de religion, nos guerres civiles; mais la haine de race n'a jamais eu accès dans nos cœurs. Il n'y a en France ni duché de Posen, ni Slesvig nord.

Nos instituteurs, qui pour la plupart sont nés à la campagne et qu'on place ordinairement dans le département même dont ils sont originaires, sont bien préparés pour donner l'enseignement dont nous venons de parler. La seule difficulté, c'est de vaincre la prévention qui existe chez eux, et peut-être chez ceux-là le plus fortement, qui ont le plus longtemps parlé patois au foyer domestique. Mais un cours d'histoire de la langue

---

1. On a remarqué que les seules bonnes poésies que la France ait produites pendant la guerre de 1870-71, sont en provençal, en breton et en allemand.

française donné à l'École normale triomphera sans peine de ces préjugés. La grammaire historique d'Auguste Brachet, si claire et si intéressante, tiendra lieu de ce cours chez ceux qui sont déjà en fonctions. Il serait à souhaiter aussi que tous nos instituteurs reçussent à l'avenir des leçons de latin ; je n'entends point par là le latin comme on l'apprend au lycée. Des notions exactes sur la grammaire latine, un certain nombre de textes faciles qu'on expliquera pendant deux ans, suffiront largement pour l'enseignement que nous voulons. Plus d'un sans doute prendra goût à ces études, notera le dialecte de son village et sera conduit de cette façon à s'intéresser au passé du pays. Au lieu d'être un étranger parmi les paysans, au lieu de représenter une culture officielle toujours suspecte, il deviendra le vrai représentant de la commune, celui qui en saura le mieux l'histoire, et qui, dans les contestations de mots ou de choses, sera consulté comme le dépositaire de la tradition et comme le savant du canton.

ORTHOGRAPHE

Tout cela, dira-t-on, est fort bien. Mais ce n'est pas de la grammaire. Que deviennent pendant ce temps les trois sortes d'*e*, et la règle des participes, et *même* qui s'accorde quand il précède et qui ne s'accorde pas toujours quand il suit, et les différentes manières d'écrire *quelque* et toutes ces autres règles que nous avons apprises dans notre jeunesse et qu'en écrivant nous nous félicitons de savoir si bien appliquer? De tout cela, il n'a pas encore été question, et nous sommes ainsi conduits au second inconvénient que nous signalions au commencement, savoir la part exagérée qui est faite dans nos écoles à la langue écrite, et particulièrement à l'orthographe.

Les conditions particulières de notre langue, le caractère savant de notre civilisation ont fait de la France le pays de l'orthographe. Une réforme pareille à celle de Grimm en Allemagne, ou même à celle de l'Académie espagnole, rencontrerait chez nous d'insurmontables résistances. Mais je voudrais au moins que les finesses de notre orthographe restassent réservées au lycée et qu'on n'en incommodât point nos petits paysans. Je voudrais aussi que l'instituteur apprît à distinguer ce qui se rapporte à la langue écrite et ce qui appartient à la langue parlée, et qu'il ne confondît pas ces deux sortes d'enseignements. Quand vous dites, par exemple : La maison que j'ai vu bombarder; et : La maison que j'ai vue tomber, où est la différence dans la prononciation? et à moins que vous ne songiez au futur poëte qui peut se trouver dans la classe, et qui a besoin de connaître les règles de prosodie, à quoi sert dans la langue parlée une telle distinction? Enseignez-la tant que vous voudrez au collége, mais faites-en grâce à l'école primaire. Vous nous dites qu'il faut écrire *entendus* dans cette phrase : Les hommes qui vous cherchent sont ici; on les a entendus entrer. Je le veux bien, mais essayez de prononcer cet *s* et vous verrez qu'il vaut mieux ignorer la règle en parlant.

C'est pourtant à des vétilles orthographiques que l'on gaspille le meilleur du temps, de la peine et de la bonne volonté de nos enfants. Plus la règle est subtile, plus le maître y attache d'importance : Un couvre-pied, des couvre-pieds. Mais il faut écrire : Un serre-tête, des serre-tête (parce que chacun ne serre qu'une tête). — Les deux Corneille étaient frères. Les Corneilles, les

Racines sont rares. — Où est la différence, je vous prie, et qui songera jamais à faire entendre cet *s*? — Ne voyez-vous pas qu'au lieu de la pomme vous donnez à l'enfant la peiure, et au lieu de la chose, non pas même le mot, mais l'image du mot? Les bons élèves retiennent la règle, les médiocres la savent à moitié et prennent l'habitude de l'à-peu-près. Les esprits lents se découragent d'apprendre une science si difficile : leur pensée va ailleurs, souvent là où elle ne devrait pas aller; ils perdent le respect de la classe et du maître.

L'orthographe nous prend plus de temps que l'histoire naturelle. Elle n'a jamais fini de commander; toujours elle a par devers elle quelque subtilité nouvelle. Née dans l'école, grandie dans l'école, elle en est devenue le tyran. Elle est le tourment de l'élève et, par un juste retour des choses, le désespoir du maître. Non-seulement elle coûte un temps précieux à nos enfants, mais c'est un des plus sûrs moyens de les déshabituer de penser. Il faut écrire : un verrou, des verrous ; mais il faut : un bijou, des bijoux. Pourquoi? Dites-leur au n.oins que dans l'ancienne orthographe française, qui comportait une plus grande liberté, on mettait indifféremment l'*x* ou l'*s*, et que l'irrégularité actuelle est un reste de cette ancienne incertitude. Je suppose qu'une lecture amène le nom du Rhin ou du Rhône. Pourquoi y a-t-il un *h* après l'*r* ; c'est que les mots comme *rhétorique*, *rhume*, qui viennent du grec, avaient une aspiration, et qu'on a confondu à tort avec ces mots les noms de nos deux fleuves. L'enfant sera enchanté de savoir ces petites choses ; le sens historique s'éveillera en lui ; il aura une idée plus juste de l'orthographe ; il apprendra à distinguer le fond de la forme, l'être de l'apparence, et tout en retenant sa règle, il s'habituera à faire des questions aux autres et à lui-même.

Par la force même des choses, nos manuels accordent autant et plus de place à telle règle d'orthographe d'un emploi rare et d'une importance fort secondaire, qu'à tel principe qui doit être appliqué à tout instant. Laissez les premières de côté et attendez pour les expliquer que la lecture d'un texte vous en amène un exemple. Le malheureux élève qui lit son rudiment croit que la langue française est semée de piéges. Ici encore il faut que l'instituteur ne soit pas le serviteur du livre et qu'il présente le rudiment comme un aide-mémoire et non comme un catéchisme dont tous les articles méritent un égal respect.

Quand on traite de l'orthographe, il faut faire une distinction entre le mécanisme grammatical, qui peut s'enseigner par règles, et l'orthographe première des mots, qui ne s'apprend que par l'usage.

Ainsi les personnes et les temps du verbe appartiennent au mécanisme grammatical : je sais que la troisième personne du pluriel finit en *ent* ou *nt*, que le conditionnel se termine en *rais*. Mais l'orthographe des verbes eux-mêmes ne peut s'apprendre une fois pour toutes. Je ne saurais pas, si on ne me l'a dit ou si je ne l'ai vu, comment on écrit : fouetter, dompter, astreindre, contraindre. Et de même comment deviner l'orthographe des substantifs tels que moelle, arrhes, abbaye? Cette partie de notre orthographe française est si compliquée et si capricieuse, elle est si inexplicable pour ceux qui ne savent pas l'histoire de la langue, qu'on ne peut espérer la faire apprendre en ses détails à de jeunes enfants. Enseignez les choses essentielles ; quant au surplus, fiez-vous à votre élève, si vous avez su lui communiquer l'habitude de l'observation et le goût de la lecture. L'opinion, qui attribue à l'orthographe une si grande importance, sera pour lui un stimulant suffisant : le jeune homme qui emporte de l'école la connaissance des principales règles de la grammaire, qui aime la lecture et qui sait se servir d'un dictionnaire, peut aisément compléter son éducation sur ce point.

DU GOÛT DE LA LECTURE.

Savoir lire, c'est bien. Mais comment se fait-il que nos élèves apprennent à lire sans emporter de l'école le goût de la lecture? Les étrangers dans la dernière guerre en ont été frappés. Ils voyaient nos prisonniers désœuvrés, sans que l'inaction parût leur peser. Leur plaisir était de jouer aux dames, à la marelle, au bouchon. En certaines villes, on leur avait donné des ouvrages d'histoire, des récits de voyage, mais ils n'y touchaient point. Aussi le bruit s'était-il répandu que nos soldats ne savaient pas lire[1].

L'ouvrier allemand, américain, recherche les livres. Là où il n'existe point de bibliothèques, il prélève sur son travail de quoi en fonder. Chez nous, tout au plus les petits journaux prétendus

---

1. « A Ouzouer, sur cent blessés je n'en ai trouvé que quatre ou cinq qui eussent du goût pour la lecture, deux seulement qui aimassent l'instruction. » J'extrais cette observation d'un ouvrage rempli de faits intéressants : *Allemands et Français; Souvenirs de campagne*, par Gabriel Monod. Sandoz et Fischbacher, 1872.

populaires, avec leur contenu frelaté, peuvent éveiller la curiosité et captiver un instant l'attention de la population des villes. D'où provient cette différence? Ici encore nous rencontrons d'abord le protestantisme. Lire n'est pas chose si facile qu'il nous semble; il y faut de l'exercice et de l'habitude. Non-seulement le catholicisme remplace le livre par le rosaire, mais il fait l'éloge de la sainte ignorance. La femme espagnole venant s'asseoir pendant une heure, un éventail à la main, sur un banc d'église, est réputée avoir fait œuvre agréable à Dieu. Rapprochez-en la femme protestante qui lit et relit la Bible, qui cherche à pénétrer dans le langage symbolique de l'Ancien Testament, ou qui essaye de mettre d'accord les trois synoptiques. Admettons que les qualités morales et l'intelligence naturelle soient les mêmes des deux côtés; combien l'esprit est traité de manière différente! d'une part il reste en friche (s'il n'est pas rendu stérile), de l'autre il est soumis à une continuelle culture. Supposez que le combat pour la vie s'engage entre deux sociétés aussi différentes que ces deux femmes. Le résultat sera facile à prévoir. Une expérience vieille comme l'humanité nous apprend que le succès ici-bas n'appartient ni aux âmes les plus aimantes, ni aux cœurs les plus généreux: c'est aux intelligences les plus aiguisées et les plus actives qu'est dévolu l'empire du monde.

Une autre cause, qui au fond tient à la précédente, aggrave et complique le mal. On n'écrit point chez nous pour le peuple. Si nous avons quelques anciens livres qui conviennent, ou à peu près, comme lecture populaire, c'est grand hasard et l'auteur n'y avait point songé. Nos écrivains classiques, déjà vieux d'un siècle, de deux siècles, s'adressaient à une société ne ressemblant guère à la nôtre, ayant d'autres goûts, d'autres croyances, d'autres préjugés. Le dix-septième siècle est bien loin. Ces dehors mythologiques, cette adoration d'un monarque, cette religion qui ne ressemble pas au christianisme moderne, laissent le lecteur froid. Il faut être lettré pour y trouver profit et plaisir. La langue, sur bien des points, s'est modifiée, elle a besoin d'explications et de commentaires. La Fontaine lui-même, le plus populaire de tous nos auteurs, est rempli de locutions vieillies et d'allusions à des usages abolis. Quant aux écrivains du siècle suivant, quelle que soit l'opinion qu'on ait sur le fond de leur polémique, ils réclament, pour être compris, tout un travail de reconstruction. L'homme du peuple qui lit Voltaire, s'il n'est pas scandalisé, le trouve dépassé, suranné. L'ouvrier républicain essayera de lire le *Contrat social :* mais il ne le comprendra qu'en gros et sera bientôt découragé par ces déductions abstraites. Tout ce monde d'idées est fermé à qui veut s'y introduire sans préparation et sans guide. Il faut bien en convenir : les esprits les plus élevés qu'ait produits notre pays sont pour le peuple comme s'ils n'existaient pas. Au lieu qu'en d'autres contrées il y a des écrivains connus et aimés de la nation tout entière, rien de pareil ne se voit en France. Tandis qu'une portion de notre pays se nourrissait de Montaigne, Pascal, La Bruyère, Montesquieu, Tocqueville, l'autre en restait au paroissien et à la bibliothèque bleue. Veut-on savoir depuis quand cette scission s'est faite ? il n'y a qu'à consulter les lectures de nos paysans. Ils lisent l'histoire des quatre fils Aymon, celle de Robert le Diable et de son fils Richard sans peur, qui sont rééditées tous les dix ou vingt ans à Troyes et à Épinal. Le dernier grand remaniement de ces romans, qui sont fort anciens, comme on sait, est du règne de Charles VIII. A la fin du quinzième siècle, la société française marchait donc encore du même pas, s'intéressait aux mêmes aventures, et avait les mêmes goûts. Depuis lors, par l'influence de la Renaissance, non tempérée par la Réforme, la tête et le corps du convoi se sont détachés, et la distance qui les sépare va toujours s'élargissant.

Il semble que notre société contemporaine, tout

imprégnée d'idées démocratiques, devait produire en foule les auteurs populaires. Mais l'écart entre les deux parties de la nation est devenu si grand que ceux mêmes qui auraient le plus à cœur de parler au peuple et de l'instruire, sont incapables de s'en faire comprendre. Les mots qu'ils emploient sont entendus à contre-sens ; les principes qu'ils supposent démontrés sont ou ignorés ou contestés. Les noms historiques qu'ils citent n'éveillent chez le lecteur aucun souvenir. Vous exposez des faits à des gens qui vous demandent de les émouvoir par une certaine rhétorique dont ils ont pris l'habitude. Aussi les meilleurs livres, composés pour l'instruction du peuple par les esprits les plus sincères et les plus généreux, sont-ils restés sans lecteurs, ou s'ils en ont trouvé, ce n'est point parmi la classe que l'écrivain avait en vue. Quelque affligeant que soit cet aveu, aujourd'hui comme au temps de Louis XIV, les meilleurs livres que notre temps voit paraître sont non avenus pour le peuple et lui restent inconnus ou inintelligibles. Nous avons deux nations en France : l'une pense, lit, écrit, discute et contribue au mouvement de la culture européenne ; l'autre ignore cet échange d'idées qui se fait à côté d'elle, ou si elle essaye d'en prendre connaissance, elle ressemble à un homme jeté au milieu d'une conversation depuis longtemps engagée avant qu'il vienne, et où il entend prononcer des noms et débattre des intérêts qui lui sont également inconnus.

Là ne se bornent point les effets du mal que nous avons commencé de décrire. Mais les dernières conséquences sont trop sous nos yeux pour qu'il soit nécessaire de les rappeler. La spéculation mercantile a été tentée par cet immense marché qu'un peuple sachant lire, mais n'ayant point de livres qu'il pût comprendre, offrait à la cupidité. Plus habile, parce qu'elle était moins scrupuleuse, elle a trouvé le langage qu'il fallait à ces nouveaux lecteurs. Les publications illustrées, les petits journaux ont jeté en pâture à la foule des romans qui, pour le mérite de l'invention, sont la plupart fort inférieurs à ceux de la bibliothèque bleue. Je ne parle pas de la valeur morale, presque toujours nulle ou négative. D'un autre côté, depuis que le suffrage universel a remis le pouvoir aux mains du grand nombre, il s'est trouvé des politiques et des économistes qui ont su assez simplifier les systèmes et faire assez abstraction de l'histoire pour être entendus de nos ouvriers. Ils ont créé une littérature qui a ses adeptes à part, d'autant plus dociles qu'ils sont plus indifférents à l'égard de tous les autres livres, d'autant plus accessibles à cet enseignement, qu'ils partagent leur attention entre un plus petit nombre de volumes.

Tel est l'état de choses où nous sommes arrivés aujourd'hui. Il est si inquiétant que beaucoup de bons esprits qui croyaient fermement autrefois aux bienfaits de l'instruction populaire, son venus à en douter, sinon en général, du moins pour notre pays. « Est-ce bien la peine de répandre des méthodes de lecture qui conduisent à de tels résultats, et serons-nous vraiment plus avancés quand la France tout entière lira les feuilletons de la petite presse et les articles des journaux socialistes? L'instruction ne nous réussit pas. Où en serons-nous quand nos paysans de la Bretagne auront l'esprit aussi trouble et le sens moral aussi bouleversé que nos ouvriers des grandes villes? »

La réponse à ces questions n'est pas difficile. C'est parce qu'on apprend trop peu de chose dans nos écoles, et non parce qu'on y apprend trop, que nous avons assisté à ce désarroi de l'intelligence populaire. Il ne faut pas accuser ceux qui apprennent à lire à nos enfants, mais ceux qui tout en concédant ces premiers éléments de toute instruction, veulent que l'enseignement n'aille pas au delà. Apprendre à lire est un bienfait illusoire ou un présent dangereux, si vous ne rendez pas vos élèves capables de comprendre et d'aimer les lectures sérieuses. C'est par là qu'il faut les mettre à l'abri des séductions. Si, à l'atelier, de mauvaises lectures sont mises entre leurs mains, si la propagande cherche à s'emparer de leurs esprits, le goût de la lecture sera le plus sûr contre-poids à ces tentatives. Sur l'homme qui lit beaucoup un mauvais livre est loin d'exercer l'influence qu'il a sur celui qui lit peu. Il apprend bientôt à distinguer un ouvrage qui contient des faits et des raisonnements dont il peut contrôler la justesse, d'un autre qui ne donne que des déclamations. Si je ne craignais de présenter ma pensée sous une forme paradoxale, je dirais que les mauvais livres ne sont dangereux que pour ceux qui ne lisent point; car la plupart du temps, ceux qui les citent ne les ont même pas lus, et c'est seulement pour en avoir entendu le résumé et pour en avoir recueilli quelques bribes, qu'ils se prévalent de leur autorité Combien, en 1848, avaient vraiment lu Proudhon? L'ouvrier qui a lu un livre jouit parmi ses compagnons d'une considération dont on peut difficilement se faire une idée dans les classes lettrées : c'est un homme qui a étudié les sciences sociales, qui connaît les questions de travail et d'échange. Je ne sais pas de critique plus sanglante de notre enseignement primaire, ni de condamnation plus éclatante du système qui recommande l'ignorance, que ces réputations acquises à si bon marché dans le peuple et qui coûtent parfois si cher à la société.

L'une des réformes les plus urgentes qu'appelle notre enseignement primaire, c'est donc de provoquer chez les enfants le goût de la lecture. Pour arriver à ce résultat il faut que l'instituteur fasse des lectures en classe. N'objectez pas la perte de temps, car il serait facile de nommer des exercices qui envahissent l'école et qui ne jouissent d'une si grande faveur dans l'opinion des maîtres que parce qu'ils remplissent les heures. Au lieu de ces dictées qui laissent la tête de l'enfant complétement inactive, lisez le récit d'une belle action, la description d'un phénomène naturel ou simplement un conte de fée. Quand au milieu du silence général, suivi d'un long murmure d'étonnement ou de satisfaction, l'instituteur fera rentrer le livre dans son pupitre, plus d'un élève suivra le volume d'un œil de regret. Le format et la couverture lui restent dans la mémoire, et toutes les fois qu'un hasard le fera reparaître, il y aura plus d'un cœur qui battra secrètement dans la classe. Mais quelle ne serait point la joie de l'élève à qui, pour récompense d'une conduite sans reproche et d'un travail exemplaire, le maître prêterait un jour le livre même d'où il a tiré sa lecture! Une faveur si extraordinaire attirerait, je pense, plus d'un envieux à celui qui en serait l'objet, et des écoliers favorisés par la fortune pourraient bien être tentés de prendre le titre de l'ouvrage pour demander à leurs parents qu'on leur en fît présent.

La lecture est une telle source de plaisir, surtout dans le premier âge, qu'une fois que l'écolier en aura goûté la douceur, les stimulants et les encouragements seront superflus. Ne voyons-nous pas des enfants de deux ans feuilleter avec délices leurs livres d'images et se répéter à eux-mêmes les histoires qu'on leur a contées? Il ne s'agit donc que de procurer les livres à nos petits paysans. C'est ici que la partie instruite de notre population devrait trouver quelque chose de cette activité ingénieuse et de cette ardeur de propagande qui fait pulluler les Bibles dans les pays protestants, et qui répand en pays catholiques les oraisons dévotes et les images de sainteté. Il ne faut point songer seulement aux enfants pauvres, mais encore à ceux dont les parents auraient les ressources nécessaires pour acheter des livres, mais ne le font point, parce qu'ignorants eux-mêmes, ils ne sentent point le prix de l'instruction. Lectures faites en commun, bibliothèques communales dont l'instituteur sera le gardien, livres donnés en prix aux meilleurs élèves, tous ces moyens seront bons; mais avant tout, il faut que l'école possède un certain nombre d'ouvrages que les élèves emporteront à tour de rôle à la maison, et qu'ils devront, en les rapportant, résumer de vive voix ou par écrit.

Quels livres placerons-nous dans cette bibliothèque de l'école? Les ouvrages d'éducation et de morale y occuperont naturellement le premier rang; j'y voudrais ensuite beaucoup de géographie : des récits de voyage, des descriptions de pays lointains réveilleront ce goût des aventures qui semble vouloir s'endormir dans notre race, et qui nous a donné autrefois les Jacques Cartier et les Cavelier de la Salle. Faisons donc connaître à nos enfants les histoires des grands navigateurs, et plaçons à côté d'eux les voyageurs modernes, comme Speke, Barth, Livingstone. L'histoire de France comptera un certain nombre de volumes : mais on y verra, à côté des récits de nos victoires, celui de nos revers, pour que l'enfant prenne une idée plus juste des limites de nos forces, et pour qu'il apprenne à connaître les fautes qui chez nous amènent habituellement les désastres. Ce n'est pas en nous montrant toujours victorieux qu'on élèvera les âmes capables de porter et de réparer nos malheurs. L'histoire des autres peuples devra être également représentée; il faut que nos enfants commencent à sortir de cette ignorance qui, pour notre plus grand dommage, nous laisse si indifférents à ce qui se passe hors de chez nous, et nous rend incapables de comprendre les événements qui ont lieu au delà de notre horizon de tous les jours. Les sciences naturelles et physiques, les arts mécaniques, nous fourniront quelques volumes qui éveilleront plus d'une vocation et qui, des mains de l'enfant, passeront peut-être à celles du père.

Laissons une large place aux œuvres d'imagination et à la poésie. Depuis les grandes conceptions épiques qui ont charmé le premier âge de l'humanité jusqu'aux simples contes de fée, le merveilleux est dû à l'esprit de l'enfant, qui n'aura affaire que trop tôt aux réalités de la vie. L'Iliade, l'Odyssée, dans des traductions faites pour cet usage, ne dépasseront point la portée d'esprit d'un enfant de douze ans. N'est-ce pas de ces poëmes qu'un ancien disait qu'ils sont le commencement, le milieu et la fin, le livre de l'enfant, de l'homme et du vieillard? A côté d'eux figureront les grands poëmes modernes, la Chanson de Roland, la Jérusalem délivrée, le Roland furieux, les Martyrs. La littérature dramatique, si chère aux enfants, sera représentée par les classiques du temps de Louis XIV, auxquels on pourra joindre quelques écrivains de notre siècle, tels que Casimir Delavigne et Ponsard. Les Fables de La Fontaine et de Florian ont naturellement leur place marquée dans notre bibliothèque. Nommons enfin les Contes de Perrault, ceux de Grimm, un choix des Mille et une Nuits: ces récits ont charmé les enfants de l'Inde et de la Perse, beaucoup ont fait les délices de nos pères au moyen âge. Pourquoi les refuserions-nous à nos petits contemporains? Le Robinson de Foë, justement recommandé par J.-J. Rousseau, le Robinson suisse transporteront l'imagination au milieu d'un merveilleux d'une autre sorte. Parmi les auteurs d'aujourd'hui, citons Erckmann-Chatrian et J. Macé, qui ont su réussir dans l'art si difficile de se faire entendre du peuple et des enfants.

Une telle bibliothèque, sans dépasser cent volumes, que la librairie fournirait à bas prix, à cause de l'étendue du marché, transformerait la vie intellectuelle de nos jeunes générations. Un des inconvénients dont nos instituteurs se plaignent le plus, c'est que l'été leur enlève une partie de leurs écoliers; mais la lecture pourrait suivre l'enfant aux champs. Quand nos petits pâtres demanderont à emporter avec eux, pour mettre à profit les moments libres de la journée, un livre de leur bibliothèque scolaire, on pourra dire que l'instruction primaire de nos campagnes est enfin sortie de la période préparatoire et embryonnaire où elle est restée jusqu'à présent.

GÉOGRAPHIE ET HISTOIRE.

De ces deux enseignements, nécessaires l'un et l'autre, le plus indispensable, selon nous, c'est encore la géographie. C'est aussi celui qui doit être donné le premier : apprenons à connaître la maison que nous habitons avant de chercher à savoir qui nous y a précédés et qui l'a construite.

Le Français est célèbre en Europe pour son ignorance de la géographie. Les étrangers possèdent là-dessus quantité d'anecdotes dont la dernière guerre a encore augmenté le nombre. Si les officiers et les publicistes ont fourni sur ce chapitre des preuves surprenantes de leur inexpérience, on peut se figurer ce que doit être le savoir des classes populaires.

Pour nous expliquer d'où provient cette ignorance, il faut assister à une leçon de géographie dans une école primaire de village.

Les enfants apportent avec eux un petit livre, soit Meissas et Michelot, soit quelque autre du même genre, et ils récitent la leçon du jour. Je suppose qu'ils en sont à la Belgique : ils disent par cœur les quinze lignes consacrées à ce pays, et s'ils savent correctement les noms des villes avec le nombre de leurs habitants et la courte mention qui accompagne chaque ville, ils reçoivent une bonne note. La semaine suivante, il est question de la Suisse, puis de l'Autriche, puis de la Russie, et ainsi de suite. Chaque leçon, découpée comme à l'emporte-pièce, n'a aucun rapport avec la précédente, ni avec celle qui vient après. Demandez à ces élèves la route qu'ils suivraient pour aller en Belgique ou en Autriche : ils n'en sauront absolument rien. Ils ne connaissent pas même les fleuves et les montagnes de ces pays, car c'est au commencement du livre qu'ils en ont appris les noms, dans des chapitres où sont réunis tous les fleuves et toutes les montagnes de l'Europe. Un tel enseignement, cela va sans dire, est le plus aride qu'on puisse imaginer. Tous ces noms, d'aspect souvent étrange, ne disent rien à l'esprit de l'enfant. Que voulez-vous que se représente le petit paysan limousin, quand vous lui dites qu'un golfe est une partie de mer qui s'avance dans les terres, et que les quatre golfes les plus remarquables de l'Europe sont ceux de Bothnie, de Finlande, de Gascogne et du Lion ? Ce sont des mots qu'il doit retenir, rien de plus. Et comment est-il introduit dans l'enseignement de la géographie ? Une singulière aberration veut qu'on lui présente d'abord ce qu'il y a de plus général : des notions de cosmographie et des définitions. Les seules figures que les auteurs de ces singuliers manuels aient eu l'idée de joindre à leur livre se rapportent à l'astronomie : on y voit l'écliptique, la raison des équinoxes et le tableau des phases de la lune. Voilà comme nos enfants sont dressés à ne rien savoir en géographie.

Même avec un ouvrage aussi imparfait, on pourrait donner de bonnes leçons. Mais il faudrait que nos instituteurs reçussent l'idée d'une autre méthode : ils ont appris la géographie de cette façon et ils transmettent l'enseignement qu'on leur a donné à eux-mêmes. Une liste de noms, c'est à quoi l'on a réduit chez nous la science dont Herder disait : « Accuser d'aridité l'étude de la géographie, autant vaut accuser l'océan de sécheresse Je m'étonnerais fort qu'un enfant bien doué ne l'aimât point par-dessus toutes les autres sciences, si elle se montrait à lui sous la forme qu'elle doit avoir. »

L'homme est resté absent jusqu'à ce jour de nos livres de géographie; et pourtant il est le véritable et principal objet de cette étude. D'une part, la géographie doit montrer les changements que font subir à l'homme la situation, le climat, la configuration et la nature du pays qu'il habite; et, d'un autre côté, elle doit montrer les modifications que lui-même a imprimées au sol et le parti qu'il a tiré de sa demeure terrestre. Envisagée de cette façon, la géographie viendra se placer entre les sciences naturelles et les sciences historiques, participant des unes et des autres. Si vous montrez comment les occupations, la richesse, le caractère, les mœurs, la vie intime des peuples dépendent du sol qu'ils habitent, et comment la civilisation, centuplant les forces de l'homme, finit par le rendre maître du monde, vous n'aurez plus à craindre que l'élève se dégoûte de cette étude ou en trouve les nomenclatures difficiles à retenir; il ne plaindra plus sa peine, parce que les noms qu'il apprendra lui rappelleront une idée morale, et parce qu'il sentira les rapports qui unissent entre eux les divers faits qu'on lui enseigne.

Au lieu de commencer par dire que la terre est ronde et qu'elle se divise en cinq parties, je voudrais que l'enseignement géographique prît pour point de départ le lieu même que l'enfant habite. — Où s'est levé le soleil ce matin? demanderai-je dans la première leçon (je suppose que je m'adresse à des Parisiens du quartier des Écoles). — Derrière le Panthéon, au Jardin des Plantes. — Et où se couchera-t-il ce soir? — A Vaugirard. J'expliquerai alors qu'il faut se placer de manière à avoir le soleil levant à sa droite. — Devant nous que voyons-nous? — Montmartre. — Derrière nous? — La Glacière. — Voilà les quatre points cardinaux.

La première carte que des Parisiens devront étudier, c'est celle du département de la Seine. Je tracerai devant eux sur le tableau, et ils apprendront à tracer eux mêmes, le cours de la Seine avec les courbes qu'elle décrit et les presqu'îles qu'elle forme. J'y joindrai ensuite les affluents, la Marne, le Rouillon sur la droite, la Bièvre sur la gauche. Puis viendront les montagnes. Si la Seine décrit des sinuosités aussi bizarres, c'est qu'elle est gênée dans sa marche par des collines qu'elle est obligée d'éviter ; au moment où elle entre dans Paris, elle vient de longer les hauteurs de Thiais et de Villejuif ; le Trocadéro la force à s'infléchir momentanément vers le sud, et le Mont-Valérien, avec ses dépendances, la fait remonter au nord jusqu'à Saint-Denis. Je montrerai alors à quel système de collines se rattachent ces points culminants qui viennent d'être cités. Une fois la configuration physique bien établie, nous passerons à ce qui est l'œuvre de l'homme : le canal de l'Ourcq, celui de Saint-Denis, les villes et les villages, les principales lignes de chemin de fer, les grandes routes. Ce sera un plaisir pour l'enfant qui a visité Sceaux, Vitry. Gennevilliers, de marquer lui-même leur emplacement sur le tableau. Ceux qui à l'avenir feront des excursions, songeront à la leçon de géographie et amasseront des observations en route. Notez que le département de la Seine est un des plus compliqués de la France, et qu'ailleurs la leçon, donnée d'après les mêmes principes, fera encore plus d'impression, parce que les lieux étant moins célèbres, l'élève sera d'autant plus charmé de l'attention qu'on leur accorde.

Nos instituteurs, qui sont presque tous chargés du cadastre, sauront fort bien tracer au tableau la carte de la commune, du canton, de l'arrondissement, du département. A leur tour, les élèves s'exerceront à le faire. Mais il serait à souhaiter, en outre, que chaque école eût ses cartes murales, et qu'à côté de la carte de France, elle en possédât d'autres pour chacune des divisions que nous venons de nommer. Ainsi l'enfant apprendra à se faire une idée des échelles différentes, et il verra la place que sa commune occupe dans le pays suivant que le spectateur étend ou rétrécit son horizon. L'œil de l'écolier s'habituera bientôt à lire sur une carte comme dans un livre, et une fois qu'il aura la pratique de ce langage, ce sera un besoin pour lui d'accompagner toute description de lieux d'une représentation graphique. Nous avons trop vu dans la dernière guerre les avantages de ce genre d'instruction pour qu'il soit nécessaire d'y insister. Nos soldats, ne comprenant point d'où venait la science topographique de l'ennemi, s'acharnaient à poursuivre des espions imaginaires. Mais non-seulement chaque sous-officier prussien, en consultant sa carte, connaissait mieux le pays que la plupart des habitants, mais il savait à quel mouvement d'ensemble son corps d'armée prenait part, il voyait les progrès des opérations et il en pressentait les effets. La confiance s'en trouvait augmentée et passait dans les rangs des soldats.

C'est ainsi qu'il faut instruire nos jeunes Français. Mais il ne suffit pas qu'ils sachent dresser de mémoire la carte de la commune, du canton et du département. Ils doivent en connaître les ressources agricoles et commerciales. — Combien vaut chez nous l'hectare de bonne terre? demanderai-je dans l'Orléanais au fils d'un cultivateur. Et savez vous ce que l'hectare vaut en Sologne ? — Dans une école du département de la Loire, c'est le charbon qui fournira matière aux interrogations. Dans un port de mer, il sera question du nombre des navires qui partent et qui arrivent, de leur chargement et de leur destination. La géographie, de cette façon, ne sera plus un texte uniforme que nos écoliers réciteront d'un bout à l'autre du pays comme le *Benedicite*. Il est vrai qu'elle sera plus difficile à enseigner et qu'elle exigera de nos instituteurs des recherches et des connaissances spéciales : mais elle intéressera davantage le maître et les élèves, et elle inspirera aux parents une considération pour l'école qui rejaillira sur celui qui la dirige.

Quand les enfants connaîtront ce qu'au delà du Rhin on appelle la patrie étroite, le moment sera venu de leur montrer la grande patrie. Il existe de bons livres pour la géographie physique et politique de la France ; mais c'est encore à la parole du maître que cet enseignement empruntera son principal intérêt. Souvenirs de voyages, descriptions, dessins, événements récents, tout ce qui peut répandre la vie en ces leçons sera le bienvenu. J'y voudrais surtout des faits et des renseignements qui fissent voir de quelle façon chaque partie de la France contribue à la grandeur et à la prospérité de l'ensemble. Le paysan voyage peu, et quoi qu'en aient dit depuis quatre-vingts ans nos publicistes, l'unité morale de notre pays est moins étroite qu'on ne pense. Non-seulement les campagnes portent envie aux villes, et surtout à Paris, mais nos différentes provinces s'ignorent les unes les autres. Si la nouvelle organisation de l'armée prend le caractère local qu'on voit dans d'autres contrées, j'ai peur que nous ne fassions sur ce chapitre des découvertes fâcheuses. Mais si les diverses parties de la France n'ont pas la cohésion morale et intellectuelle qu'on peut désirer, le meilleur moyen de prévenir les malentendus, c'est d'avoir soin que dès l'école primaire elles apprennent à se connaître par ce qu'elles ont chacune de meilleur. Même chez l'homme instruit, l'opinion bonne ou mauvaise qu'il a d'une nation, la sympathie ou l'aversion qu'il éprouve pour un pays, reposent trop souvent sur des impressions futiles. A plus forte raison cela est-il vrai d'une nature crédule ou ignorante : une anecdote entendue dans l'enfance, un souvenir historique vrai ou apocryphe, un malin dicton suffit pour prévenir l'esprit à jamais. Ne laissons pas ces armes entre les mains de la malveillance ou du hasard. En apprenant à connaître, par une bouche grave et sincère, la vie et le caractère des diverses populations de la France, l'écolier, peut-être déjà imbu de préjugés, les sentira disparaître pour faire place à l'estime et à l'affection. Au lieu d'un patriotisme abstrait, dont il serait périlleux de tout attendre à l'heure du danger, nous aurons un patriotisme éclairé, reposant sur l'amour que se portent des provinces qui se connaissent et qui s'apprécient.

Quand des habitants de différentes parties de la France se trouvent en présence, l'entretien s'établit soit sur le terrain des principes, soit sur celui des intérêts généraux du pays. C'est là un résultat de notre unité administrative qui fournit dans le même temps à tous les Français les mêmes sujets de discussion. Assurément, il ne faut pas s'en plaindre; mais on peut regretter qu'à côté de ces généralités, il n'y ait point place pour des échanges d'idées provenant de la connaissance immédiate que nos provinces auraient les unes des autres. C'est par Paris et en Paris que les Français se joignent et se touchent. Mais où est cette curiosité affectueuse qui devrait rendre les fils d'une même contrée désireux de s'étudier en leurs analogies et en leurs différences? Où est cette connaissance réciproque des particularités et du passé de chaque province sans laquelle le nom de compatriote perd son principal attrait? Nous voyons ici les conséquences d'une centralisation jalouse qui a su isoler les départements tout en les rattachant étroitement à la Capitale. Corrigeons du moins par l'enseignement les effets d'un système qui tend à supprimer entre les Français des différentes régions toute attache autre que les liens administratifs.

Il y a beaucoup à faire sur ce point dans nos écoles normales. L'impulsion devra partir des maîtres qui donnent, en ces maisons, les leçons de géographie. Qu'ils s'inspirent des livres de Lavallée, de Henri Martin et de cet admirable tableau de notre pays inséré par Michelet en tête du second volume de son *Histoire de France*.

Et puisque nous sommes là-dessus, trouvera-t-on que nous nous écartons trop de notre sujet, si nous faisons observer qu'il dépend de l'État et des grands établissements auxquels il confie l'administration des intérêts publics, d'étendre ou de limiter la connaissance que peuvent prendre de leur pays les classes populaires? Si le paysan français voyage moins que le paysan belge ou allemand, il ne faut pas uniquement accuser son humeur casanière. Quelles facilités ne trouve pas à l'étranger l'habitant peu favorisé de la fortune qui veut visiter la province voisine ou faire le tour de son pays! Les moyens de voyager sont à bas prix; des combinaisons de toute sorte, libéralement entendues, lui permettent de prendre possession, par la vue et par l'esprit, de la contrée qu'il habite. Il semble que chez nous l'intérêt mercantile ait fait oublier tout le reste. Rien n'a été prévu pour rendre plus aisé un moyen d'instruction si sûr et si puissant[1].

Je reviens à l'enseignement de la géographie dans l'école primaire. Après, ou plutôt en même temps que la France (car il ne faut pas toujours rester sur le même sujet, et il est bon de varier les leçons), on étudiera l'Europe. Le maître fera connaître les différents pays de l'Europe d'une

---

1. « En règle générale, tous les moyens de communication entre les hommes tournent au profit de l'instruction. » Lorain, *Tableau de l'instruction primaire en France*. p. 36.

façon sommaire, mais pourtant de manière à munir l'esprit de notions sûres et nettes. Il ne faut pas oublier qu'aujourd'hui, grâce au progrès des relations de toute nature, ces contrées sont à nos portes, et que la vie des autres nations influe constamment sur la nôtre ; l'ignorance qui faisait sourire autrefois est aujourd'hui un tort fait à nos propres intérêts et un danger pour notre pays. Il importe que chaque Français sache quelles sont la situation, l'étendue, la puissance de grands pays comme l'Angleterre, l'Italie, l'Allemagne, la Russie, l'Espagne : il faut qu'il ait une idée de leurs ressources agricoles et de leurs productions industrielles. Quelques descriptions des curiosités naturelles et des monuments historiques de chaque pays plairont à l'imagination et frapperont la mémoire. Le maître définira en peu de mots le gouvernement et le caractère de ces peuples, ainsi que la tendance générale de leur politique extérieure : il est grand temps que là-dessus quelques notions justes pénètrent dans les couches populaires. Il est imprudent de dire que la politique doit être bannie de l'école, puisque nous ne pouvons la bannir de la vie, et puisque les lois de notre pays font de chacun de nous le juge des affaires de la France. Donnons au moins à ces futurs électeurs les plus indispensables des connaissances : on ne verra plus alors ces illusions obstinées qui, transportant hors de France des idées ou des passions toutes françaises, imaginent les alliances les plus étranges et veulent remanier la carte du monde au gré de nos chimères.

En sortant de l'Europe, et à mesure que notre cercle visuel s'étend, les détails s'effaceront pour laisser paraître seulement les grandes lignes. Une mappemonde et un globe seront nécessaires pour montrer la situation relative des continents et les grandes routes de la navigation. Du même coup, les élèves verront quelle modique place du globe occupe notre continent, dont notre pays est lui-même une si petite partie. Loin d'abattre les âmes, cette vue doit les retremper et les affermir. Les enfants peu favorisés de la fortune sur la terre natale comprendront combien est grand le champ qui s'étend devant eux et quelle carrière s'ouvre à leur activité, s'ils veulent faire usage de leurs forces et de leur intelligence. Au lieu de nous user dans des querelles intestines qui dévorent le pays et qui finissent par effacer des cœurs le sentiment de la patrie, pourquoi n'irions nous pas réclamer notre part du globe? Combien sont tombés dans nos carrefours, la haine au cœur, la malédiction à la bouche, qui auraient trouvé au loin la fortune, la considération et tous ces biens dont ils étaient justement épris, mais qu'ils cherchaient dans une voie sans issue! Colons en Amérique, en

Australie, ils auraient aimé la France : ils auraient été fiers de ses splendeurs au temps de la prospérité ; à l'heure des revers, ils auraient aidé à guérir ses blessures. Eux aussi, ils auraient travaillé à la grandeur de la France, en répandant au loin le nom, la langue et les dons intellectuels de notre race. Si nous ne voulons pas que les plus ardents de nos enfants s'exterminent en se disputant une ruche trop étroite, montrons-leur les grandes routes du monde : le sang de nos ancêtres les Gaulois n'est pas assez refroidi pour qu'ils restent insensibles à cet appel.

Nous passons maintenant à l'enseignement de l'histoire. Comme la méthode, en ses traits essentiels, sera la même que pour la géographie, nous pouvons nous contenter de quelques brèves indications.

Nous ne possédons point de livres populaires retraçant le passé de nos différentes provinces. Aussi nos enfants vivent-ils sur la terre natale comme des étrangers. Les monuments anciens qui sont sous leurs yeux, les noms célèbres qui frappent leurs oreilles, restent inexpliqués s'ils n'ont point trouvé place dans l'histoire générale de la France. Notre vieux sol, où à chaque pas on heurte un souvenir, est muet pour le peuple, ou si nos enfants savent quelque chose du passé de leur canton, c'est à des sources le plus souvent douteuses qu'ils ont puisé leur science. En d'autres pays, les habitants sont fiers d'un souvenir historique se rattachant à leur commune, ils conservent avec amour tout ce qui rappelle un événement d'autrefois. En France, l'indifférence est profonde ; elle est peut-être encore plus grande chez l'homme à demi instruit que chez l'ignorant. Il semble que l'histoire des quatre dynasties dont on nous fait apprendre les faits et gestes ait absorbé tout le passé de la nation. La province natale ne commence à compter qu'à partir de sa réunion à la monarchie française, et encore est-ce simplement comme partie intégrante et anonyme de cette totalité.

D'autres ont sans doute éprouvé comme moi un sentiment qui m'a souvent saisi quand je causais avec des gens ayant reçu l'instruction de nos écoles primaires. On dirait que leur existence morale a été déracinée ; ils n'appartiennent plus ni à la campagne, ni à la ville, ni au peuple, ni à la bourgeoisie. Dépaysés chez eux, il n'y a guère que l'administration ou l'armée qui puisse encore leur servir de patrie. Aussi les voit-on déserter sans peine une commune qui n'est pas plus la leur que les trente mille autres de la France. Une instruction incolore et uniforme en a fait d'avance des agents de l'autorité centrale. Le défaut que nous signalons s'étend à tous les degrés de notre enseignement. La classe moyenne qui devrait être la gardienne du patriotisme local, a l'air de se faire un honneur d'en paraître dépouillée. Ce manque d'un fond historique est l'une des causes du vide de la vie de province.

Des régions qui ont rempli l'Europe du bruit de leur renommée et exercé une action décisive sur l'histoire du monde, la Normandie, la Lorraine, la Bourgogne, la Provence, la Champagne, sont présentées comme de simples circonscriptions territoriales. Ce n'est pas ainsi qu'on pourra éveiller l'intérêt historique. Le goût des choses du passé n'est pas si naturel à l'homme qu'on le suppose : il faut qu'il naisse à la vue de quelque vestige des temps écoulés, de quelque témoin des événements d'autrefois. Il faut en outre que l'histoire, à ses premières pages, nous prenne par nos sentiments intimes. Parlez à l'enfant de ses ancêtres et de la contrée qu'il habite ; faites-lui voir de vieux édifices, d'anciennes églises, les restes des châteaux d'autrefois. Quelle leçon d'histoire qu'une excursion aux ruines de l'abbaye de Jumiéges ou une visite aux tombeaux des ducs de Bourgogne! De la sorte l'écolier prendra pied peu à peu dans le passé, et il voudra connaître l'histoire de cette monarchie où les destinées de sa contrée natale sont venues se confondre et se mêler avec celles de tant d'autres. Que penserions-nous des Italiens si leur unité politique d'aujourd'hui leur faisait oublier l'histoire de Milan, de Florence, de Gênes, de Venise? Parce que le mal est déjà ancien chez nous et parce que nos esprits s'y sont habitués, il n'en pèse pas moins sur notre pays. Nous venons de citer des noms illustres : mais il n'est pas nécessaire qu'une ville soit célèbre pour être chère à ses habitants, et le patriotisme, surtout chez les enfants, a une optique à part pour grandir les hommes et les choses. Élevons donc des Français qui sachent l'histoire de leurs foyers, et qui soient fiers de leurs héros domestiques. J'entends dire qu'il est trop tard pour réveiller ce passé. Mais ceux qui parlent ainsi sont dupes de leurs propres paroles. Il ne s'agit pas de rappeler le passé à la vie, mais seulement de le ramener à la connaissance des générations nouvelles. La science, à cet égard, peut beaucoup. En Allemagne, l'enseignement parle d'abord à l'écolier de sa ville ou de son village. Mais il ne faudrait pas croire qu'une tradition non interrompue eût maintenu cette histoire locale vivante dans la conscience populaire. Beaucoup de souvenirs qu'aujourd'hui un enfant rougirait d'ignorer et que des monuments de toute sorte rappellent à l'attention de tous, ont été ensevelis dans l'oubli pendant des siècles. L'érudition les a ramenés au jour ; puis l'enseignement, s'en emparant, les imprime dans l'esprit des jeunes générations et les restitue ainsi à la conscience nationale.

Je ne voudrais pas que nos élèves eussent à apprendre un cours suivi d'histoire. Des récits détachés, faits de vive voix par le maître, seront la meilleure méthode d'enseignement. Autant qu'il sera possible, ces récits devront prendre la forme biographique, la plus intéressante et la plus claire pour de jeunes têtes. L'enfant emporte l'image de certains personnages, s'éprend de leur caractère, se repaît de leurs hauts faits, s'afflige de leurs malheurs : volontiers il s'identifie avec ses modèles et les représente dans ses jeux. Ce ne sont pas seulement des rois et des conquérants que nous ferons défiler devant la classe : les bienfaiteurs de l'humanité, les grands inventeurs, quand leur vie présente des incidents remarquables, auront leur place et leur jour. Le maître, à l'occasion, fera ressortir la leçon morale contenue dans les événements, mais sans conclusion didactique et plutôt par quelques mots insérés dans le récit.

Si nous ne voulons pas que l'histoire forme un cours suivi, nous sommes loin de penser qu'elle puisse s'enseigner d'une façon accessoire, au moyen des dictées d'orthographe ou de digressions amenées par un nom propre. Dans le premier cas les choses disparaîtraient derrière les mots, et de l'autre manière aucune impression durable ne resterait dans l'intelligence des enfants. Mais une fois que le maître aura fait connaître quelque grand personnage ou quelque notable événement, je voudrais qu'il ne négligeât rien pour le graver à jamais dans les mémoires. Si la poésie a célébré un homme illustre ou un glorieux épisode de notre histoire, faisons apprendre à nos écoliers ces morceaux. Il y a encore un autre moyen usité à l'étranger pour renouveler sans cesse, dans l'esprit de la jeunesse, le souvenir de grands événements; mais notre pays est trop divisé et la portion la plus récente de notre histoire, trop livrée à la polémique des partis, pour que nous puissions introduire cet usage; ce sont les anniversaires et les fêtes nationales célébrées à l'école. Que le maître du moins ne néglige aucune occasion de montrer ce que nous devons à nos ancêtres, combien la France d'autrefois a fait pour celle d'aujourd'hui, et quels liens de reconnaissance nous doivent rattacher à tel homme qui est séparé de nous par les siècles. Qu'il nourrisse dans ces jeunes esprits l'amour de tout ce qui est honnête, généreux, énergique, désintéressé! L'héritage de nos aïeux n'est point si méprisable après tout puisque, malgré tant de fautes, nous en vivons.

Parmi toutes les nations du monde, la France présente le spectacle unique d'un peuple qui a pris son propre passé en aversion. On dirait une population d'esclaves qui vient de renvoyer ses maîtres et qui ne veut plus se souvenir du temps de sa servitude. Que beaucoup de ses griefs fussent légitimes, qui voudrait le nier? mais d'autres peuples ont souffert des mêmes abus sans garder les mêmes ressentiments. Je ne crois pas que les luttes de la fin du dix-huitième siècle et la mauvaise littérature du nôtre suffisent pour expliquer une aussi étrange répulsion. On ne peut haïr à tel point que ce qu'on ignore, et la principale raison d'un état d'esprit si peu naturel, c'est que l'imagination du peuple a gardé le souvenir amplifié des crimes et des misères du temps passé, sans qu'on ait pris soin de lui en rappeler les bienfaits et les grandeurs. L'adversaire le plus décidé de l'ancien régime, pour peu qu'il l'ait étudié, ne peut tout envelopper dans la même réprobation : l'ignorance seule est capable de ces haines absolues. Mais une telle aversion n'est pas seulement le plus déraisonnable et le moins vivifiant des sentiments. Comme le présent d'une nation, quoi qu'elle veuille et quoi qu'elle fasse, est fils de son passé, il sera toujours facile de lui montrer dans les institutions, dans les lois, dans les usages, la trace de ces temps qu'elle croyait abolis à jamais. Les contemporains seraient donc exposés à la même inimitié que les ancêtres, et après s'être détachée de ses souvenirs héréditaires, la France, autrefois si ouverte à tous les mouvements d'affection et de sympathie, finirait par ne plus connaître que la défiance et la haine.

ENSEIGNEMENT DE CHOSES

En écrivant ce titre nous espérons que pour beaucoup de nos lecteurs il ne sera pas une énigme. Des efforts ont été faits en ces dernières années pour introduire dans nos écoles un genre d'exercice qui, depuis soixante ans et au delà, est vulgaire en Allemagne. M. Cousin l'avait signalé dans ses Lettres sur l'instruction primaire; mais telle est la force d'inertie qu'oppose chez nous la routine à toute innovation, que les exercices de la pensée, comme il les appelait déjà, n'éveillèrent la curiosité de personne. Il a fallu la propagande d'une femme généreuse pour attirer enfin l'attention sur un enseignement si simple et si utile.

Tous ceux qui connaissent notre instruction publique avoueront que la plaie dont nous souffrons le plus, non pas seulement à l'école primaire, mais à tous les degrés de l'enseignement, c'est le verbalisme. Trop de mots, pas assez de choses : sous les mots nous ne voyons pas les choses qu'ils recouvrent, et le langage, au lieu de nous servir à découvrir la réalité, le plus souvent nous la dérobe. Tandis que le petit citadin nomme dans ses compositions écrites des instruments d'agriculture dont il n'a aucune idée précise, son camarade de la campagne, avec non moins d'ignorance, parle commerce ou industrie. La suite des études répond à ce commencement; avec les années, et sans avoir davantage été mis en contact avec la réalité, l'écolier de tout à l'heure devient le rhétoricien qui, dans ses discours, agite les questions politiques et littéraires, et l'élève de philosophie qui résoud les problèmes de métaphysique et de théodicée. On arrive ainsi à élever une nation qui s'attribue volontiers, à ses heures de satisfaction, le don de la netteté et de la précision; malheureusement il est plus exact de dire qu'elle a le goût des généralités et d'une certaine logique toute formelle.

Sur tous les sujets du monde nous avons une quantité de phrases faites par avance, et qui passent de bouche en bouche comme étoffe et comme aliment de la conversation. On les retrouve dans les journaux, dans les livres, à la tribune. Elles viennent s'interposer, à la façon des idées représentatives de Malebranche, entre la réalité et notre esprit. Bien des gens sont si peu habitués à se servir de leur intelligence et ont la tête si remplie d'expressions qu'on les voit ordinairement occupés non à penser, ni à chercher des mots pour leurs pensees, mais à attendre la pensée d'autrui pour y fixer une des nombreuses phrases qu'ils tiennent en réserve. Si l'idée qu'on leur présente se refuse à cette sorte d'enregistrement, ils la tournent et retournent assez longtemps pour qu'elle se dépouille de ce qu'elle a d'insolite, et ils finissent par la faire entrer, mutilée ou travestie, dans le moule inévitable. Faut-il ajouter que ce genre d'esprit est surtout fréquent chez les femmes, et particulièrement chez celles qui, comme on dit, ont reçu de l'éducation? Nous voyons clairement ici l'effet d'un enseignement tout verbal, qui a nourri les intelligences de tours de phrases et de bonnes expressions.

Ce défaut a été senti de tout temps : plus d'une fois, depuis Montaigne jusqu'à J. J. Rousseau, il a été signalé, mais la tradition, un instant tenue en échec, reprenait bientôt l'avantage. Rousseau surtout a dénoncé avec véhémence le vide de notre instruction. « Parmi les sciences, dit-il, on se garde bien de choisir celles qui seraient véritablement utiles, parce que ce seraient des sciences de choses. » Son disciple Pestalozzi en vint enfin à l'application. On ne voyait entre les mains de ses élèves, dit un témoin oculaire, ni livres, ni cahiers, mais seulement une ardoise et un crayon. Les enfants copiaient sur l'ardoise les figures dessinées par leur maître. Puis venaient les explications.

Pestalozzi voulait avant tout que les enfants apprissent à regarder, à entendre, à toucher. Il décomposait un objet en ses différentes parties : il le recomposait sous les yeux de l'élève. De cette façon seulement nous apprenons à mettre sous un mot une chose nettement conçue. Chaque classe devrait posséder en quantité suffisante des objets de différentes sortes, produits de la nature, outils, œuvres fabriquées, pour fournir l'occasion d'exercices de ce genre. Ces explications ne font pas double emploi avec les cours techniques ou avec les leçons d'histoire naturelle que les élèves pourront suivre plus tard ; car il s'agit moins, dans la leçon de choses, de leur communiquer des connaissances que de les habituer à observer. Voir, a dit M. Alfred Maury, est un don des plus rares, qui n'a été départi qu'au petit nombre. C'est ce don qu'il s'agit de généraliser, ou plutôt il faut développer une faculté qui existe virtuellement chez tous.

On a fait pour l'enseignement de choses des tableaux coloriés représentant des plantes, des animaux, des machines. Aucune école ne devrait en être dépourvue. Il serait bon aussi que tous nos instituteurs pussent tracer de leur main les objets dont ils veulent entretenir la classe. De cette façon, les enfants verraient l'image se construire sous leurs yeux ; ils apprendraient à en subordonner les différentes parties et à lui donner de la profondeur. Naturellement un commentaire viendrait se joindre à ces dessins. Tantôt, s'adressant à la curiosité de l'enfant, le maître placerait l'image sous les yeux de la classe en lui demandant de la nommer et de l'expliquer ; tantôt, après avoir fait précéder les explications, il ajouterait, en manière de surcroît et de récompense, la surprise toujours si bien venue du dessin. Qui ne se rappelle le plaisir qu'éprouve l'enfant à voir la représentation figurée d'objets connus ou inconnus ? Qui ne sait le pouvoir qu'exercent les images sur tous les esprits naïfs ou incultes ? C'est par des images que Cyrille et Méthode ont gagné un peuple à leur religion. Il s'agit de mettre au profit de l'observation et de l'analyse ce penchant inné chez l'enfance.

D'autres moyens concourront au même but. Au lieu de ces sujets vagues qui forment le thème ordinaire des devoirs d'école, les compositions écrites devraient servir à développer l'esprit d'observation. Ne demandez pas à votre élève la description d'une maison ou d'une église : demandez qu'il décrive la maison paternelle ou l'église du village. La peinture d'un orage est un sujet de rhétorique : mais la description de l'orage qui a eu lieu aujourd'hui, ainsi que de ses effets, mettra l'enfant sur le terrain de la réalité. Des visites aux fermes et aux usines du voisinage fourniront d'autres sujets de composition. Ce n'est pas seulement à l'école que des exercices de ce genre seraient à leur place. Comme le peintre qui ne peut se passer du modèle vivant, nous avons tous besoin d'entretenir en nous la faculté de voir et de saisir les choses extérieures. Qui nous débarrassera des amplifications littéraires ? Celui qui en prend l'habitude perd le sentiment de ce qui existe. Il n'aperçoit le monde qu'à travers des réminiscences de collège. Les faits les plus saillants s'émoussent ou se déforment dans son esprit. On sait combien un point de fait est difficile à établir par témoignage : l'intérêt et la passion ne sont point les seules causes qui rendent la connaissance de la vérité si malaisée. La plupart du temps nous avons affaire à des témoins dont la mémoire, au lieu de retenir l'image exacte de ce qu'ils ont vu, modifie les événements d'après un certain idéal qu'ils portent dans leur tête.

L'enseignement de choses exige chez le maître un effort soutenu et une constante surveillance. Le seul fait que cet enseignement a été tant de fois réclamé, depuis Bacon jusqu'à Rousseau, nous prouve qu'il est difficile. On a vu des réformateurs qui l'avaient inscrit sur leur programme. tomber, après quelque temps, dans le plus creux verbalisme et susciter à leur tour les protestations de nouveaux réformateurs. Cette difficulté tient aux conditions mêmes de notre nature. Entre les choses et la pensée vient se placer le langage comme intermédiaire, et si nous n'y prenons garde, nous sommes continuellement exposés à nous contenter de ce commode remplaçant. Tout comme leurs prédécesseurs, Basedow et Pestalozzi finirent par avoir leurs procédés et leurs formules, et la mémoire des enfants, toujours complaisante et facile, ne tarda pas à s'en emparer. Gutsmuths raconte comment Pestalozzi, vers la fin de sa carrière, montrait du doigt les différents dessins d'un tableau, tandis que les enfants répétaient machinalement les noms qu'ils savaient par cœur. De mon côté, je me souviens d'un maître qui croyait sincèrement pratiquer l'enseignement de choses, parce qu'il faisait dire à la classe, en scandant les syllabes et tout d'une voix : le cheval est un quadrupède. Le phoque est un amphibie.

En faut-il conclure que cet enseignement soit illusoire ou impossible? — Loin de là. Mais il faut conclure qu'il en est de cette réforme comme de la réforme des mœurs dans les couvents du moyen âge et comme en général de toutes les réformes qui vont au fond des choses et qui veulent atteindre l'homme intérieur. Elles ne peuvent être faites une fois pour toutes ; elles ont besoin d'être continuellement recommencées. Elles ne peuvent être faites par un homme au profit de tous les autres ; chacun de nous doit les renouveler à tout moment. Si le maître s'endort un instant, le verbalisme reprendra le dessus. Il ne suffit pas de dire : la lettre tue et l'esprit vivifie. L'esprit se fige et devient lettre si vous cessez de le tenir en fusion. Rien ne peut donc remplacer l'action vivante du maître ; sans elle, images, dessins, descriptions dégénèrent bientôt en une série de procédés et en une vaine mnémonique. Il faut que le maître tienne ses enfants en haleine, réveille l'intérêt prêt à s'affaiblir, déjoue les inventions de la paresse. Rude et laborieux métier, dont Luther disait déjà qu'il usait son homme en dix ans. Donnons donc (c'est la véritable conclusion à tirer), si nous voulons avoir des écoles dignes d'un grand pays comme la France, donnons à l'instituteur les loisirs et la sécurité nécessaires pour qu'il ne soit pas courbé sur son œuvre du matin au soir, et pour que le poids de la vie ne brise pas en lui le ressort interne.

ÉDUCATION DE LA RAISON.

L'enfant qui s'accoutume à bien voir les choses amasse déjà en lui les premiers éléments de la critique. Il apprend à distinguer quels sont, parmi ses camarades, ceux qui possèdent la même habitude et quels sont ceux qui se payent d'apparence et d'ouï-dire. Chez les enfants comme chez les hommes, la précision devient bientôt un besoin de l'esprit, et une sorte d'attraction rapproche ceux qui l'éprouvent. Un bon instituteur cultivera cette disposition chez ses élèves. Il leur apprendra à s'assurer par eux-mêmes, toutes les fois que les circonstances le permettront, de la vérité d'une affirmation. Mais comme le plus souvent nous sommes obligés de nous en rapporter au témoignage d'autrui, il leur fera comprendre d'après quels motifs nous devons accorder, réserver ou refuser notre créance. Les exemples pour ce genre d'enseignement se présenteront d'eux-mêmes. Je suppose qu'il soit fait allusion à une superstition locale ou qu'un bruit public ait été mentionné dans la classe : au lieu d'écarter ces sujets comme compromettants ou comme étrangers à l'école, le maître s'en servira pour mettre les jeunes esprits sur la voie de la réflexion. Tantôt il aura à leur démontrer la faiblesse des raisons sur lesquelles repose leur confiance : non moins souvent il aura à combattre les vains ou puérils arguments d'une incrédulité déraisonnable.

Il faudrait avoir une médiocre idée de l'enseignement, ou il faudrait mal connaître notre pays, pour regarder ces leçons de critique comme impossibles ou comme superflues. Nous venons d'assister au plus grand débordement d'erreurs et de mensonges qu'aucun temps ait peut-être jamais vu. Le pays a traversé les alternatives les plus surprenantes de confiance sans limite et de défiance effarée. Les bruits les plus insensés, les fables les plus grossières ont été accueillis avec une telle foi qu'il était dangereux de les révoquer en doute. Les mêmes hommes, à quelques semaines de distance, ont été considérés comme des sauveurs et comme des traîtres, sans que rien justifiât la certitude anticipée qu'on avait de leur réussite, ou l'outrage qu'on jetait à leur insuccès. De tels égarements ne démontrent-ils pas qu'il y a une lacune dans le système d'éducation nationale? et s'il fallait croire, comme on l'entend dire, que c'est là le caractère français, ne devrions-nous pas concevoir de vives craintes pour l'avenir de notre pays? Entre nations d'égale force, l'avantage n'est pas seulement du côté de la bravoure : il faut en même temps le sang-froid, le jugement qui mesure le danger pour y proportionner ses forces, la fermeté d'esprit qui résiste aux paniques, la confiance raisonnée qui sait supporter un échec et la clairvoyance impartiale qui en ose chercher les vraies causes. Personne n'est autorisé à dire que ces qualités manquent à notre race, puisque rien n'a été fait jusqu'à présent pour les faire paraître au jour.

S'il était vrai que quelques-uns de ces défauts eussent en effet leurs racines dans le tempérament de la nation, ce serait une raison de plus pour demander que l'école y apportât un contrepoids et un correctif. Jusqu'à présent il semble que l'instruction publique, en France, ait pris à tâche de nourrir nos travers et de cultiver nos faiblesses. Je n'en citerai qu'un seul exemple : De tout temps on nous a reproché l'excès de notre amour-propre national, et quoique aujourd'hui le malheur ait donné à ce sentiment quelque chose de respectable et de sacré, nous pouvons convenir qu'une confiance excessive dans nos forces, un mépris imprudent des forces d'autrui ont été l'une des causes de nos désastres. Mais comment en eût-il été autrement? Au lieu de contenir notre amour-propre national dans les limites d'un patriotisme intelligent, au lieu de l'ennoblir en y greffant l'ambition de tous les mérites qui peuvent nous manquer, on a vu l'école comme le collége flatter plutôt que diriger cette inclination naturelle. Tel livre répandu dans nos classes, par les parallèles qu'il établit à chaque page entre la France et les autres nations, semble avoir été écrit exprès pour donner à nos écoliers la plus médiocre idée du reste du monde. Assurément il est bon et nécessaire de nourrir dans la jeunesse la plus généreuse des passions; mais le patriotisme poussé jusqu'à l'infatuation et à l'aveuglement n'est pas seulement une erreur, c'est un danger pour le pays.

L'école qui jette dans la vie des enfants munis d'une instruction banale et superficielle ne mérite pas le nom d'institution nationale. Partout où un enseignement public est solidement constitué, de quelque esprit qu'il soit animé d'ailleurs, nous voyons qu'il porte ses vues au delà du seuil de la classe, et qu'il cherche à marquer de son caractère les générations nouvelles. Seul, l'enseignement de notre pays se réduit spontanément à une sorte de minimum, et croit avoir tout fait quand il a fourni quelques connaissances qu'on pourrait appeler neutres, tant elles agissent peu sur le fond de l'intelligence.

C'est par l'école que le caractère d'une nation peut se modifier. Passé un certain âge les espérances d'amendement moral ou de régénération intellectuelle ne sont guère que des illusions. Nos adversaires l'ont bien compris : dans les provinces qu'ils viennent de nous arracher et dont ils veulent transformer la vie morale, ils ont fait d'avance le sacrifice des hommes faits et même des jeunes gens. Ils savent que leurs tentatives seraient en pure perte. Mais ils dirigent leur effort sur l'enfant de six ans, et par lui ils espèrent se rendre maîtres de l'avenir. Que cet exemple ne soit pas perdu pour nous! Nous n'avons pas, Dieu merci, à changer les sentiments qui sont au cœur de nos enfants : mais notre histoire, depuis cinquante ans, nous avertit d'une façon trop claire et trop pressante que tout nous reste à faire pour l'éducation de leur raison.

Il s'est constitué depuis quelques années une science qui a pris le nom de psychologie des nations, et qui se propose, d'après l'histoire, les coutumes, les lois, les arts et la langue des peuples, d'en tracer le portrait comme s'il s'agissait d'individus. Les adeptes de cette science n'auront pas de peine à nous décrire, car nos défauts, comme nos mérites, ne sont pas de ceux qui se cachent au grand jour. Nous les connaissons nous-mêmes par le menu, et des uns comme des autres nous sommes les premiers à parler en toute liberté. Il est temps que l'éducation publique profite de cette connaissance que nous avons de nous-mêmes ; elle en doit tenir compte pour cultiver, pour élever et pour épurer ce que nous avons de bon et de généreux, pour corriger et pour guérir ce qui est vicieux ou erroné.

Un défaut souvent signalé, c'est le goût que nous avons pour les distinctions extérieures. Faut-il considérer comme un effet ou comme l'une des causes de ce travers l'usage des distinctions régnant dès l'école, laquelle, comme on sait, a déjà ses distributions de croix d'honneur et de médailles ? On dit que le pur sentiment du devoir n'existe pas chez les enfants, et que c'est là une notion trop haute pour des natures encore si légères. Je crois, au contraire, qu'il est plus facile d'habituer des enfants à travailler pour se contenter eux-mêmes et pour satisfaire leurs maîtres et leurs parents, que de ramener au désintéressement l'homme qui a grandi dans le désir des récompenses, et qui n'a jamais séparé dans sa pensée un acte de bonne conduite ou un effort de travail du signe extérieur qui doit le constater aux yeux du monde. Que d'ambitions inassouvies ces récompenses, traitées à tort d'inoffensives et d'enfantines, n'ont-elles pas fait germer et grandir ! C'est ici que le maître, dès les premiers jours, peut agir sur les esprits d'une manière ineffaçable, non pas par des discours, mais par l'estime qu'il attachera, en toute occasion, au mérite modeste, par la haute idée qu'il aura du devoir accompli, si obscur et si humble qu'il soit, et par la place sans égale qu'on lui verra donner, chez lui-même et chez les autres, au témoignage de la conscience.

Un autre défaut qu'on a remarqué chez nous, c'est que nous ne pouvons supporter le poids de l'insuccès, non pas que nous ne sachions, aussi bien que d'autres peuples, résister à la mauvaise fortune et trouver en nous les ressources nécessaires pour y faire face. Mais nous avons besoin avant tout de détourner sur quelqu'un la responsabilité de nos malheurs, pour nous en décharger et l'en écraser. Disposition dangereuse qui risque d'augmenter le mal en semant partout la défiance, et en irritant les uns contre les autres ceux qui auraient besoin de rester unis! Quand on recherche les causes de ce travers, on voit qu'il provient surtout d'une ignorance qui n'a même pas entrevu la possibilité d'un échec, et qui, pour expliquer des revers inattendus, se détourne de la réalité et se jette dans les suppositions les plus vaines et les soupçons les plus flétrissants. Quelles folles idées le malheur n'a-t-il pas suggérées à nos soldats, parce que de tous les événements il était lui-même le plus imprévu et le plus invraisemblable! L'école devrait prémunir les esprits contre une assurance si périlleuse. Elle devrait enseigner par des exemples comment la fortune a trompé les entreprises les mieux conçues et les plus habiles, comment une nation s'honore en respectant ses chefs malheureux, comment le plus sûr moyen pour un peuple de triompher des plus grands périls, c'est la confiance et la concorde. L'instituteur n'aura pas de peine à faire accepter cette leçon, s'il montre que ceux qui prononcent le plus facilement le mot honteux de trahison sont ordinairement les mêmes qui à l'heure où il aurait fallu réfléchir, avaient été les plus empressés à aliéner la liberté de leur jugement et qui avaient voulu imposer à tout le monde une foi aveugle. Soyons circonspects quand il s'agira de nommer nos mandataires, qui auront entre leurs mains notre sort et celui de la patrie : c'est alors qu'il faut être défiants et craindre les mauvais choix comme un malheur public. A l'heure de l'action, laissons les soupçons aux têtes faibles et aux âmes serviles.

Nous avons encore le travers d'être plus sensibles à la façon dont se fait une chose qu'à la chose elle-même. Un mot spirituel ou hardi nous empêche de voir une action déplaisante. Une saillie heureuse inspirée par l'esprit d'à-propos peut nous faire oublier une injustice ou une lâcheté. Ce sont ordinairement ces traits que l'enseignement rend populaires, et qu'on propose à l'admiration des jeunes Français. Est-ce ainsi qu'on espère former leur jugement? Il faudrait, au contraire, qu'ils apprissent à distinguer la réalité de l'apparence et qu'on les habituât à estimer les hommes, non d'après quelques belles paroles, mais sur la connaissance de leurs actes.

Une des choses dont l'Europe, pendant la dernière guerre, a été le plus étonnée, c'est de voir combien la raison du peuple français était peu mûrie et peu ferme. Le courage de la nation s'est montré tel qu'on l'avait connu en tous les temps; mais on a été effrayé de trouver une telle inexpérience de pensée, un si grand désarroi intellectuel. Il est pénible de dire, mais il faut avoir le courage de dire que les Allemands nous trouvaient naïfs; nous pensions, avec des proclamations lancées du haut d'un ballon, détacher de leur chef les soldats d'une armée victorieuse. Est-ce la longue habitude de nos discordes civiles qui nous avait rendus incapables de comprendre autre chose que nos propres sentiments? Les prisonniers se jouaient de nous avec la plus grande facilité; ils savaient avec quelles paroles ils étaient sûrs de gagner nos cœurs. Un des signes de l'inexpérience c'est la confiance excessive mise dans un homme; pour les enfants les choses existent à peine, les hommes sont tout. Nous ne savions pas nous rendre compte de la difficulté d'une entreprise, ni proportionner les moyens au but, ni entrer dans la pensée de nos adversaires pour nous mettre en défense contre leurs projets et pour les prévenir.

Éclairer le patriotisme, faire aimer le devoir pour lui-même, fortifier la confiance et le respect, appeler l'admiration des enfants sur les mérites solides et vrais, ouvrir les esprits à l'intelligence d'une situation, l'instituteur peut donner ces leçons sans s'écarter du sujet de sa classe et sans que l'élève aperçoive l'intention didactique. On nous préparera ainsi des générations plus sérieuses et plus mûres. En tout pays un tel enseignement serait à sa place; mais combien n'est-il pas plus nécessaire chez nous, puisque ces enfants assis aujourd'hui sur les bancs de l'école n'auront pas seulement à nous relever de nos désastres extérieurs, mais devront à leur tour prendre en main le gouvernement intérieur du pays. Ceux qui croient que le peuple aura plus de bon sens si on le maintient dans l'ignorance, se font une idée étrange de notre raison : comme toutes les autres facultés, elle a besoin d'être aidée par ceux qui nous ont précédés dans la vie et d'être exercée par l'usage. Quelques-uns pensent qu'un peuple ignorant se laisse plus facilement diriger : calcul égoïste et tous les jours démenti par les faits! L'ignorance est sottement défiante; elle n'a foi qu'à elle seule et par cela même qu'elle n'a aucune règle, elle trompe toutes les prévisions.

Je suis loin de demander que le maître d'école se change en homme politique et initie ses élèves aux discussions des partis. Je voudrais au contraire que toutes les influences de la politique militante vinssent s'arrêter non-seulement devant la classe, mais devant la maison de l'instituteur. Il exercera la raison de ses écoliers comme le maître de gymnastique développe la vigueur et l'agilité musculaires de ses élèves. Quel parti aura à se plaindre si l'on enseigne dans l'école en langage clair et par des arguments accessibles aux enfants qu'il faut préférer la patrie à son parti, qu'il faut, en toute occasion, mettre les intérêts permanents du pays au-dessus d'un avantage passager, qu'on doit respecter les opinions d'autrui pour obtenir le respect de ses propres convictions, qu'il faut remplir ses devoirs si l'on veut être écouté quand on parle de ses droits? N'est-ce pas là un enseignement dont la France entière profitera? mais il ne doit pas se donner par sentences; questionnez l'enfant, obligez-le à trouver les réponses par lui-même, faites-lui des objections pour qu'il réfléchisse sur son opinion et pour qu'il apprenne à la défendre. De cette façon vous lesterez ces jeunes têtes de quelques notions fondamentales, qui les empêcheront de flotter un jour au vent de tous les entraînements et de tous les sophismes. Pour combien ces notions seront les seules désintéressées qu'ils recevront sur ce sujet! Car dans la suite de la vie c'est parmi les affirmations contradictoires des partis et au milieu des raisonnements de l'ambition et de la mauvaise foi qu'ils seront obligés de démêler la vérité.

L'INSTITUTEUR.

Nous pourrions continuer d'examiner les différentes branches d'étude de l'école, pour montrer dans quel sens elles ont besoin d'être modifiées. Mais le lecteur, par ce qui précède, se fait déjà une idée suffisante de l'enseignement qu'il s'agit d'introduire. Nous aimons mieux maintenant appeler son attention sur une lacune qui se présente à tous les degrés de notre instruction publique, mais qui nulle part n'est plus sensible que dans notre enseignement primaire. Tous les étrangers s'en étonnent et nous sommes seuls à n'en avoir point conscience.

Les questions de méthode ne sont chez nous l'objet d'aucune observation constante et approfondie : la pédagogique, comme l'appellent les Allemands, n'est point cultivée en France. Est-ce le mot qui a été trouvé mal sonnant? Est-ce présomption ou insubordination d'esprit, chacun admettant qu'il trouvera bien par lui-même ce que d'autres ont trouvé? Est-ce le scepticisme que nous professons en général pour les choses que nous ignorons? « Il semble, » dit M. Barrau dans un ouvrage couronné par l'Académie des sciences morales [1], « que la connaissance la plus importante « soit celle que l'on appelle Pédagogie. Ce mot » grec, emprunté depuis peu aux Allemands, « n'est pas ridicule dans leur langue et l'est peut- « être dans la nôtre. Il faudrait chercher un nom « plus heureux, si la chose elle-même valait la « peine. Mais, en vérité, je ne le crois pas.... « La lecture d'un bon livre, où l'on trouve « d'utiles conseils, doit suffire. » Voilà de quel ton nous savons, en France, refuser les connaissances qu'il ne nous plaît pas d'acquérir. Si l'on songe que l'auteur des lignes précédentes, homme très-respectable d'ailleurs, a dirigé pendant plus de vingt ans un journal d'instruction primaire, et qu'il était par conséquent chargé d'initier nos instituteurs au progrès, on commencera à comprendre de quelle façon, dans un pays centralisé comme le nôtre, s'introduisent les retards et se creusent les lacunes.

Nous voyons bien quelle est la pensée de ceux qui trouvent la pédagogie chose si ridicule. Ils croient voir quelque magister vieilli dans sa chaire, se distillant la cervelle sur des vétilles, et discutant

1. *De l'éducation morale à l'aide des écoles normales primaires*, p. 183

avec ses pareils les moyens de rendre l'enseignement plus subtil ou la discipline plus minutieuse. On étonnerait fort ces rieurs, si l'on pouvait faire apparaître à leurs yeux la réalité. D'un côté, ils verraient la classe débarrassée de son appareil scolastique et répondant pleinement aux exigences de la vie, le maître aimé et honoré des élèves et devenu leur éducateur et leur conseiller ; les enfants allant avec joie à l'école, parce qu'ils sentent que toutes leurs facultés s'y développent et parce qu'ils y trouvent la satisfaction de tous les bons instincts de leur âge. De l'autre côté, on apercevrait la classe où le rudiment règne encore en maître, les éternelles répétitions, les longues dictées, les laborieux et inutiles exercices. La première de ces écoles est celle qui a mis à profit les leçons de la pédagogie moderne ; l'autre est celle qui, aimant mieux s'en passer, continue les errements de l'ignorance et de la routine.

Il n'est pourtant pas difficile de démontrer que la pédagogie ou, si l'on aime mieux, la méthode, peut et doit être un objet d'enseignement. Ceux qui en nient l'existence ou l'utilité ne nieront point sans doute qu'il existe des maîtres plus ou moins habiles, et qu'eux-mêmes, à tous les moments de leur carrière, ne disposaient point d'une égale expérience. Pourquoi cette habileté doit-elle se perdre avec celui qui la possède ? Pourquoi cette expérience doit-elle être regagnée à nouveau par chaque instituteur aux dépens des premières générations qui lui sont confiées? Si l'enseignement est un art, comme tous les autres, il doit avoir ses règles. L'esprit de l'enfant, en ses traits principaux, est partout et toujours le même; les circonstances diverses qui peuvent modifier l'ordonnance intérieure de l'école ne sont pas si nombreuses qu'elles ne puissent être ramenées à un certain nombre de cas; enfin les connaissances qui font l'objet de l'enseignement sont en tous lieux et en tous temps semblables. Il n'y a donc rien, ni dans le sujet, ni dans les conditions, ni dans la nature de l'enseignement qui s'oppose à l'établissement et aux progrès d'une science pédagogique, c'est-à-dire d'un ensemble d'observations et de préceptes dus à l'expérience des meilleurs maîtres, et constituant un fonds commun auquel tous les nouveaux venus ont le droit et le devoir de puiser.

Mais est-il nécessaire de prouver par raison démonstrative la possibilité d'une science qui, partout ailleurs que chez nous, frappe tous les yeux par sa féconde et salutaire activité? Dans les pays où l'enseignement est ce qu'il doit être, les questions de direction et de méthode sont jugées les plus importantes de toutes, et c'est aux progrès de la science pédagogique qu'on y attribue avec raison les effets de plus en plus sensibles de l'instruction primaire. Aussi la discussion est-elle continuellement ouverte De nombreux ouvrages sur ce sujet paraissent tous les ans, et aussitôt ils sont lus, discutés, critiqués par un public spécial. Journaux, revues, encyclopédies se disputent les observations des hommes les plus compétents. Le futur instituteur, à l'École normale, est mis au courant de cette grande et perpétuelle enquête. Il apprend à connaître les avantages et les inconvénients des méthodes successivement introduites dans les écoles. Il sait quelles idées nouvelles ont été apportées par les grands réformateurs de l'éducation, Montaigne, Coménius, J.-J. Rousseau, Basedow, Pestalozzi. On appelle son attention sur les hommes d'école qui, parmi les contemporains, sont en possession de la plus haute autorité. Quand l'instituteur quitte son séminaire (c'est le nom des écoles normales), il connaît le point précis où est arrivée la science pédagogique. Il ne sera pas tenté de recommencer les expériences avortées, il choisira, en connaissance de cause, parmi les méthodes qui possèdent l'approbation des meilleurs juges, et à son tour, il pourra enrichir de ses propres observations le trésor de l'expérience commune.

Combien nous sommes loin d'une pareille activité ! Quand on demande à un de nos instituteurs quelle méthode il suit dans son école, il répond d'un air étonné, comme si la question n'avait point de sens, ou comme si elle avait besoin d'être complétée : « Vous voulez dire quelle méthode de lecture ? » Il est vrai que dans l'état actuel de notre enseignement, les discussions de ce genre doivent lui paraître superflues; comme on l'a si bien dit[1], nos instituteurs peuvent parfaitement se passer de cette science, puisqu'ils ont le recueil des ordonnances et des circulaires de nos ministres. C'est là, en effet, pour eux la plus décisive (sinon toujours la mieux coordonnée) des pédagogiques. Ici comme sur beaucoup d'autres points de la vie nationale, le gouvernement français a eu la prétention de concentrer l'élaboration du progrès en une tête qui dispenserait le reste du corps de tout devoir autre que l'obéissance. Mais il est arrivé que non-seulement ce corps s'est trop fidèlement borné au rôle qu'on lui assignait, mais que la tête a cessé de penser, ou a pensé d'une façon insuffisante. Les progrès ne sont possibles dans une nation que quand tout le monde y collabore, et les idées les meilleures restent sans effet, quand elles trouvent les intelligences engourdies par une longue routine. On ne peut songer sans amertume que le vrai promoteur de la

---

1. E. Renan, *Questions contemporaines* p. 289.

pédagogie moderne a écrit en français et pour la France. C'est à l'Émile qu'ont été empruntées la plupart des idées dont s'est nourrie et fortifiée l'éducation allemande. Dans les œuvres de J.-J. Rousseau il y a deux parts : d'un côté les théories révolutionnaires du Contrat social, les peintures malsaines de la Nouvelle Héloïse et des Confessions. C'est la part que nous avons faite nôtre et qui a passé dans le sang des générations nouvelles. Mais il y avait en outre un côté généreux et vivifiant : l'amour de l'humanité et particulièrement de l'enfant, la confiance dans ses facultés et le respect de son activité intellectuelle. Cette partie-là, qui était le germe de vie déposé dans les œuvres de Rousseau, nous l'avons laissée aux étrangers. L'Allemagne s'en empara avec avidité. « Il ne faut pas louer l'Émile, écrivait Herder en 1771, il faut le réaliser [1]. » Et en effet les instituts de Basedow et de Pestalozzi ne furent pas autre chose que la réalisation des idées de Rousseau, en ce qu'elles avaient de plus juste et de plus praticable. Les premiers esprits de l'Allemagne, Goethe, Lessing, Kant, Fichte attirèrent l'attention de tous sur ces généreux essais.

Mais c'est ici que vient se placer une circon-

---

[1]. *Philosophie und Geschichte.* Œuvres, t. XX, p. 208. *Wir müssen ihn nicht loben, sondern thun.*

stance bien remarquable, et qui montre comment s'y prend un État qui n'attend point, pour remplir ses devoirs, d'être poussé par une opinion publique distraite ou incompétente. Dès 1803, le ministère prussien envoie quelques-uns de ses maîtres les plus distingués auprès de Pestalozzi à Burgdorf et auprès d'Olivier, successeur de Basedow, à Dessau. En 1808, le ministre Altenstein député toute une série d'instituteurs à Pestalozzi, pour qu'ils s'approprient sa méthode et la rapportent aux écoles prussiennes. Gedike, qui dirigeait l'administration de l'enseignement primaire en Prusse, et qui était lui-même un maître éminent, se rangeait parmi les adeptes de Pestalozzi. C'est ainsi que le meilleur de la doctrine de l'Émile est entré dans l'enseignement populaire de l'Allemagne, qui en est aujourd'hui tout pénétré. Les instituts de Dessau et de Burgdorf périrent bientôt faute d'argent. Mais ce qu'ils avaient apporté avec eux de sain et de nouveau se retrouve aujourd'hui dans la dernière des écoles de la Poméranie. Voilà ce que faisait, après Iéna, le gouvernement prussien, pendant que Napoléon ne songeait à l'instruction publique que pour rouvrir aux enfants de la bourgeoisie les anciens colléges des Jésuites.

La pédagogique, dira-t-on, ne traite pas de matières si abstruses qu'un bon esprit, désireux de s'instruire, ne puisse pas lui-même s'en rendre maître. Mais nos instituteurs, une fois engagés dans leur métier, fatigués par le travail quotidien, ne songent guère à étudier une science dont on ne leur a jamais rien dit à l'École normale; ils sont d'ailleurs portés à s'exagérer la valeur de leur expérience personnelle, et à la placer au-dessus de tout le reste. Les conférences d'instituteurs, dont on s'était beaucoup promis, n'ont tenu qu'en partie ce qu'on en attendait : faute de principes communs, faute de connaissances historiques, la discussion n'aboutit pas et tourne toujours dans le même cercle. Nos maîtres ont bien entendu parler de certains perfectionnements : l'enseignement par la vue, les leçons de choses, les jardins d'enfants, tout cela est venu jusqu'à eux, mais confusément. On essaye quelquefois une imitation; mais les expériences, commencées mollement et sur des informations incomplètes, ne réussissent guère.

Comme il arrive quand une science n'est pas régulièrement cultivée dans un pays, et n'a ni ses écrivains faisant autorité, ni son public spécial, tout le monde se croit en droit de se faire une opinion sur la matière. On se rappelle à quels débats passionnés ont donné lieu, vers 1832, l'enseignement mutuel et l'enseignement simultané : la question se traitait à la Chambre des députés et dans la presse quotidienne. Les conseils municipaux et les pères de famille donnaient aussi leur avis, quelquefois d'une façon impérative. D'un autre côté, des novateurs, s'appuyant parfois sur leurs systèmes philosophiques, proposèrent de nouveaux plans d'études. Tel était le besoin de remédier à l'état de choses existant, que plus d'un établissement privé, soit par conviction, soit pour attirer la clientèle des familles, adopta les procédés nouveaux. Ce n'est jamais impunément que les hommes spéciaux abandonnent un coin du domaine de la pensée : la foule ignorante s'y précipite, et les charlatans s'en emparent pour y élever leurs tréteaux.

C'est donc un des besoins les plus urgents de notre instruction publique, que les questions de méthode soient mises à l'ordre du jour, introduites dans le programme des écoles normales, discutées publiquement dans des recueils spéciaux, et examinées avec le plus grand soin par tous les hommes compétents. Presque tout nous reste à faire à cet égard. Il est vrai qu'il existe chez nous, comme en Allemagne, des recueils périodiques destinés aux instituteurs. Il est vrai aussi que des efforts sérieux ont été tentés, surtout en ces dernières années, par quelques personnes de bonne volonté, pour perfectionner nos méthodes. Mais nous sommes encore loin des journaux pédagogiques d'outre-Rhin. Si nous examinons un ou deux des recueils composés pour nos instituteurs, nous constatons qu'ils donnent des articles sur une quantité d'objets qu'on pense devoir intéresser nos maîtres d'école, mais il est bien rare d'y voir traiter les questions d'enseignement. Je prends un de ces journaux et je trouve, après un exposé de la politique générale, un article sur les vaisseaux cuirassés, un morceau sur le bon entretien des chemins vicinaux, des nouvelles et faits divers, un article Tribunaux, et enfin le cours authentique de la Bourse. Un feuilleton avec gravures complète le numéro. S'il a paru dans la semaine une circulaire ministérielle ou des mutations dans le personnel, naturellement on les reproduit. Qu'on fasse des journaux pour nos instituteurs comme pour les jeunes demoiselles, je n'y vois pas d'inconvénient, s'ils s'en accommodent; mais ce serait trop juger les choses d'après l'étiquette, que de croire que nous aurons ainsi l'équivalent, même lointain, des nombreux recueils pédagogiques d'Allemagne, où collaborent tous les hommes d'école, et où la méthode de l'enseignement est élevée à la hauteur d'une science.

Avant tout, il faudrait nous mettre au courant des progrès réalisés à l'étranger. Sous le ministère de M. Duruy, des hommes distingués ont été envoyés en Angleterre, en Suisse, en Belgique, en Allemagne, en Amérique, et l'ensemble de leurs rapports forme une lecture des plus attachantes. Mais les méthodes ne se laissent pas facilement décrire, et rien, en cette matière, ne vaut l'observation immédiate. Je voudrais donc que nos directeurs d'écoles normales allassent prendre connaissance, à leurs moments de loisir, de quelques établissements modèles situés sur nos frontières. Il serait à désirer, en outre, que des échanges se fissent de pays à pays. De même que nous recevons des élèves étrangers dans nos grandes écoles, je voudrais que tous les ans quelques jeunes instituteurs allassent se faire inscrire à l'École normale de Nivelles ou de Lausanne. Par la comparaison, l'esprit d'observation naîtrait en eux : ce qu'ils auraient trouvé de meilleur, ils le rapporteraient chez nous, ils en feraient part à leurs collègues, et la vie et le mouvement remplaceraient petit à petit la pesante indifférence qui règne dans ces régions de notre enseignement public.

On a dit avec raison que la principale différence entre l'artiste et l'ouvrier, c'est que celui-ci ne réfléchit point sur l'état qu'il exerce. L'introduction des méthodes nouvelles amènera avec elle cette réflexion si nécessaire. Elle transformera la personne morale de nos maîtres d'école. L'instituteur ne doit pas être la machine qui déverse sur les élèves ce qu'on a versé en elle. S'il ne sait que ce qu'il enseigne, il ne sait pas assez. S'il n'a pas médité sur son œuvre, il n'est pas capable de la bien remplir. La ridicule peur que nous ne devenions trop savants, comme si c'était là le danger dont nous sommes menacés, a fait misérablement réduire, en 1852, le programme des écoles normales, qui, loin d'être excessif, répondait à peine aux plus strictes exigences. Cette défiance de l'esprit qui est l'une des plaies de notre pays, a fait sentir ici son influence malfaisante. Combien de fois n'a-t-on pas dit que les études, dans nos écoles normales, sont trop variées et trop ambitieuses, et que nos maîtres d'école, trop instruits, se trouveront mal à l'aise dans leur enseignement modeste! Apprenons à nous faire une idée plus relevée de l'instituteur. C'est un homme qui prend part dans une mesure restreinte, mais dans une mesure qu'il s'est posée à lui-même, et dont il a conscience, au mouvement intellectuel de son temps. Il connaît l'histoire de son pays : il sait quels sont les besoins de la population au milieu de laquelle il est placé. Il sait aussi l'histoire de l'enseignement élémentaire : il voit quelles en sont les lacunes, et il cherche à parer au plus pressé. Plus il se rendra compte de l'extrême insuffisance de nos écoles, moins il sera exposé aux tentations ambitieuses et indiscrètes. Il ne cherchera pas à excéder sa tâche, qui est déjà bien assez grande, et tout en connaissant ce qui est par delà l'enseignement primaire, tout en s'y intéressant par ses lectures et par ses conversations, il ne sortira pas du cercle dont il s'est tracé les limites.

On a cru bien faire en rétrécissant l'horizon de nos maîtres d'école : la crainte qu'ils ne se changent en hommes politiques se lit à chaque ligne de nos circulaires ministérielles. Mais le vrai moyen d'attacher les hommes à leurs fonctions n'est pas d'en diminuer l'importance et d'en retirer l'attrait. Montrons-leur, au contraire, combien ils sont encore loin du niveau que nous avons le droit d'exiger d'eux pour l'honneur de notre pays et pour le profit de l'enseignement. A vrai dire, sauf quelques exceptions d'autant plus dignes d'éloges, nos maîtres d'école sont des sous-officiers instructeurs. Ils en ont le parler bref et catégorique ; ils ont, comme eux, le respect du manuel imprimé et la défiance de tout ce qui n'a pas été prévu par le règlement. L'instituteur n'est pas seulement un maître d'écriture et de calcul, il doit être aussi l'éducateur de ses élèves. Il ne faut pas qu'il laisse l'homme à la porte de sa classe et y entre avec un visage de convention. Plus il se montrera homme, plus il s'adressera à toutes les facultés, à tous les bons sentiments des enfants, mieux il remplira ses fonctions. Qu'il joigne à l'enseignement de la classe celui des excursions faites en commun avec les élèves, qu'il les emmène avec lui, les jours de fête, pour visiter au loin quelque site pittoresque ou quelque monument curieux. Il apprendra ainsi à mieux connaître le caractère des enfants, les ressources d'esprit et de volonté qui sont en chacun d'eux. Par les renseignements qu'il pourra leur donner en route, il leur fera sentir le prix de l'instruction, et du même coup il associera dans leur mémoire, aux idées de travail, celles de plaisir et de joie.

Mais il serait injuste et peu raisonnable de demander à l'instituteur une transformation aussi complète sans rien faire pour la lui rendre plus facile. Deux points surtout appellent toute l'attention de l'État : l'organisation des écoles normales et la situation hiérarchique de nos maîtres d'école. Nous dirons seulement quelques mots sur l'un et l'autre point.

Nos écoles normales sont loin jusqu'à présent d'occuper dans l'opinion publique la place importante qui leur est due. C'est d'elles que dépend tout l'avenir de notre enseignement primaire. En élevant l'instruction qu'on y donne, nous serons sûrs de hausser, dans un temps assez court, le niveau de l'instruction qui est distribuée à la jeunesse française. On ne saurait donc y appeler des maîtres assez expérimentés et assez habiles. Cependant c'est un peu au hasard que se recrute la plupart du temps le personnel enseignant de ces écoles : les leçons sont confiées à des professeurs du lycée trop disposés à regarder cette besogne comme accessoire, à d'anciens instituteurs, souvent même à des élèves sortant de l'école ou en faisant encore partie. Il ne faut pas s'étonner dès lors si des branches d'enseignement restent en souffrance. Mais au moins le directeur, qui donne à l'école son impulsion scientifique, pédagogique et morale, devrait-il toujours être un homme considérable par le savoir et par les services universitaires : il semble que l'estime publique dût faire de cette place un objet d'ambition pour les hommes les plus capables. Il n'en est rien : tandis qu'en Allemagne les maîtres les plus éminents de l'enseignement secondaire se trouvent honorés de diriger un séminaire d'instituteurs, l'abîme qui sépare chez nous le lycée de l'école ferait regarder le passage d'un professeur de seconde à la direction d'une école normale comme une disgrâce ou une défaillance. C'est donc dans le personnel de l'instruction primaire qu'il faut ordinairement faire ses choix. Nous en avons trop parlé pour qu'il soit nécessaire d'insister sur les inconvénients de ce cercle vicieux.

La situation hiérarchique de l'instituteur n'est pas faite pour le stimuler au travail. Il dépend surtout des conseils municipaux et du préfet[1] : mais ces autorités sont-elles en état d'apprécier sa valeur et de reconnaître ses services? On le juge d'après des circonstances extérieures. Tel instituteur vit en bonne intelligence avec le maire, avec le curé, avec les pères de famille : c'est un bon serviteur. On n'examine pas si cet heureux accord n'est pas obtenu par des complaisances envers toutes les routines. Pour que l'instituteur aime son état et le remplisse avec sécurité, il faut qu'il sente au-dessus de lui une autorité purement scolaire, qui sache le juger d'après son mérite et d'après son travail. Il faut, en outre, que la considération publique soit la récompense de son pénible et dévorant labeur. J'ai vu comment, dans une ville d'Allemagne, où l'enseignement primaire était pourtant de fraîche date, car elle avait appartenu à la France jusqu'en 1815, tous les fronts se découvraient devant le maître d'école; ses anciens élèves, dispersés dans les diverses routes de la vie, revenaient lui demander conseil, et écoutaient avec déférence sa parole, comme au temps où ils étaient assis sur les pe-

---

1. Au moment où nous imprimons ces lignes, une nouvelle loi, modifiant cet état de choses, est soumise à l'Assemblée nationale.

tits bancs de la classe, et où il leur traçait au tableau les premiers éléments de la lecture. Le gouvernement n'était pas moins empressé que l'opinion à reconnaître son mérite. La qualification de professeur lui avait été accordée, et l'on peut penser si les jeunes générations, en lui parlant, avaient soin de faire précéder son nom de ce titre, si honoré de tous, et qui ne se donne d'ordinaire qu'aux membres les plus anciens et les plus éminents des Universités[1].

1. Un petit livre, trop peu connu, qui peut être proposé comme un modèle de la façon dont l'enseignement devrait se donner, ce sont *les Parties du discours mises à la portée des enfants* (Manuel de l'Instituteur) par J. G. Hoffet, Hachette, 1863. L'*Arithmétique élémentaire* du même auteur (Manuel de l'Instituteur) est inspirée des idées de Pestalozzi. Ces livres excellents sont à peu près ignorés, pendant que tant d'autres, ou médiocres ou mauvais, se trouvent entre toutes les mains.

CONSIDÉRATIONS FINALES.

Nous aimons, en France, les questions irritantes qui se tranchent par la logique et par la passion. Quand il est fait mention de l'enseignement primaire, aussitôt nous nous rangeons en deux camps : la discussion s'engage sur l'instruction religieuse, comme si la leçon de religion renfermait tout l'enseignement de l'école, et comme si tout était sauvé ou perdu, selon la manière dont sera résolue cette unique question. Certes, nous n'ignorons pas, et nous avons essayé de montrer au commencement de ce travail, l'influence que la religion a exercée sur le développement de notre instruction élémentaire. Mais quoique notre histoire nous ait habitués à d'étranges revirements, la loi sur l'enseignement, après quarante ans d'existence, ne court point risque d'être rapportée[1]. La question qui nous di-

---

1. La faculté laissée aux communes de confier l'école à des frères équivaudrait, dans certaines circonstances, au droit d'annuler l'école. Nous espérons que nos législateurs ne voteront pas une disposition aussi dangereuse.

vise est de savoir si l'instituteur donnera la leçon de religion à ses élèves, ou si cet enseignement sera réservé aux ministres des différents cultes.

Par respect pour la religion, autant que par égard pour les conditions particulières de notre instruction publique, c'est le dernier parti qui serait préférable. Dans les pays où l'école a grandi sous la protection et avec l'aide de l'Église, il est tout naturel que celle-ci continue à exercer son patronage. Les enfants sont divisés en autant d'écoles qu'il existe de cultes, et l'instituteur, conseillé et guidé par le prêtre, partage avec lui le soin de la direction religieuse. Mais rien de pareil n'a eu lieu en France. L'école s'est élevée sans le secours de l'Église catholique : des enfants de différentes croyances sont réunis sous le même maître. Il semble donc que le parti le plus naturel et le plus digne serait d'éloigner de cette maison nécessairement profane les leçons de la foi, qui auraient leur vraie place à l'église ou au presbytère, et leur pleine efficacité dans la bouche du prêtre. C'est ainsi que les choses se passent aux États-Unis, et c'est la solution que tôt ou tard il nous faudra adopter en France.

Mais en attendant ce moment, est-ce l'instruction religieuse qui empêche d'élever, d'étendre et d'approfondir les travaux de l'école? Quelle est, parmi les réformes que nous avons indiquées, celle qui ne peut être pratiquée sur l'heure? Avouons plutôt que nous avons pris l'habitude des querelles stériles et des éternelles récriminations. Il est plus aisé d'opposer dans une discussion le droit de l'État, celui du père de famille, celui de la religion, que de prendre en main l'initiative des réformes sérieuses et des perfectionnements durables. Et cependant cette transformation si nécessaire de nos écoles serait peut-être le plus sûr moyen de mettre fin à tant de luttes ouvertes ou sourdes. Qui ne sait que le faible est toujours exposé aux attaques? Qui n'a vu que les institutions chétives, comme les nations désarmées, attirent sur elles les insultes? Le jour où l'école, par l'étendue, par la solidité et par l'attrait de son enseignement, témoignera de sa vigueur et de sa vitalité, quand le profit retiré de ses leçons lui assurera la faveur et le soutien des populations, elle verra peut-être ses adversaires renoncer à leurs entreprises et lui offrir leur alliance.

Une autre question fort controversée dans la presse et à la tribune, c'est l'enseignement obligatoire. On ne peut s'empêcher de ressentir un chagrin mêlé d'humiliation, quand on voit depuis combien de temps cette question est vainement agitée dans nos assemblées politiques. Il y a bientôt quarante ans, M. Cousin, comme rappor-

teur de la Commission pour la loi de l'enseignement primaire, soutenait devant la Chambre des pairs le principe de l'instruction obligatoire....
« Une loi qui ferait de l'instruction primaire une
« obligation légale, ne nous a pas paru plus au-des-
« sus des pouvoirs du législateur, que la loi sur la
« garde nationale et celle que vous venez de finir
« sur l'expropriation forcée pour cause d'utilité
« publique. Si la raison de l'utilité publique suffit
« au législateur pour toucher à la propriété,
« pourquoi la raison d'une utilité bien supérieure
« ne lui suffirait-elle pas pour faire moins, pour
« exiger que des enfants reçoivent l'instruction
« indispensable à toute créature humaine, afin
« qu'elle ne devienne pas nuisible à elle-même et
« à la société tout entière [1] ? »

Depuis ce temps, le pays a sacrifié toutes ses libertés, il s'est laissé jeter sans résistance dans les entreprises les plus funestes. Pour l'enseignement seul, il est resté jaloux de ses droits. Les représentants n'ont jamais manqué de s'alarmer à l'idée des dangers que l'instruction obligatoire ferait courir à l'indépendance du citoyen et du père de famille. En 1861 et en 1867, le Sénat de l'Empire, à l'unanimité moins une voix, repoussa

---

1. Premier rapport à la Chambre des pairs, présenté le 21 mai 1833. *Œuvres*, 5ᵉ série, I, p. 51.

des pétitions qui demandaient l'obligation. Combien de fois encore reverrons-nous ces discussions? Quand une époque n'a pas rempli la tâche qui lui revenait, celle-ci retombe de tout son poids sur les générations suivantes : mais après chaque ajournement, les difficultés deviennent plus grandes, les ressentiments plus vifs et la solution du problème plus difficile.

Qu'a-t-il manqué à la loi de 1833 pour transformer la France? Rien autre chose que le concours des classes instruites. Une loi, même en y inscrivant le principe de l'obligation, ne suffit pas. Si le savant se tient à l'écart de l'instruction primaire, si l'Université la dédaigne, si le propriétaire croit avoir assez fait en contribuant pour sa part à la construction de la maison d'école, si le fabricant attend qu'un règlement l'oblige à laisser aux enfants le temps nécessaire pour apprendre à lire, si les hommes considérables du pays ne se montrent jamais à la jeunesse, si les magistrats municipaux sont timides ou tièdes, si enfin la loi sur l'enseignement doit se faire se place par elle-même et sans que personne lui prête la main, elle n'aura que des résultats mesquins et précaires. Il faut qu'une telle loi rencontre, non pas seulement l'obéissance, mais l'empressement efficace, l'ardeur dévouée, le constant esprit de sacrifice des classes supérieures. Les

États Unis dépensent annuellement 450 millions pour les écoles. Au plus fort de la guerre de sécession, l'État de Massachussets triplait le budget de l'instruction publique. La seule ville de New-York donne 18 millions [1]. C'est à ce prix que l'enseignement entre dans les habitudes et dans les besoins d'une nation. Au contraire, l'instruction obligatoire a eu beau être votée en Autriche, en Italie, en Espagne, en Turquie : la loi est restée une lettre morte, la population n'en ayant ni aidé, ni surveillé l'exécution.

Si l'on veut mesurer tout le chemin que depuis quarante ans nous avons fait en arrière, on n'a qu'à relire les rapports et les circulaires qu'écrivait en 1833 M. Guizot, alors ministre de l'Instruction publique. Quelle hauteur de vues! quelle sérénité de pensée! Quelle confiance tranquille dans l'avenir! De son côté, M. Cousin parcourait alors l'Allemagne, la Hollande, et avec une remarquable justesse de coup d'œil, signalait les réformes à faire, les améliorations à introduire. M. Saint-Marc Girardin étudiait l'enseignement intermédiaire dans le midi de l'Allemagne. Ces vues dépassaient-elles le niveau intellectuel même de la France d'alors? Ou est-ce la funeste guerre des partis qui a frappé ces germes de stérilité? Les

---

[1]. La ville de Paris donne sept millions.

hommes éminents qui avaient présidé au travail de la première heure, s'en sont détournés depuis, soit entraînés par les nécessités de la politique, soit (ce qui est plus triste) distraits par des entreprises d'une moindre portée. Il nous faut reprendre aujourd'hui, sous l'aiguillon du malheur, l'œuvre commencée alors en un temps d'espérance et d'enthousiasme : l'avenir de la France dépendra de notre énergie et de notre persévérance.

L'année 1870 a montré le côté faible d'une idée que beaucoup de Français, même parmi les plus libéraux, portaient en eux, les uns le sachant, la plupart d'une façon inconsciente. On avouait que le gros de la nation était plongé dans l'ignorance : mais on supposait que cela importait peu, du moment qu'à la tête du pays se trouvait un nombre suffisant d'hommes instruits et éclairés. Plus d'un croyait que les choses valaient mieux ainsi, et que c'était assez, dans une nation de quarante millions d'hommes, qu'il y en eût un million qui sût réfléchir et penser. Cette théorie égoïste s'est trouvée en défaut sur tous les points : non-seulement nous avons succombé dans la lutte avec une nation qui s'est montrée moins défiante de l'intelligence, mais nous avons failli subir, avec le règne de toutes les rancunes, celui de toutes les ignorances. Il faut renoncer, pendant qu'il en est encore temps, à un système qui a permis de telles catastrophes ; si nous désertions ce devoir, nous ne serions pas en état de supporter les nouveaux avertissements que l'avenir ne manquerait pas de nous donner.

LE LYCÉE.

DEUX CARACTÈRES PARTICULIERS DE NOS LYCÉES.

Quand après avoir observé l'enseignement primaire, on passe à l'étude des lycées, on se sent aussitôt sur un terrain bien autrement solide et résistant. Nous rencontrons ici des fondations vieilles de six ou sept siècles; car ce ne sont point nos Facultés qui continuent l'antique Université de Paris; c'est notre instruction secondaire qui a recueilli cet héritage et qui, par une filière évidente, va se rattacher à l'ancien Collége de Sorbonne, et plus loin encore à l'École du Cloître Notre-Dame. On sait comment les *colléges*, d'abord fondés pour prêter un abri à des étudiants pauvres, attirèrent petit à petit à eux l'enseignement de l'Université, dont ils empruntaient les professeurs, et comment dès le quatorzième siècle ils furent célèbres par leurs cours. Déjà fort atteints au temps des guerres de religion, ces établissements eurent ensuite beaucoup à souffrir de la concurrence des Jésuites, lorsque ceux-ci vinrent apporter en France leur enseignement plus brillant et plus varié. Mais après l'expulsion de cet ordre, en 1762, l'Université de Paris rentra en possession de ses colléges, s'installa dans ceux de la compagnie rivale, et elle y régnait en 1789, quand le flot de la Révolution vint tout emporter.

Une seule maison survécut. Le collége Louis-le-Grand, plus anciennement collége de Clermont, traversa la Révolution sous les noms successifs d'Institut des boursiers, collége de l'Égalité, Prytanée français. Malgré ces dénominations nouvelles, les études et les professeurs restèrent les mêmes. En 1804, il s'appela Lycée impérial, et par un remarquable exemple de multiplication, il devint le modèle et le père de tous les lycées et colléges créés ou rétablis dans l'étendue de l'Empire.

Les lycées étant la pièce essentielle dans la reconstruction de l'enseignement opérée par Napoléon, nous devons définir dès à présent le caractère nouveau qu'il imprima à l'instruction publique. Il donna au corps enseignant une cohésion que celui-ci n'avait jamais eue sous l'ancien régime, et dont aucun autre pays ne présente rien d'approchant. Il en fit une administration; et tandis qu'il relevait tant d'anciennes choses sous des noms nouveaux, il reprit et faussa le vieux nom d'Université pour le donner à cette organisation dont il était le créateur. De là bien des confusions, car les priviléges qui étaient autrefois attachés à des corporations indépendantes, appelées Universités, devinrent des priviléges de cette nouvelle administration ou, en d'autres termes, de l'État. Ce fut l'État qui fit passer les examens, conféra les grades, recommanda les méthodes, procura l'instruction et l'éducation. Depuis ce temps, malgré quelques faibles tentatives de réforme, les choses en sont restées au même point. Hormis les séminaires ecclésiastiques et un petit nombre d'institutions privées, l'enseignement en France est resté un service public [1].

Nous ne voulons pas rechercher en ce moment si cette organisation fut une nécessité des conditions où se trouvait alors la France. Nous examinerons plus loin s'il est possible et s'il convient actuellement de la modifier. Mais voyons d'abord quelles sont les qualités et quels sont les défauts de nos

---

1. « L'Université a été élevée sur cette base fondamentale que
« l'instruction et l'éducation publique, appartiennent à l'État.
« L'Université a donc le monopole de l'éducation, à peu près
« comme les tribunaux ont le monopole de la justice, et l'armée
« celui de la force publique. » Royer-Collard. Discours prononcé à la Chambre des députés, le 25 février 1817.

lycées : c'est là, selon nous, la question essentielle. S'ils répondent aux besoins de notre temps et aux justes exigences de la société, s'ils fournissent aux jeunes gens le meilleur aliment et le plus fructueux exercice de leur intelligence, s'ils sont faits pour mûrir les caractères et pour former d'utiles citoyens, en compromettre l'existence serait au moins une tentative imprudente. D'un autre côté, l'enseignement qu'ils ont donné exclusivement durant tant d'années n'a guère permis qu'il se formât en dehors d'eux un personnel de professeurs possédant d'autres vues et d'autres méthodes. Si l'État retirait sa main des lycées, les établissements qui les remplaceraient en seraient des imitations. Cela est si vrai que rien ne ressemble plus à un collége, pour les méthodes et pour le train général des études, qu'un séminaire. La liberté, quoi qu'en aient dit les déclamateurs de toutes les écoles, ne produit rien par elle-même : elle permet aux germes qui sont déjà semés de se développer. Mais chez nous, depuis longtemps, en dehors de la culture officielle, qui est la même dans toute la France, aucune semence nouvelle n'a été déposée dans les esprits.

Deux observations se présentent d'abord, quand nous examinons le mécanisme du lycée. La première, c'est qu'il forme un tout achevé en soi.

Tandis qu'en Angleterre, en Allemagne, on n'est tenu pour un homme lettré que si l'on a passé par les Universités, dont les colléges sont la préparation et le vestibule, chez nous les études générales sont censées arrivées à leur terme quand on a fini la dernière classe du lycée : après cela, il ne reste plus qu'à entrer dans une carrière déterminée. Nous reconnaissons ici l'habile et forte organisation des Jésuites, qui, en tous pays, pour mieux assurer leur action et préserver leurs élèves de tout contact étranger, ont placé au collége les cours de littérature et de philosophie que d'habitude on allait chercher aux Universités. Nos lycées n'ont rien changé à ce régime. Ils reçoivent l'élève enfant, et quand ils le rendent à la société, il a, selon l'assurance de ses maîtres et selon l'opinion générale, terminé ses études : les Facultés des lettres sont faites pour les aspirants professeurs ou pour les gens du monde. Ainsi nos trois degrés d'enseignement forment trois étages qui ne communiquent pas ensemble : l'instruction primaire languit dans des profondeurs où le professeur de lycée jette rarement les yeux, et l'enseignement supérieur est placé sur des sommets dont les avenues restent désertes.

Disons tout de suite qu'il y aurait aujourd'hui danger à porter prématurément la main sur cette organisation. On pourrait, par ordonnance ministérielle, enlever la philosophie à nos lycées et la transporter aux Facultés : mais rien ne prouve que nos élèves, qui ont désappris le chemin des Facultés, iraient y chercher l'enseignement que le collége ne leur donnerait plus. Laissons donc d'abord les choses en l'état où elles sont depuis si longtemps. Mais puisque notre instruction secondaire a pris une importance si disproportionnée, nous avons le droit de nous montrer avec elle d'autant plus exigeants. Les leçons du lycée doivent être en France plus approfondies et plus substantielles qu'en tout autre pays, puisqu'elles ne sont point suivies, comme ailleurs, des leçons de l'Université. C'est au collége que l'élite de notre jeunesse, magistrats, administrateurs, officiers, diplomates, écrivains, reçoit toute l'instruction générale qu'elle emportera dans la vie. On ne saurait donc trop y faire attention : là se fait l'apprentissage des esprits et l'on peut dire d'avance que s'il existe des lacunes et des défauts dans l'enseignement secondaire, ils se retrouveront dans la vie intellectuelle de la nation.

La seconde observation que nous voulons présenter se rattache étroitement à la précédente. Si le lycée a l'ambition de se suffire à lui-même, en revanche il exige des élèves qu'ils parcourent ses classes jusqu'au bout. Je suppose qu'un incident imprévu, comme la vie en amène tant, oblige un jeune homme à quitter le collége après la quatrième. On devrait supposer que pour prix des cinq ou six années déjà passées sur les bancs il emporte avec lui des connaissances à la vérité restreintes, mais formant pourtant un ensemble qui pourra lui être utile. Tout le monde sait qu'il n'en est rien. Il a fait des versions et des thèmes ; il a commencé à aligner des vers latins ; il a vu un discours de Cicéron et un chant de l'Énéide ; il a traduit quelques chapitres de Xénophon : mais il n'a jamais de lui-même écrit une page de français ; s'il a vu l'histoire ancienne et romaine, l'histoire moderne lui est inconnue ; il n'a aucune notion de physique, ni de chimie, ni d'histoire naturelle. C'est l'ordonnance du lycée qui le veut ainsi. Toute la longue série des classes est considérée comme une préparation aux classes supérieures ; la rhétorique, la philosophie forment non pas le couronnement, mais la clef de voûte de l'édifice. Le lycée demande qu'on se donne à lui pour le temps qu'il a prescrit : mieux vaut ne pas entrer, si l'on ne veut lui consacrer les neuf ou dix ans qu'il réclame.

C'est que le lycée subordonne toutes les connaissances à une idée dominante : il ramène l'instruction à l'art d'écrire. En parlant ainsi, je ne songe nullement à faire la critique de l'Université : pour elle, l'art d'écrire, c'est l'art de penser. L'honnête homme, comme l'entendait le dix-septième siècle, sachant diriger son esprit d'une manière sensée et droite, et trouvant pour ses idées une expression toujours naturelle et juste, voilà l'idéal que nos professeurs ont en vue. N'en est-il pas cependant un autre que les changements survenus dans notre société et les progrès de la science ont fait succéder au premier, non pour l'abroger, mais pour le transformer et l'agrandir? Il est un art aussi nécessaire aujourd'hui que celui de penser logiquement : c'est l'art de découvrir et d'observer les faits, l'art de comprendre et de contrôler la vérité. Nous verrons si les études du lycée sont de nature à y préparer la jeunesse.

D'un autre côté, nous aurons à examiner si les moyens employés pour réaliser l'idéal universitaire sont toujours les plus simples et les plus rationnels. Nous avons affaire à un système d'enseignement vieux de plus de deux siècles : en un si long espace de temps, le but a pu être perdu de vue et les moyens, comme il arrive si souvent dans l'histoire des institutions humaines, être pris pour le but.

Nous apporterons à cette étude la plus sincère franchise. Les précautions de langage, outre qu'elles seraient superflues, seraient comme une sorte d'offense dans une matière où il importe avant tout de rechercher et de dire la vérité. Je ne crois pas nécessaire d'exprimer mes sentiments pour l'Université, dont j'ai été l'élève, dont je fais partie depuis vingt ans et à laquelle m'attachent tant de liens de reconnaissance, d'affection et de respect. Il sera question ici des méthodes, et non des hommes. J'aurais beaucoup à louer, si je faisais une étude complète : mais l'objet de ce travail étant seulement de signaler quelques réformes, à mon sens, nécessaires, c'est uniquement sur les côtés défectueux que nous devrons insister.

ENSEIGNEMENT DU LATIN.

Quoique l'Université comprenne sous le nom de langues classiques le latin, le grec et le français, il est certain que le latin tient dans nos classes une place tout à fait prédominante. Le grec est commencé plus tard : on y consacre moins de temps et d'effort. Le plus grand nombre des élèves, arrivé au terme des études du lycée, en sait à peine assez pour faire la construction d'une phrase de Xénophon ou de Sophocle. D'un autre côté, le français est seulement enseigné dans les classes élémentaires : et bien qu'il remplisse une place plus grande en réalité qu'à première vue on ne serait tenté de le croire, à cause de la façon intime dont nous mêlons l'étude du français à celle du latin, cependant il ne figure qu'au second rang et n'approche pas de l'importance de la langue latine.

Le latin est le fonds de l'enseignement universitaire[1]. Pendant huit ou neuf ans il n'y a point de

---

1. « C'est l'étude du latin qui fait proprement l'occupation des

jour que les élèves n'y emploient quelques heures. C'est sur le latin qu'on mesure les progrès des enfants et qu'on juge le mérite des professeurs : le thème latin est le devoir fondamental de l'écolier de sixième, et à l'autre bout des classes le discours latin est le grand prix de l'Université. D'après cela nous devons penser que les études latines sont poussées chez nous à un degré notable d'extension et de profondeur. En Allemagne, par exemple, il s'en faut que le latin jouisse d'une considération aussi exclusive : non-seulement le grec est avec lui de plain-pied, mais on étudie l'allemand dans son développement historique, et une part beaucoup plus large est faite dès les premières années aux connaissances appelées *réelles*, c'est-à-dire à la géographie, à l'histoire et aux sciences. D'où vient cependant qu'on sait moins bien le latin en France qu'en Allemagne, et que la plupart de nos élèves emportent du collége une connaissance fort imparfaite de cette langue, à laquelle ils ont voué tant d'années de travail ? Pourquoi, même parmi les meilleurs, s'en trouve-t-il si peu qui, une fois hors du lycée,

---

classes, et qui est comme le fonds des exercices du collége. » — Rollin, *Traité des études*, II, 3.

« On enseignera essentiellement dans les lycées le latin et les mathématiques. » — Arrêté concernant l'organisation de l'enseignement dans les lycées, 10 décembre 1802.

soient tentés de continuer cette étude ou seulement de lire Térence ou Tacite? Comment tant de peine et un si long travail aboutissent-ils à un si mince résultat? En posant ces questions, je laisse de côté à dessein tout ce qui pourrait sembler excéder la mesure du lycée. Je ne demande point, par exemple, pourquoi l'étude savante du latin est depuis longtemps en décadence, et pourquoi nous avons laissé passer les travaux de critique et d'érudition à des laboratoires étrangers.

La réponse de l'Université est connue. Notre intention, dit-elle, n'est pas de faire des latinistes : le latin pour nous est un moyen. Nous voulons exercer l'intelligence des enfants par l'étude grammaticale de la langue. Nous voulons élever l'esprit et le cœur de la jeunesse par l'étude littéraire des grands modèles. Tel est l'objet essentiel que nous avons en vue. Qu'on oublie le latin au sortir du collège : le profit intellectuel et moral n'en restera pas moins acquis. C'est là (nous mettons de côté les ornements oratoires) la doctrine actuelle de l'Université : on a pu la lire maintes fois dans les circulaires ministérielles, et elle est exposée tous les ans dans de nombreux discours prononcés aux distributions de prix.

Acceptons cette réponse et voyons jusqu'à quel point la réalité est conforme à ces promesses. Examinons comment l'étude grammaticale du latin, telle qu'elle est pratiquée au collége, développe l'intelligence de nos enfants.

Le profit inestimable qui réside dans l'étude d'une langue morte, c'est qu'elle depayse l'esprit et l'oblige à entrer dans une autre manière de penser et de parler. Chaque construction, chaque règle grammaticale qui s'éloigne de l'usage de notre langue, doit être pour l'élève une occasion de réfléchir. La tâche du maître n'est donc pas d'écarter les difficultés de la route, mais seulement de les disposer d'une façon méthodique et graduée. Il ne s'agit pas d'abréger le chemin, car c'est le chemin qui est en quelque sorte la fin qu'on se propose. Mais ce n'est pas ainsi que l'entendent nos livres de classe. Sous prétexte de faciliter le travail du thème et d'aider l'intelligence des auteurs, ils n'ont d'autre idée que d'éluder l'effort logique et grammatical. Mettre un tour français sous un tour latin, et réciproquement, c'est à quoi ils sont uniquement occupés. Ils ne songent pas à montrer la régularité, la convenance de la construction latine, ni à faire voir la raison des règles de syntaxe : tout cela passe pour métaphysique ou pour vaine subtilité. Mais si vous retirez de l'étude des langues anciennes les difficultés qui en font un exercice fortifiant, où sera le profit intellectuel que vous nous annoncez ?

Prenez la plupart de nos grammaires latines, depuis Lhomond jusqu'aux livres les plus récents Vous y trouverez toujours, quoique plus ou moins dissimulé, le même esprit. Ce sont des recueils de conseils et de recettes pour la traduction. De là les mots : « on exprime de cette façon.... on rend ainsi.... on tourne par.... » qui reviennent à chaque page. Il semble que le latin n'existe pas pour lui-même, mais seulement pour être traduit en français ou pour traduire le français. J'ouvre au hasard un de ces livres et j'y trouve la règle suivante :

Consumit tempus legendo.

« Quand *à* devant un infinitif français peut se tourner par *en* et le participe présent, on met cet infinitif au gérondif en *do*, avec ou sans la préposition *in*. Exemple : Il passe son temps à lire, tournez : en lisant, *consumit tempus legendo* ; à lire l'histoire : *legendo historiam*, et mieux : *in legenda historia.* »

Voilà des indications fort commodes pour transporter une phrase analogue en latin : mais on conviendra qu'elle laisse la raison de l'élève parfaitement inactive.

Les auteurs de ces manuels amalgament dans

une même règle et sans en prévenir l'enfant, les constructions les plus différentes :

Est mihi nomen Cæsari ou *Cæsar.*

« Cette tournure avec le verbe *sum* et le datif marquant la possession s'emploie pour exprimer la locution *j'ai nom, je m'appelle*. Le nom propre se met alors au datif ou au nominatif. Exemple : Je m'appelle ou j'ai nom César, *est mihi nomen Cæsari* ou *Cæsar.* » L'élève qui a appris que *Cæsari* et *Cæsar* sont deux cas différents, doit s'étonner intérieurement qu'on lui permette de les employer ainsi l'un pour l'autre. Mais il cherchera vainement dans son livre une réponse à un scrupule si légitime.

On croit faire l'éloge de ces ouvrages quand on annonce que les faits ont été ramenés aux principes les plus simples et que les règles ont été disposées dans l'ordre le plus clair et le plus facile. Mais si ces prétendus principes sont simplement des artifices de traduction et si cet ordre facile nous présente les règles à contre-sens, que faut-il penser de l'utilité d'un tel livre? Tout le monde sait qu'un des caractères fondamentaux qui distinguent les langues anciennes des langues modernes, c'est la richesse et la variété des flexions. Les noms et les verbes, par les changements qu'ils subissent dans leurs syllabes finales, expriment une quantité de rapports ou d'idées accessoires que nous marquons, en nos idiomes modernes, par des prépositions, des pronoms ou des verbes auxiliaires. Le devoir de la grammaire est de montrer comment cette richesse de flexions a influé sur la syntaxe des langues anciennes, tantôt en la rendant plus simple, puisque chaque mot exprime par lui-même le rapport où il doit être pris, tantôt en lui permettant d'être plus savante, par les facilités que cette variété de désinences offrait pour le groupement des mots et l'enchaînement des propositions. Mais nos livres de classe, afin d'épargner à l'enfant un léger effort d'observation, suppriment tout cet ordre d'idées et transportent sans façon en latin notre syntaxe française. Je lis dans une grammaire toute récente, approuvée par l'Université :

Natus est Avenione, Athenis.

« Quand le nom de lieu est un nom de ville, on sous-entend la préposition. Exemple : Il est né à Avignon, *natus est Avenione;* à Athènes, *Athenis.* »

Comment les Romains auraient-ils sous-entendu la préposition? S'ils l'avaient exprimée, la phrase eût été incorrecte. C'est vous, grammairien moderne, qui la sous-entendez, parce que vous n'êtes pas entré dans l'esprit de la langue latine. On sous-entend également la préposition, selon le même livre, dans les phrases comme : *Ibo Luteliam, redeo domo, surgit humo.* Quand on dit *audio, doces, legit,* on sous entend les pronoms *ego, tu, ille.* N'est-ce pas là intervertir le véritable ordre des choses, et fermer l'esprit des enfants aux différences de structure qui sont précisément l'objet de leur étude?

Mais on ne s'est pas arrêté dans cette voie. La règle, dans nos livres usuels, est la chose accessoire : l'essentiel, ce qu'il faut retenir avant tout, c'est l'exemple. Le texte qui vient après n'est qu'un commentaire de l'exemple, une explication sur la manière de s'en servir. L'élève, à partir de la huitième, doit se graver ces phrases dans la tête : il y en a un nombre plus ou moins grand, suivant que la classe est plus ou moins élevée, suivant que la grammaire est abrégée ou complète. Ces phrases ne sont pas autre chose que des modèles de traduction : elles fournissent des constructions équivalentes ou des moyens de tourner un gallicisme. Quand l'élève les possède, comme on dit, sur le bout des doigts, il n'a plus à faire qu'un travail fort simple. Mis en présence d'une phrase française, il cherche parmi les modèles emmagasinés dans sa mémoire celle qui convient à son texte.

Faut-il appliquer la règle *gaudeo quod vales* ou la règle *expecta dum rex advenerit?* S'agit-il de la règle *non sunt tot fructus quot flores* ou de la règle *tot plagas accepit ut mortuus sit?* Assurément il reste encore à faire un certain effort d'intelligence et à déployer une certaine habileté d'imitation. Mais est ce là ce travail dont on nous a promis, pour l'esprit des enfants de si heureuses conséquences, et croit-on vraiment qu'à ce jeu de patience leurs facultés prendront de la maturité et de la vigueur? On formera des élèves appliqués et dociles; on développera même, je le veux bien, cette sorte de dextérité qu'il faut pour calquer un modèle sans se tromper. Mais la véritable observation, la faculté de comprendre une langue différente de la nôtre, le don de sortir de nous-mêmes et de notre temps pour entrer dans la pensée d'un autre peuple et d'un autre âge, tous ces avantages que l'Université nous vante et prise fort haut en théorie, elle les perd de vue et les laisse échapper dans la pratique.

Vous êtes trop impatient, nous dira-t-on. Vous demandez à l'enfant un travail qui est au-dessus de son âge. Laissez-le arriver aux classes supérieures : il verra alors la raison des règles qu'il a d'abord apprises de mémoire et appliquées par imitation. — Je voudrais qu'il en fût ainsi : mais ici encore les promesses sont démenties par la réalité. Avec les années, l'élève passe des *thèmes de règles* aux *thèmes de style* : il cherche les bonnes expressions, les tournures élégantes, la fine latinité. Mais songe-t-il à revenir en arrière pour envisager sous un autre aspect les exemples de son rudiment? Si vous dites à un bon élève de seconde ou de rhétorique qu'il ferait bien de retourner à la grammaire pour la repasser et l'approfondir, il ne saura pas s'il doit sourire ou s'offenser. Ce sont là choses finies depuis longtemps : il a pour la grammaire le même sentiment que le violoniste, passé maître dans son art, a pour son premier cahier d'exercices. Et nous ne pouvons lui en vouloir, car le professeur, sur ce chapitre, est du même avis : parmi nos agrégés des lettres, combien en trouvera-t-on qui soient disposés à diminuer le temps consacré à la lecture du *Conciones* ou à la correction d'une pièce de vers, pour donner des explications grammaticales ? C'est donc à tort que l'Université, pour excuser le vide des études grammaticales dans les premières classes du collége, nous promet des compensations dans les classes supérieures. Le même esprit règne depuis la huitième jusqu'à la rhétorique, et le profit qu'on pourrait retirer de cette longue et laborieuse étude est annulé par une méthode superficielle et machinale.

Comment un tel contre sens a-t-il pu s'introduire dans notre éducation? C'est un legs de l'ancienne Université de Paris. Quand l'Empereur créa les lycées, on recueillit un peu au hasard tous les débris de l'instruction des colléges d'autrefois, et grâce à l'imprévu de ce sauvetage, certains livres furent appelés à un succès qu'ils n'auraient probablement jamais eu sans l'interruption de la tradition scolaire. La grammaire de Lhomond, composée en 1780, devint une pièce essentielle de la reconstruction des études latines[1]. On ne pouvait guère faire un choix plus malheureux Lhomond, qui a sa légende dans l'Université, est célèbre pour son amour de l'enfance : mais à cet amour il se mêlait certainement une grande défiance des facultés intellectuelles de l'enfant, car on ne voit d'autre préoccupation dans ses livres que de réduire tout enseignement à un exercice de mémoire et de rendre superflu même le plus léger effort de la raison[2]. La grammaire de Lhomond, consi-

---

1. Une commission composée de MM. Fontanes, Champagne et Domairon avait été nommée pour faire un choix de livres à l'usage des classes de latin et de belles-lettres. Dans son rapport, daté du 25 floréal an XI, cette commission recommande concurremment avec Lhomond, la *Méthode latine* de Guéroult. Mais Lhomond l'emporta de beaucoup : les éditions « calquées sur Lhomond » ou « abrégées de Lhomond » pullulèrent sous l'Empire. Il en fut de même en 1852.
2. Dans la préface de son livre, Lhomond nous dit qu'on peut

dérée à ce point de vue, est un chef-d'œuvre. Après avoir donné la règle *Deus est sanctus* et *Credo Deum esse sanctum*, l'auteur ajoute : « Si cependant le nom qui précède était au génitif, il faudrait mettre l'adjectif à l'accusatif. Exemple : il importe à un jeune homme d'être laborieux, *refert adolescentis esse impigrum*. » On n'a jamais poussé plus loin l'art d'ignorer les raisons des choses. Armé de la grammaire de Lhomond, l'écolier n'a plus besoin de penser : il a un mécanisme qui travaille pour lui. Vingt ans après que Rousseau eut posé ce principe dans son *Émile* qu'il fallait obliger l'enfant à trouver tout par lui-même (principe qui, comme nous l'avons vu, est devenu l'âme de l'éducation allemande), l'Université de Paris produisait et couvrait de son autorité de pareils livres. A son insu, elle s'était faite l'imitatrice des Pères dont elle avait recueilli la succession. Et nous, Université de France, à notre tour, nous avons adopté, répandu à profusion, imposé à la jeunesse les mêmes méthodes. Tandis que nous prétendons continuer la saine et forte école de Port-Royal,

étudier une langue de deux manières. Nous pouvons nous proposer d'en connaître l'usage, ce qui se réduit à ce fait : « voilà comme on s'exprimait chez tel peuple, » ou bien on peut se proposer de connaître en outre la raison de cet usage. « La première connaissance, celle du fait, suffit pour entendre les auteurs, et elle est certainement la seule qui convienne à la faible intelligence des enfants. »

nous suivons en réalité la tradition des Jésuites.

Ce n'est pas que des grammaires nouvelles n'aient été et ne soient encore publiées : mais sauf deux ou trois exceptions, l'esprit de Lhomond circule à travers toutes. Il est triste d'ajouter que depuis vingt ans nous avons plutôt reculé qu'avancé. La grammaire de Burnouf, composée dans un esprit plus scientifique, a pu s'introduire en nos collèges grâce à la situation élevée et à la pression salutaire de l'auteur. Mais elle n'a jamais obtenu qu'une estime assez froide : reléguée, depuis la mort de Burnouf, dans les classes supérieures, elle n'est connue des élèves qu'après que leur esprit est déjà saturé de Lhomond. Ils croient savoir leur grammaire latine et ils ne consultent plus Burnouf que dans les cas de traduction difficile.

Loin d'exercer la raison des enfants, la méthode usitée dans nos classes est faite pour émousser le coup d'œil grammatical. On s'est souvent demandé d'où provient la difficulté que nous éprouvons à apprendre les langues étrangères : je crois qu'entre autres raisons il faut faire une grande place à l'usage de méthodes détestables Quand une fois on prend l'habitude de « tourner », on perd la faculté d'observer directement les lois et l'organisme des autres idiomes[1]. Aussi avons-nous vu

1. « Rien n'est plus capable d'amuser l'esprit et de l'entretenir

fabriquer des Lhomond pour l'allemand, pour l'anglais : encore un peu, on nous aurait donné un Lhomond sanscrit. C'est à la même cause qu'il faut attribuer, pour une grande partie, l'abandon des recherches grammaticales. Parmi les milliers de professeurs pour qui le latin est une occupation de tous les jours, combien s'en est-il trouvé, depuis vingt ou trente ans, qui aient seulement émis une conjecture nouvelle sur un point de la grammaire latine? C'est que la grammaire, telle que nous l'apprenons, exclut toute idée de progrès. Une fois que nous savons qu'une chose admirable à voir se dit *res visu mirabilis* et que j'enseigne la grammaire aux enfants se traduit par *doceo pueros grammaticam*, il ne reste plus rien à ajouter : car toutes les recherches sur la nature du supin, toutes les observations sur le sens de l'accusatif ne changeront rien à ces deux règles.

Écrire en latin, est-ce donc une chose si précieuse en soi et d'une influence si salutaire qu'il faille le plus tôt possible et par tous les artifices en fournir les moyens aux enfants? Il est certain qu'avec l'aide de Lhomond et avec le secours de leurs dictionnaires, nos meilleurs élèves de sixième font déjà des thèmes fort bien tournés, et tels

dans une certaine bassesse qui l'empêche de se pouvoir presque élever au véritable sens d'un auteur. » *Grammaire grecque de Port Royal*, Préface.

qu'en Allemagne on les attendrait à peine d'élèves de deux ou trois ans plus âgés. Mais si ces pièces de montre sont obtenues par une culture à rebours du bon sens, où est le profit des enfants, où est le gain de l'État? Est-ce donc pour enrichir de bonnes copies les Annales du concours général et pour procurer des éloges aux professeurs habiles dans la production précoce du thème latin, que sont faites les meilleures années de nos enfants? Je suis loin de vouloir jeter le blâme sur un corps de professeurs qui contient tant d'hommes laborieux et dévoués. Mais enfermés eux-mêmes dans le préjugé où ils retiennent les autres, ils élèvent les générations nouvelles comme ils ont été élevés, et ils croient servir le progrès en transmettant un enseignement qui a pour eux, avec l'autorité de la tradition, le prestige des souvenirs d'enfance.

Les défauts de notre instruction grammaticale peuvent se résumer en deux mots : elle n'est ni philosophique, ni historique. Essayons de définir ces deux termes et de montrer la double utilité que devrait avoir la leçon de grammaire. Il ne s'agit pas de nouveautés à introduire dans nos colléges. Toutes les fois que l'enseignement grammatical est ce qu'il devrait être, on le voit aussitôt revêtir ces deux caractères. Nous n'aurons pas besoin de tracer un portrait de fantaisie, ni d'aller chercher des modèles à l'étranger: il suffira de consulter notre propre histoire.

L'étude philosophique de la grammaire est une excellente gymnastique pour l'intelligence et le raisonnement, toutes les fois qu'elle est unie à une connaissance complète des faits du langage. En lisant, par exemple, la méthode latine de Port-Royal, on est surpris de voir combien un esprit naturellement pénétrant et juste, même quand il n'a pas à son service tous les instruments de précision nécessaires, peut aller avant dans l'analyse des formes grammaticales. Nous citions tout à l'heure cette règle de Lhomond : *consumit tempus legendo,* qui ne nous apprend absolument rien sur la nature du gérondif. Burnouf de son côté ne dit pas beaucoup davantage. Voici ses paroles : « A l'infinitif se rattache un autre mode qu'on emploie dans les phrases latines qui correspondent à celles-ci : il est temps *de* lire; je consacre beaucoup de temps *à* lire; j'ai besoin d'un livre *pour* lire; je m'instruis *en* lisant. Ce mode s'appelle gérondif. Pour exprimer les rapports marqués en français par les prépositions *de, à, pour, en,* il a le génitif, le datif, l'accusatif et l'ablatif. Il se décline donc et il est du genre neutre. Il suit la seconde déclinaison et n'a que le singulier. Il supplée aux cas qui manquent à l'infinitif. »

Combien Lancelot, dans le chapitre qu'il consacre au gérondif, est à la fois plus intéressant et plus près de la vérité ! Il reconnaît dans cette forme un nom verbal. « Quand on dit, par exemple, *pugnandum est, legendum est,* c'est de même que s'il y avait *pugna est, lectio est....* Et si l'on dit *legendum est libros,* c'est le même régime que *lectio libros;* comme Plaute a dit, *tactio hanc rem;* et César, *reditio domum.* » Le savant janséniste passe ensuite aux constructions telles que : *venerunt sui purgandi causa.* « Que si l'on dit *tempus est videndi lunæ,* c'est le même que *tempus visionis lunæ,* n'y ayant rien de plus ordinaire que de voir un nom gouverné au génitif, en gouverner un autre au même cas.... Et c'est la raison de toutes ces façons de parler, *fuit exemplorum legendi potestas, Antonio facultas detur agrorum suis latronibus condonandi.* » Enfin Lancelot arrive à la question « si les gérondifs se prennent activement ou passivement, » et il répond que comme ce sont des substantifs, on peut, à son gré, les entendre dans l'un ou l'autre sens. « Ainsi quand Virgile a dit : *Quis talia fando — Temperet a lacrymis, fando* étant là pour *fari,* il sera actif ; au lieu que quand il a dit : *fando aliquid si forte tuas pervenit ad aures,* il est là pour *dum dicitur,* et par conséquent passif. Mais, ajoute-t-il, il y a quelquefois si peu de différence entre l'action et la passion, qu'on n'a qu'à les regarder d'un biais un peu différent pour les prendre en un sens ou en un autre. » Nous reconnaissons ici un principe dont l'analyse des substantifs fournit à chaque instant la confirmation : c'est que la notion de l'actif et du passif n'ayant pas été primitivement exprimée par nos langues, notre esprit fait entrer, selon l'occurrence, l'idée active ou passive dans les noms que nous employons.

Voilà ce que la raison appliquée à l'étude du latin a été capable de découvrir. Pour retrouver cette théorie exposée de nouveau dans un ouvrage de philologie, il faut aller jusqu'à M. Corssen, qui y est arrivé par une autre voie, à savoir par la grammaire comparée et par l'analyse des suffixes, et qui l'a développée, presque dans les mêmes termes et avec les mêmes exemples, dans ses *Kritische Beitræge*, publiés en 1863.

Des explications de ce genre n'ont rien qui dépasse la portée d'un élève de troisième, et elles habituent l'esprit à pénétrer dans le génie d'une langue étrangère et à se rendre compte des formes qu'elle emploie. Voici d'autres observations qui peuvent déjà être faites en cinquième.

Nos manuels d'aujourd'hui ne disent presque rien sur un sujet souvent traité par les anciens grammairiens, à savoir le genre des mots. Pourquoi les noms comme *custodiæ* « les gardes, » *excubiæ* « les sentinelles de nuit, » *vigiliæ* « les postes nocturnes » sont-ils du féminin? C'est que ces mots exprimaient d'abord une idée abstraite; ils désignaient la fonction ou la charge avant d'être appliqués à celui qui en est revêtu. Nous disons de même en français « les autorités de la ville, les célébrités du pays. » Ce passage du sens abstrait au sens concret est un des phénomènes les plus fréquents du langage et il explique le genre d'une quantité de substantifs. Nous disons, par exemple, *une toison, une maison :* mais ce sont là des noms abstraits; *tonsio* désignait d'abord la tonte et *mansio* la résidence. En latin, *legio* a commencé par signifier la levée et *contio* (pour *coventio*) la réunion d'un certain nombre d'hommes. On nous dit dans nos classes, sans autre explication, que *civitas* signifie « droit de cité »: il faudrait ajouter que la formation est la même que pour *rusticitas* ou *urbanitas*. Après avoir signifié la qualité de citoyen, il a désigné l'ensemble des citoyens, comme nous disons en français *la noblesse, la magistrature, le clergé.*

Il ne faut pas mépriser ces observations, parce qu'elles sont aisées à comprendre. Encore doit-on se donner la peine de les faire. Nous voyons que dans nos dictionnaires, l'ordre véritable des sens est continuellement renversé. Souvent même un seul nom fournit deux articles à nos lexicographes.

C'est une remarque de Port-Royal, qu'un certain nombre de ces mots abstraits ont changé de genre, par l'habitude qu'on avait de les voir appliqués à des hommes. Ainsi *optio* est un nom féminin qui exprime l'action de choisir : mais il a désigné aussi l'officier que le tribun ou le centurion empêché choisissait pour remplaçant, et les soldats romains, habitués à ce titre, ont fini par en faire un masculin. C'est ainsi, ajoute Lancelot, que nous disons en français *un trompette, un garde.* Nos dictionnaires, en faisant deux articles, comme s'il s'agissait de deux mots différents, empêchent l'enfant de prendre sur le fait des changements aussi simples.

L'enseignement raisonné de la grammaire trouvera surtout sa place dans l'explication des auteurs. Au lieu de bourrer l'esprit des enfants d'une quantité de tournures équivalentes qui leur permettent d'éluder les difficultés d'un texte, il faut les arrêter net devant une période savante de Cicéron ou de Salluste. C'est alors qu'il s'agit de faire comprendre la raison d'une construction, la valeur primitive des cas, le sens originaire des modes. La grammaire latine doit s'apprendre par la version : le thème n'est qu'un moyen de vérifier si l'élève a écouté et compris les explications du professeur. Ceux qui ont renversé cet ordre de choses ont pris le moyen pour le but, à moins qu'ils n'aient simplement suivi la tradition d'un temps où il fallait savoir la grammaire latine le plus tôt possible, parce que la langue de l'enseignement était le latin.

Nos dictionnaires, beaucoup trop riches et trop détaillés, ont fourni à l'élève un autre moyen de passer sans effort à travers les mailles du texte. Ils sont en ceci les auxiliaires naturels de la grammaire. Comme dans ces ateliers où les machines les plus ingénieuses sont mises au service de l'homme, il semble que tout soit combiné pour permettre à l'élève de produire sans grande peine des devoirs qui sont en réalité au-dessus de ses forces[1]. Si l'on passait en revue nos livres de classe, on trouverait à peu près partout le même esprit : éditions accompagnées de notes et de vocabulaires spéciaux, cours de thèmes annotés, grammaires modelées sur un plan identique, il n'est question toujours que de diminuer la part de l'intelligence et du raisonnement. Une longue tradition de routine nous a fait oublier le véritable objet de nos études.

Une autre façon d'envisager le latin, qui n'es'

---

[1]. Nous reviendrons plus loin sur cette question des dictionnaires qui demanderait un chapitre spécial. L'élève n'a même plus besoin de savoir les temps des verbes irréguliers, car à la moindre anomalie, ces temps sont mentionnés à leur place alphabétique.

guère moins utile pour développer la pénétration de l'enfant, c'est la méthode historique et comparative. A cause du nom nouveau de grammaire comparée, on croit qu'il s'agit d'une nouveauté à introduire dans nos colléges. Mais la méthode historique a été recommandée et pratiquée de tout temps par les hommes qui ont eu le vrai sentiment de l'utilité des études classiques. Faut-il rappeler que Rollin, dans son principal ouvrage, consacre un chapitre à la phonétique latine ? C'est ce qu'il appelle « De la manière ancienne de prononcer et d'écrire le latin. » Il déclare que cette étude fait une partie essentielle de la grammaire, qu'elle est absolument nécessaire aux jeunes gens, et pour en donner une idée, il reproduit une partie des remarques que Cicéron et Quintilien nous ont laissées sur la prononciation des lettres latines.

Parce que Port-Royal a donné une Grammaire générale et une Logique, nous avons pris l'habitude de considérer les savants jansénistes comme le type des grammairiens philosophes. Mais si l'on ouvre la Méthode latine et la Méthode grecque de Port-Royal, on voit qu'une part fort large y est faite à l'histoire et à la comparaison des langues. Lancelot rappelle qu'au lieu de *fenoris, pignoris*, on disait autrefois *feneris, pigneris* : ainsi s'expliquent les verbes *feneror* et *pigneror*. Ailleurs, il fait remarquer que l'infinitif *fore* vient, non pas de *sum*, mais de *fuo*, que c'est un infinitif présent (pour *fuere*) et que la signification future doit s'expliquer par le sens inhérent à ce verbe, qui implique naturellement une idée d'avenir, comme μέλλω en grec et *je dois* en français. Il rapproche le σ des futurs grecs comme λύσω de l'*s* des parfaits latins comme *dixi, sparsi.* Il reconnaît d'anciens accusatifs dans la conjonction *quum* et dans l'adverbe *partim.* Plus loin, il prouve que le latin *sum*, anciennement *esum*, correspond non pas au futur grec ἔσομαι, mais au présent εἰμί : ce que, ajoute-t-il, ceux qui auront un peu étudié le changement des lettres ne trouveront point si étrange, quoique quelques-uns aient voulu faire passer cette opinion pour ridicule. Quand on lit ces ouvrages de Port-Royal, si remplis de science et de raison, il semble par moments qu'on a devant les yeux un livre contemporain, à la différence de nos modernes manuels, qui sont vieux et surannés au moment même où ils paraissent.

Essayons de faire comprendre par un exemple comment la méthode historique doit trouver place dans nos colléges.

Voici une règle de Burnouf : « On emploie *uter* au lieu de *quis*, lorsqu'il ne s'agit que de deux personnes ou de deux choses : *Uter nostrum popularis est? tune, an ego?* Lequel de nous deux est ami du peuple ? est-ce vous, ou moi ? » Telle est la règle qu'apprennent nos collégiens. Si je demandais de prime abord à des élèves de quatrième d'où provient la différence entre *quis* et *uter*, il est probable que je n'obtiendrais pas de réponse. Mais je commencerai par demander si nous n'avons pas déjà vu un pronom dont l'emploi est réservé pour le cas où il s'agit de deux personnes. Toute la classe nommera aussitôt *alter*. J'appellerai alors l'attention sur la conformité de la seconde syllabe dans *uter* et *alter*. Si cette indication ne suffit point, je dirai que les Latins tenaient toujours grand compte dans leur langage de la différence qu'il y a entre deux et plusieurs personnes, entre deux et plusieurs choses, et je rappellerai la règle *Validior manuum*. Alors un élève — ce ne sera pas toujours un des premiers de la classe, mais peut-être quelque rêveur qui n'avait jamais prononcé deux mots, — dira que *uter* et *alter* sont des comparatifs, comme σοφώτερος en grec. Une telle réponse, qui devra être accueillie avec l'approbation qu'elle mérite, fournira l'occasion de plus d'un enseignement utile. Ce ne sont donc pas seulement les adjectifs qui prennent la marque du comparatif : les pronoms ont la même faculté, ainsi que nous le voyons par le grec πότερος, ἑκάτερος. Le latin a eu autrefois deux formes de comparatif, comme le grec : l'une en *terus*, *ter* correspondant à τερος, l'autre en *ior*, correspondant à ιων. Mais une fois que l'on eut cessé de sentir que *interus*, *exterus* étaient des comparatifs, on les allongea de l'autre suffixe, resté seul usité, et l'on en fit *interior*, *exterior*. Ces observations et d'autres semblables ouvriront aux jeunes gens des vues sur l'histoire du langage et les initieront au lent travail qui le modifie et le renouvelle.

L'élève qui, une seule fois, a trouvé quelque chose de lui-même, en est plus heureux que de cent connaissances acquises. Il songe à sa trouvaille même hors de la classe, et il cherche à la compléter en assemblant des faits analogues : il devient observateur. Que de choses apprises au lycée n'oublions-nous pas dans le cours de la vie? Plus des trois quarts sans doute ! Mais ce que nous avons trouvé nous-mêmes reste pour toujours au fond de notre esprit, et bien des années plus tard, si nous sommes mis en présence de quelque chose de semblable, le souvenir de notre découverte remonte à notre mémoire et vient secrètement réjouir notre cœur. Ce n'est pas sans raison que le langage prête en quelque sorte des mains à notre intelligence, puisque nous disons d'elle qu'elle saisit ou qu'elle comprend ou qu'elle découvre un fait. Cette activité de l'esprit, notre méthode d'enseignement ne songe guère à la satisfaire : à l'âge où nous aimerions le plus nous servir librement de nos facultés, on nous fournit les observations toutes trouvées et on nous enferme dans le texte d'un manuel. De là cette absence de curiosité, cette paresse de l'intelligence qu'on remarque trop souvent chez les élèves grandis dans nos lycées : ils n'ont pas appris à chercher leur pâture eux-mêmes et ils attendent qu'on vienne, comme au collége, approvisionner leur esprit.

Jusqu'à quel point la méthode comparative telle qu'elle a été constituée par les grandes découvertes de ce siècle, pourra-t-elle trouver accès dans les classes? Ce n'est pas ici le lieu de traiter cette question. Il nous suffit de réclamer l'application de la méthode dans la mesure où le demandaient Rollin et Port-Royal : ce sera déjà un progrès. Ainsi fécondé par l'observation historique et par la réflexion philosophique, l'enseignement grammatical justifiera les éloges que nos professeurs ne manquent aucune occasion de lui décerner.

DE LA CLASSE ET DE L'ÉTUDE.

Quand on examine la façon dont se donne l'enseignement au lycée, on se convainc que les rôles respectifs de la classe et de l'étude ont été intervertis. S'il fallait résumer en un seul mot bien des critiques qui peuvent s'adresser à notre Université, je dirais que la classe n'a pas le caractère qu'elle devrait avoir : les élèves n'apprennent pas en classe.

Voyez ce professeur dans sa chaire. Tout en parcourant et en signant les cahiers de correspondance, il fait réciter les leçons. Puis un élève lit les leçons du lendemain. Le professeur distribue ensuite les copies corrigées des jours précédents. Arrive la correction des devoirs : c'est l'exercice principal, qui réclame le temps le plus long. Cette correction terminée, le professeur dicte un devoir à faire ; la dernière demi-heure est employée à traduire la page de latin ou de grec que les élèves ont dû préparer d'avance.

La classe, comme on voit, contrôle le travail de l'étude et fournit pour l'étude de nouveaux matériaux à mettre en œuvre. Assurément le professeur exige en classe une certaine somme d'attention et d'activité : mais personne ne niera que le principal effort se fait à l'étude. C'est là que l'élève exerce son esprit et étend ses connaissances en faisant les devoirs, en apprenant les leçons, en préparant les auteurs. Quand il vient s'asseoir sur les bancs de la classe, il sait déjà d'avance, il a déjà manié et remanié tous les objets dont on va l'entretenir. C'est tout au plus si les hasards de la correction ou de l'explication fourniront au professeur l'occasion de présenter à l'élève quelque chose de nouveau. Moins favorisé que le maître d'étude, qui assiste au travail de l'élève et peut, s'il le veut et s'il en est capable, faire naître et diriger la pensée de l'enfant, le professeur se trouve en présence d'un travail déjà accompli et refroidi : sa tâche se borne à louer, blâmer, comparer les résultats obtenus. Des différents devoirs il peut extraire les meilleures parties pour donner un corrigé ; il peut même apporter son propre devoir qui servira de modèle et d'idéal. Mais tout cela, c'est du travail fait au dehors. La force motrice est hors de la classe, laquelle marche à la remorque de l'étude.

Tous les étrangers qui connaissent nos lycées sont frappés de ce caractère singulier de la classe qui a l'air d'être la *répétition* et la préparation de l'étude. Mais ils n'ont pas toujours vu clairement la cause du mal. Pour la trouver, l'un des observateurs les plus perspicaces de notre enseignement a cru devoir remonter jusqu'au treizième siècle et jusqu'aux anciens collèges de Sorbonne et des Bons-Enfants. Il est des raisons plus immédiates et plus certaines. En premier lieu, l'absence déjà signalée de toute tradition pédagogique. Secondement, le concours général qui fait du devoir écrit, composé loin des yeux du professeur, le but et la pierre de touche des études. En troisième lieu, l'internat, qui a besoin d'occuper ses élèves pour obtenir le silence et la paix. Aussi, tandis qu'en Allemagne il y a cinq ou six heures de classe avec deux ou trois heures de devoir, en France, nous avons quatre heures de classe avec sept ou huit heures d'étude. Notre enseignement pivote sur les leçons apprises par cœur et sur les devoirs écrits : mais l'échange immédiat des idées entre le professeur et les élèves, le travail fait en commun dans la classe, l'accouchement des esprits par questions et par réponses, cela ne se trouve point dans nos lycées, sinon par exception, chez les maîtres qui se dérobent à la règle.

Que dirait-on d'un professeur de gymnastique qui, assis sur sa chaise, décrirait en paroles à ses élèves un tour de force ou d'adresse, et les inviterait à venir l'exécuter devant lui dans la leçon prochaine? Il aurait beau dire alors : « C'est bien » ou « c'est manqué » ; il aurait beau, pour finir, montrer par lui-même comment il fallait s'y prendre. Jamais un tel enseignement ne vaudrait ni pour la clarté, ni pour l'émulation, ni pour la rapidité des progrès, les exercices entrepris en commun, l'entraînement de l'exemple et le coup de main donné immédiatement par le maître à l'élève hésitant ou paresseux. Les anciens appelaient leurs écoles des noms de gymnase et de palestre : mais on ne pourrait, sans déroger à la vérité, donner le même nom à nos classes, où l'élève vient recevoir l'éloge ou le blâme pour le travail et l'activité qu'il a déployés au dehors.

Essayons maintenant de montrer les effets qu'a exercés sur notre enseignement cette interversion des rôles entre la classe et l'étude. Le devoir écrit a pris une importance tout à fait prépondérante: mais ce devoir entrepris dans le silence de l'étude ne peut se faire sans secours. Qui me fournira les expressions nécessaires si j'ai un thème à faire? Comment saurai-je le sens des mots si c'est une version? Il faut donc des dictionnaires. Nos élèves peuvent se vanter d'avoir les dictionnaires les plus habilement faits et les mieux agencés qu'il y ait au monde. Tout y est combiné pour aider et pour diriger leur travail. Les jeunes gens le savent bien : leur temps se passe à les feuilleter. Ils savent qu'en cherchant avec persévérance ils finiront par trouver une bonne tournure ou peut-être même la propre phrase qu'ils ont à traduire. Cette sorte de chasse, quand elle est faite par un élève intelligent et instruit, n'est sans doute pas un exercice inutile; mais que de temps y est employé ! Combien de tâtonnements et d'erreurs ! Ajoutons que cette pratique constante des dictionnaires n'est pas sans inconvénients réels. L'élève ne voit plus les langues anciennes qu'en miettes, découpées par petites phrases sans enchaînement entre elles, souvent privées de commencement ou de fin : est-ce là un aliment convenable pour son intelligence? La perfection même des instruments de travail a rendu l'ouvrier plus paresseux. Qu'a-t-il besoin de chercher dans sa mémoire une tournure latine? Jamais sa mémoire n'égalera en richesse son dictionnaire. Qu'a-t-il besoin d'exercer sa pénétration pour deviner le sens métaphorique d'une expression ? Il n'a qu'à parcourir dans son Quicherat la série des acceptions du mot : il trouvera classés par numéros les sens les plus détournés et les nuances les plus fines. Le dictionnaire, le plus souvent, se chargera de lui fournir pour la traduction une métaphore équivalente, de sorte qu'il exécute par avance le travail de l'élève. Ainsi la fausse idée qui fit transporter à l'étude le centre de gravité de tout notre enseignement, et qui fit attribuer au devoir écrit une importance capitale, n'a pas manqué de porter ses fruits : grâce aux outils mis entre les mains de l'élève, l'effort personnel a été réduit de plus en plus, et à l'activité intellectuelle s'est substituée une œuvre de marqueterie et de patience.

Il faudrait avoir bien complétement oublié comment est fait l'esprit de l'enfant, pour ne pas sentir la différence qu'il y a entre la collaboration de toute une classe à un devoir exécuté sur-le-champ et sous le coup de fouet de la parole du professeur, et le travail solitaire opéré à l'étude par l'élève placé en présence de sa grammaire et de ses deux dictionnaires. Quand nos écoliers, après avoir promené leur vue sur les vingt-huit acceptions différentes du verbe « tenir » ou les trente quatre du verbe « prendre », vont choisir au milieu de cette profusion d'exemples une expression de Cicéron ou de Tite-Live, ils ne savent pas s'ils font bien ou mal, et c'est seulement le lendemain ou le surlendemain, quelquefois encore plus tard, au moment de la correction du devoir, qu'ils apprennent si leur pêche a été heureuse. Admettons que l'élève ait été bien inspiré et supposons qu'il se rappelle encore les motifs de son choix. Jamais l'approbation du maître n'aura sur l'intelligence de l'enfant cet effet profond et instantané qu'aurait eu, même sans aucune parole d'éloge, la moindre trouvaille faite soudainement sous les yeux de la classe. Mais si, par malheur, notre écolier s'est trompé et s'il a apporté une expression fausse ou incorrecte, il ne lui reste plus qu'à baisser la tête et à raturer son cahier. Il est trop tard pour chercher mieux et pour racheter un moment d'erreur par un nouvel effort de réflexion.

Rappelons-nous ce qui se passait en nous quand, après avoir dépensé trois ou quatre heures sur une version difficile, le jour et l'heure de la correction arrivaient. Sans doute, la curiosité est éveillée : le désir d'avoir compris, d'avoir bien rendu, peut même faire battre quelques cœurs. Mais, depuis longtemps déjà, tout travail de tête a cessé. La classe attend l'explication des difficultés qui lui ont été proposées, mais elle ne cherche plus. Il faut alors une habileté pédagogique plus qu'ordinaire pour obliger les élèves à rentrer dans les sentiers déjà battus et à recommencer leurs recherches. Même à l'âge d'homme, nous n'aimons pas à reprendre une besogne finie et à refaire un travail manqué. Pourquoi réclamons-nous de l'enfant ce qui à nous-mêmes nous répugne? En vain lui demanderez-vous un nouvel effort de pénétration : à quoi bon? La copie est faite. Si l'élève découvre qu'il s'est trompé : « Je n'ai pas compris, » telle est la conclusion qu'il tire de ce qu'il entend. Il suit d'un œil affligé ou envieux l'explication donnée par le camarade qui a trouvé le vrai sens; il écoute pour pouvoir le reproduire dans son corrigé. Mais la vérité lui apparaît trop tard pour que son esprit en profite, et il n'emporte de la classe que le souvenir de ses erreurs.

Je ne parle ici que du bon élève; car pour le mauvais, résigné d'avance, il a laissé entre les lignes de son cahier la place nécessaire pour tout recommencer. Entre les contre-sens qu'il apporte et le sens véritable donné en classe, il n'existe aucune transition. Le professeur n'a pas le temps de descendre avec lui dans les ténèbres où il s'est égaré. On ne tient aucun compte de ses bévues et de ses tâtonnements; on ne fait pas appel à sa réflexion pour trouver quelque chose de meilleur. Le plus souvent, le maître ne jette les yeux sur son devoir qu'au moment où le vrai sens est déjà proclamé, où les justes ont été récompensés et où il ne reste plus qu'à humilier le pécheur par la vue et par la conscience de ses fautes.

C'est la confection, et non la correction du devoir qu'il importe au professeur de diriger. Là est la place où se montreront son expérience, son instruction, ainsi que son attachement pour les enfants. Aussitôt la matière dictée, tout le monde se met à l'œuvre. Les élèves n'auront entre les mains, à moins d'une autorisation expresse, ni grammaire ni dictionnaire. C'est du maître que viendront les explications et les renseignements nécessaires. A ce moment, le professeur devient vraiment le dispensateur de la science et le régulateur des esprits. Conduire les élèves jusqu'au point d'où ils doivent apercevoir la solution d'une difficulté et s'arrêter à temps pour leur donner le mérite de la résoudre ; lancer toute la classe sur la piste d'une idée ou d'un mot ; éloigner d'un geste ou d'un clignement d'yeux une sottise qui se montre ; faire sortir la bonne réponse attardée sur les lèvres d'un élève intimidé ; interroger tantôt la classe tout entière et tantôt un seul, suivant qu'il s'agit de provoquer une réponse prompte ou une réponse méditée ; encourager le faible en lui ménageant quelque bonne trouvaille juste au moment où son attention allait se ralentir ; réserver sa sévérité pour les forts et accueillir de leur part une mauvaise réponse comme un manquement envers la classe et envers eux-mêmes : voilà le vrai rôle du professeur, et toutes les fois qu'il y sera fidèle, personne, même parmi les derniers, ne sera tenté de se désintéresser du travail commun. Il n'y a pas de chemin si escarpé et si difficile où les enfants ne soient disposés à vous suivre, du moment qu'ils se savent bien conduits et qu'ils sentent le plaisir d'ap-

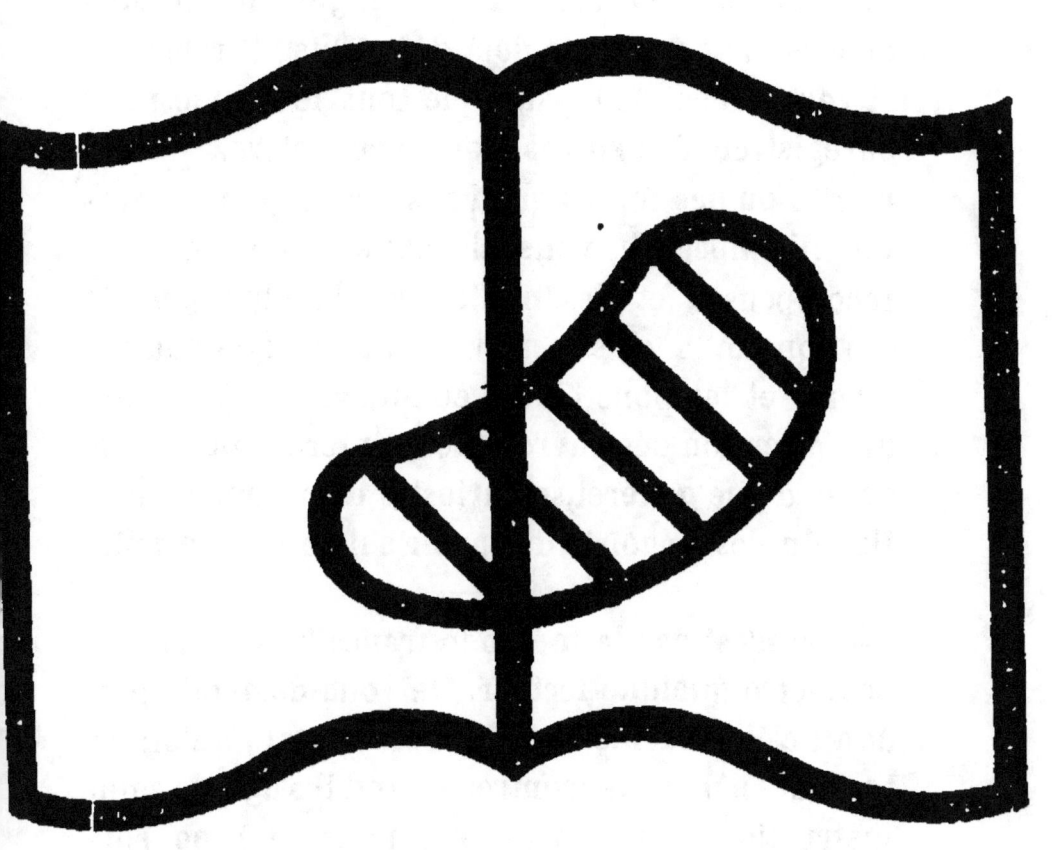

Illisibilité partielle

prendre. Mais si vous laissez languir les intelligences sur des sujets déjà défraîchis et rebattus, si vous venez à la suite de tout le monde pour enregistrer des succès dont vous n'avez pas le mérite ou des fautes que vous n'avez pu ni prévenir, ni empêcher, vous distribuerez en vain les récompenses et les punitions : la plus grande portion de la classe ne vous suivra que pour la forme et les bons élèves eux-mêmes apporteront une attention désœuvrée. Leur intérêt, au lieu de venir d'une généreuse curiosité d'apprendre, partira du désir égoïste de savoir s'ils ont bien fait.

« Ce n'est pas la méthode française, » pensera peut-être quelque lecteur. Je vous demande pardon : c'était la méthode de Port-Royal, qu'on est toujours sûr de rencontrer quand il s'agit de saine instruction. Plus hardi que nous, qui ne songeons qu'à la version et au thème, Arnauld, dans son Règlement d'étude, veut que l'on compose ou du moins que l'on retourne de cette façon des vers latins. « Toute la classe s'exercera à composer sur-le-champ des vers sur un sujet donné. Il part une épithète d'un coin, il en vient une plus juste d'un autre. Avec la permission de parler qu'on demande et qu'on obtient par un signe seulement, pour éviter la confusion, on juge, on critique, on rend raison de son choix. Ceux qui ont le moins de feu s'évertuent et tous essayent au moins de se distinguer[1]. »

J'arrive à une raison plus cachée qui doit faire paraître cette méthode préférable à celle du travail solitaire. On vante avec raison les heureux effets qu'exerce sur l'intelligence l'effort nécessaire pour exécuter une traduction difficile. Mais encore faut-il que nous ayons conscience de la marche de notre esprit et que nous soyons en état de nous rappeler par quelle voie il nous a conduits au but. Autrement, à chaque devoir nouveau, la difficulté pour nous sera la même, ou si, grâce à une longue habitude, nous gagnons en habileté technique, notre raison n'aura point de part à ce progrès tout instinctif. Il est donc nécessaire que l'écolier se rende compte de l'opération intellectuelle qui se fait en lui : il faut qu'il se rappelle ses tâtonnements, ses allées et venues, le demi-jour qui se fait en lui, le rayon de lumière qui finalement vient tout éclairer et tout montrer sous son aspect véritable. Mais n'est-ce pas trop demander d'un élève de quatrième que d'exiger de lui une observation interne souvent malaisée pour le philosophe ? Un tel effort est au-dessus de son âge : aussi l'enfant ne garde-t-il point le souvenir du travail obscur qui s'est fait

---

1. Sainte-Beuve. *Port-Royal*, III, 446.

en lui. Il a trouvé : ne lui en demandez pas davantage.

Mais les choses se présenteront tout autrement, si nous avons avec nous un guide qui commente à voix haute et qui découvre à nos yeux les mouvements de notre intelligence. Dans le travail en commun, le professeur montre où est le nœud des difficultés, énumère les partis à prendre, demande pourquoi vous choisissez plutôt telle route que telle autre. A chaque étape parcourue, il pose des principes qui servent pour l'avenir. En outre, l'élève voit ses camarades à l'œuvre ; ces procédés de l'intelligence qu'il n'est point capable d'observer directement en lui-même, il n'aura point de peine à les suivre sur son voisin, qui cherche tout haut devant lui. Dix bonnes copies lues en classe ne valent pas la vue immédiate d'un bon esprit qui travaille à découvert? Les reproches les plus vifs, les conseils le plus souvent répétés feront moins d'impression sur la mémoire que le spectacle des faux pas de notre voisin. L'ouvrier n'apprend-il pas son métier en regardant travailler son patron et ses compagnons? Il a fallu un étrange oubli des principes pédagogiques les plus simples, pour isoler ainsi les élèves les uns des autres, pour comparer les copies au lieu de faire collaborer les intelligences, et pour perdre de gaieté de cœur le meilleur fruit de l'éducation en commun. On a dit souvent que le principal profit du collége, c'est qu'on y apprenait à apprendre; et effectivement il devrait en être ainsi. Mais une science si difficile ne s'acquiert point sans aide. Si le professeur borne sa part à faire réciter des leçons, à dicter et à corriger des devoirs, à traduire quelques pages de grec et de latin, il est à craindre que cette promesse inscrite sur les programmes de nos colléges ne soit remplie que bien imparfaitement.

Sans doute, l'autre manière de faire la classe exige plus de préparation et plus d'activité. Mais, en revanche, le maître pourra respirer, et son temps lui appartiendra une fois qu'il aura franchi le seuil du lycée. D'après notre système actuel, quand il quitte ses élèves, la partie la plus lourde de sa besogne n'est pas encore commencée. Il emporte avec lui des copies en grand nombre qu'il faut lire, corriger, annoter : œuvre ingrate où se perd le meilleur du temps et du zèle de nos maîtres. Par un renversement bizarre des choses, l'élève qui n'a pas écouté le professeur en classe, exige que le professeur lise et commente son devoir. Il veut voir ses contre-sens marqués à la marge, ses solécismes soulignés. Les autorités universitaires sont du même avis; elles considéreraient avec défiance le fonctionnaire qui ne passerait pas son temps hors de classe, à couvrir d'annotations les copies de ses élèves. On parle souvent de la stérilité scientifique de notre Université, et l'on y oppose les œuvres produites par les professeurs de gymnases allemands. Il est certain que le parallèle est pénible pour nous ; mais ceux qui le font ne songent pas assez que le faux aménagement du travail dans nos classes a pour résultat d'écraser le professeur sous le plus inutile et le plus fastidieux des labeurs.

Il nous reste quelques mots à ajouter sur l'emploi de l'étude. Comment l'élève en remplira-t-il les longues heures? Disons d'abord que rien ne s'oppose à ce qu'on les abrége. Un cercle vicieux que l'habitude nous empêche d'apercevoir, a fait multiplier les devoirs pour remplir l'étude et allonger l'étude pour faire les devoirs. Une fois que cette fabrication sera enrayée, l'étude pourra prendre son vrai caractère, qui est de repasser et de préparer le travail de la classe. Lire les auteurs, former des collections d'exemples, se composer soi-même son vocabulaire et sa grammaire, voilà de bons travaux qui arment l'élève pour la joute dont la classe est tous les jours le théâtre. Le plaisir de la recherche, l'active curiosité sont ainsi entretenus. Nous parlons souvent de la vivacité qui est naturelle au tempérament français; mais il n'y paraît guère à l'ordonnance de nos colléges, si monotone et si paperassière. C'est malgré le lycée, et non grâce à lui, que cette qualité subsiste. Parmi les récompenses beaucoup trop nombreuses et trop spéciales que nous distribuons à nos élèves, en est-il seulement une pour l'enfant qui lit et qui réfléchit sur ses lectures, pour celui qui a la réponse prompte et juste, pour celui qui résout les objections et sait trouver la vérité?

LE THÈME LATIN.

Ce ne sera pas trop de consacrer un chapitre spécial à un exercice qui est devenu le devoir favori de l'Université, et qui occupe le premier rang sur ses programmes, depuis la huitième jusqu'à la seconde et à la rhétorique, où il cède la place à la narration latine et au discours latin. Cette prédilection, comme tant d'autres choses, est un héritage des Jésuites. Rollin, dans son Traité des Études, proteste au nom de l'Université de Paris contre l'importance exagérée que les Pères accordent au thème. Il trouve surtout que les enfants sont mis à cet exercice trop tôt. Avant de les faire écrire en latin, il veut qu'ils aient expliqué des auteurs; « car, pour bien composer en latin, il faut un peu connaître le ton, les locutions, les règles de cette langue, et avoir fait un amas d'un nombre assez considérable de mots, dont on sente bien la force, et dont on soit en état de faire une juste application. Or, tout cela ne peut se faire qu'en expliquant les auteurs, qui sont comme un dictionnaire vivant et une grammaire parlante, où l'on apprend par l'expérience même, la force et le véritable usage des mots, des phrases et des règles de la syntaxe.... Pour ce qui est des commencements, je n'hésite point à décider qu'il en faut presque absolument écarter les thèmes, qui ne sont propres qu'à tourmenter les enfants par un travail pénible et peu utile, et à leur inspirer du dégoût pour une étude qui ne leur attire ordinairement, de la part des maîtres, que des réprimandes et des châtiments ; car les fautes qu'ils font dans leurs thèmes étant très-fréquentes et presque inévitables, les corrections le deviennent aussi ; au lieu que l'explication des auteurs et la traduction, où ils ne produisent rien d'eux-mêmes et ne font que se prêter au maître, leur épargnent beaucoup de temps, de peine et de punitions. »

On sait si l'Université est restée fidèle à ces recommandations. Elle a cru, comme les Pères, qu'on ne saurait commencer le thème trop tôt, et elle y applique ses élèves dès la huitième. Elle a mis à la culture du thème une énergie de volonté et une entente des moyens qui, dépensées pour un autre objet, auraient pu produire les plus heureux fruits. Nous avons déjà parlé de nos grammaires et de nos dictionnaires, spécialement rédigés en vue des thèmes. A ces moyens vient se joindre la pratique de tous les jours. Il ne se passe pas de semaine, depuis la huitième jusqu'à la seconde, où l'élève ne fasse un ou deux thèmes, sans compter les corrigés, qui réclament un nouveau travail et qui doivent finalement être transcrits sur un cahier à part, pour que l'élève puisse les relire et s'en nourrir. L'explication des auteurs fournit également son butin de bonnes expressions et de tournures choisies : c'est la raison pour laquelle les textes, après avoir été traduits sont appris par cœur.

Une culture aussi intense ne peut manquer de donner des résultats. Nous avons des élèves de quatrième qui font des thèmes qu'en Allemagne un élève de seconde serait à peine en état de composer. Mais ce serait se leurrer étrangement et se laisser duper par ses propres artifices que de prendre ces devoirs pour la mesure véritable du développement des esprits, ou pour la preuve de la connaissance que les jeunes gens possèdent de l'antiquité. On a provoqué une habileté de métier qui n'est nullement en rapport avec le savoir et le jugement des enfants. Tel élève sait déjà faire son choix entre une expression de Cicéron et une autre de Sénèque ; il sait qu'on doit éviter en prose les termes poétiques ; il s'entend à changer tous les mots d'une construction tout en conservant la construction : et ce même élève n'a lu ni prose ni poésie, ne connaît ni Sénèque ni Cicéron, et saurait à peine rendre compte de la construction qu'il emploie. Cela rappelle le travail de nos ouvriers des Gobelins, quand ils ont un tableau à traduire en tapisserie.

Les plus grands latinistes sont d'accord pour reconnaître que le thème ne peut, de nos jours, avoir d'autre utilité que de vérifier l'état des connaissances grammaticales de l'élève et le degré d'avancement de ses lectures. C'est l'opinion expresse de Madvig. Auguste-Frédéric Wolf avait déjà dit la même chose : il admet l'utilité du thème pour la troisième et la seconde[1], mais il ne faut traduire que de courtes phrases, sans aucune prétention à la couleur et au style. En revanche, l'élève ne saurait commencer trop tôt à collectionner les exemples de formes grammaticales et de constructions difficiles qu'il rencontrera dans ses auteurs[2].

Donner aux enfants des thèmes qui sont en avance sur l'état de leurs connaissances ne peut avoir aucun bon effet sur l'esprit. Ce ne sont point là de ces difficultés où l'intelligence se fortifie, comme cela arrive pour la version. Un exemple va faire mieux comprendre la différence de ces deux exercices.

1. Ce qui équivaut, chez nous, à la quatrième et à la troisième.
2 *Consilia scholastica*, Ed. Korte, p. 112.

Je suppose que l'élève ait à traduire un passage de Cicéron : il cherche le sens et l'expression française. Mais quand le sens se découvre à lui, c'est sous la forme d'une phrase française, et plus il pénétrera dans la pensée de l'écrivain, plus les termes français deviendront justes et propres. Trouver le sens et trouver l'expression ne constituent au fond qu'une seule et même opération. Tout autre chose arrive pour le thème. Il faut d'abord que l'écolier comprenne le texte. Mais ce travail fini, il reste à résoudre cette question : Comment un Romain aurait-il dit ceci en latin ? Le moment est venu de chercher dans sa mémoire des termes qui conviennent tant bien que mal. Le philologue de profession, qui connaît un grand nombre d'expressions, peut trouver un certain plaisir à cette recherche : pour l'écolier, c'est une besogne ingrate et triste. Il interroge les quelques bribes de latin qu'il a dans sa tête, ou il relit son cahier d'expressions. Celui qui ne sait rien va tout droit au dictionnaire : on disait autrefois qu'il y a toujours, pour une idée, une expression dans la langue, et qu'il s'agit seulement de la trouver. A nos collégiens on semble dire qu'il y a toujours, pour un mot français, une expression dans leur dictionnaire ; il s'agit seulement de la trouver. Le temps de l'étude s'y passe. Est-il étonnant, après cela, que tant d'élèves prennent en dégoût non-seulement les thèmes, mais le latin, car ils voient bien que c'est en vue des thèmes qu'on le leur fait apprendre.

S'il fallait une preuve que l'Université considère le thème comme une œuvre d'art qui a sa fin en elle-même, il suffirait de regarder les textes qu'on donne à traduire à nos élèves. Puisqu'il s'agit de latinité, il semble que le parti le plus simple serait de traduire en français un passage de Cicéron ou de Tite-Live, et de dicter cette traduction aux élèves : on verrait jusqu'à quel point ils retrouvent la forme latine. Mais ce n'est pas ainsi qu'on l'entend : on prend des passages de Bossuet, de Fénelon, de Rollin, qu'un humaniste de profession serait souvent embarrassé pour transporter en latin. Plus les idées sont modernes, plus le professeur attache de prix au tour de force. Voici le commencement d'un thème naguère donné en quatrième : « L'humanité était un sentiment si étranger au peuple romain, que le mot même qui l'exprime manque dans la langue. » Notez que toute invention de mot, fût-elle appuyée sur l'analogie la plus stricte, est absolument interdite. Le principe qui prévaut dans l'Université est celui de Cellarius : *nil analogiæ tribuimus, si auctoritas absit*. Les élèves qui réussissent dans ces sortes de casse-tête sont loués et récompensés; on publie leurs copies dans un journal scolaire. Souvent le maître, pour finir, donne lui-même sa traduction, sorte de bouquet destiné à clore ces fêtes du latinisme.

Je ne veux pas dire cependant que le thème soit inutile à tout le monde. Chez les meilleurs élèves, chez sept ou huit sur soixante, l'effort continuellement répété pour pénétrer dans le sens de textes fort différents et pour reproduire les plus légères nuances de l'expression française, amène une certaine souplesse d'esprit et un développement précoce du sentiment littéraire. Mais outre que le même profit pourrait être obtenu par une voie beaucoup plus courte et plus rationnelle, il est trop clair que ces exercices ont le tort de tourner sur les mots l'attention que nous devrions avant tout diriger sur les choses. A l'âge où les enfants ont tout à apprendre, nous réclamons leur temps et leur peine pour mettre en balance deux termes plus ou moins classiques ou pour rechercher de quelle façon la phrase tombera le mieux. Encore si c'était seulement du temps perdu! Mais l'enfant prend l'habitude d'attacher au mot une importance disproportionnée; dans ses lectures, il perd de vue le fond du récit, la suite des idées, la réalité des objets, pour ne songer qu'à augmenter le trésor de sa mémoire ou simplement les élégances de son cahier. Ces habitudes ne feront que s'enraciner en seconde et en rhétorique:

de cette façon aussi, on peut dire avec raison que le thème est la préparation au discours. Quant à l'élève médiocre, fatigué de la lecture avant d'avoir lu, lassé de l'antiquité sans la connaître, détourné de l'étude qu'il confond avec ces fastidieux exercices, il doit à l'abus du thème cette aversion pour les Grecs et les Romains qui est le résultat ordinaire des années de collége. Comme le thème l'a accueilli à son entrée, comme il le suit de classe en classe, il devient la personnification du travail scolaire.

Essayons, pour finir, de marquer la juste place qu'il convient d'accorder à ce genre de devoir. C'est en classe, comme nous l'avons dit, sous la direction du professeur et avec la collaboration de tous les élèves, qu'il aura son maximum d'utilité. Quand les jeunes gens seront déjà familiarisés avec les textes latins, un bon exercice sera de dicter lentement une page française et de demander qu'elle soit aussitôt écrite en latin. Ces *extemporalia* sont déjà recommandés par Rollin. Mais nous avons aujourd'hui dans l'Université la superstition des brouillons : nous n'estimons que les devoirs faits à tête reposée, avec une grande dépense de temps, comme si l'à-propos de la mémoire et la promptitude du jugement étaient des qualités moins essentielles que l'assiduité et la patience. Le Concours général, qui n'a en vue que sa propre perfection, accorde les heures avec libéralité: et le lycée, modelant ses exercices sur ceux du concours, a élagué tout ce qui ne ressemblait pas ou ne préparait pas à l'épreuve finale.

DE LA VERSION ET DE LA LECTURE DES AUTEURS.

L'Université distingue, non sans raison, ces deux exercices. Elle traite le premier avec un art qu'il est impossible de ne pas reconnaître et louer : mais elle néglige le second de la façon la plus surprenante. Quoique la lecture des auteurs soit le véritable et seul moyen efficace d'entrer dans la connaissance de l'antiquité, des habitudes déjà vieilles de plus d'un siècle ont singulièrement modifié l'importance respective de ces deux sortes de devoirs. La version, dans nos classes, passe bien loin avant la lecture des auteurs, qui n'est traitée que comme une occupation secondaire et comme un supplément de la version.

Sur les programmes de nos lycées, nous voyons figurer une série fort honorable d'auteurs latins et grecs. Dans les circulaires de nos ministres et dans les discours de nos professeurs, les chefs-d'œuvre de l'antiquité sont continuellement cités et vantés. Homère, Platon, Démosthène, Eschyle, Sophocle, Euripide, Virgile, Horace, Cicéron, Tite-Live, Tacite, sont l'aliment de nos jeunes collégiens. Mais si vous entrez dans la classe, vous voyez que ces écrivains y tiennent, en somme, une place assez modeste. Sauf Virgile, qui se fait respecter parce qu'on a besoin de lui pour les vers latins, ils sont relégués à la fin de la classe, et encore faut-il que la correction des devoirs ne se soit pas trop prolongée. Et que lit-on? Une page, assez pour fournir à la récitation des leçons. Quand l'écolier de rhétorique est arrivé au bout de l'année, il a ordinairement vu les trois quarts d'une tragédie de Sophocle, les deux tiers d'un discours de Démosthène, quatre épîtres d'Horace, et une cinquantaine de pages de Cicéron. Voilà à quoi se réduit ce commerce avec les grands esprits de l'antiquité.

Au contraire, la version, c'est-à-dire la traduction d'un morceau détaché du contexte, dicté sans indication d'auteur, souvent tronqué et fait de pièces de rapport, accapare le temps et le soin des élèves. Les jésuites, grands amateurs d'extraits et de morceaux choisis, ont introduit cette mode des versions, que les conditions de nos concours modernes ont encore étendue et enracinée. Une version bien rendue compte plus aux yeux du maître que bien des lectures. On sait que la version est ordinairement en avance sur le degré d'instruction de la classe : ainsi en quatrième, tandis que les auteurs prescrits sont Quinte-Curce et César, le professeur ne craindra point de tirer ses devoirs dictés de Sénèque ou de saint Augustin. Il n'est pas étonnant dès lors qu'il y attache un prix particulier. Une autre raison encore, c'est qu'avec la version, qui est préparée de longue main et fixée par écrit, on peut mieux constater l'habileté du traducteur à trouver un français exact et élégant, au lieu que l'explication orale, toujours un peu improvisée, se dérobe plus facilement au contrôle.

Mais il faut que l'Université ait laissé s'introduire une sorte de confusion sur le véritable objet de l'éducation classique, pour que ces motifs lui aient fait rejeter au troisième plan la lecture des écrivains de l'antiquité, qui devrait être l'occupation essentielle de nos classes. N'est-ce pas pour connaître ces auteurs que nous apprenons le latin et le grec? ou faut-il croire que c'est seulement pour développer chez nos élèves un talent de traducteur? L'Université proteste tous les jours de son culte pour Athènes et pour Rome ; mais les écrivains dont elle a toujours les noms à la bouche, elle les laisse à peine entrevoir. Des fragments sans suite et sans nom, lentement et laborieusement transportés en français, prennent en réalité leur place.

Comment veut-on que notre jeunesse apprenne à connaître et à aimer l'antiquité quand on la lui sert ainsi découpée en morceaux, et quand le plaisir qu'elle pourrait prendre au peu qu'elle en voit est à chaque instant troublé par des préoccupations de style et des arrière-pensées de traduction? Comment nos bons élèves prendront-ils en affection quelque auteur latin ou grec, et le choisiront-ils pour lecture favorite, quand ils sont sous la pluie continuelle des versions[1]? C'est là, il n'en faut pas douter, la cause principale pour laquelle, malgré tant d'années de collége, l'antiquité est si peu connue chez nous; c'est pour cela que, hors du lycée, les auteurs classiques ne sont guère lus de personne, pas même de ceux qui font métier d'enseigner le grec et le latin.

On est surpris quand on rapproche de cet état de choses les usages de nos voisins. « Il faut qu'en *seconde* (laquelle, il est vrai, dure souvent deux ans) les élèves aient vu dix livres de Tite-Live, et en *première* quatorze discours de Cicéron, ainsi que le *De Officiis*. » Qui parle ainsi? Non pas un utopiste, un réformateur, mais un professeur rendant compte de sa pratique[2]. Dans le cours des études du gymnase, d'après le règlement prussien, Homère doit être lu tout entier. Trois tragédies grecques, en un an, ne paraissent

---

1. « Nourrir longtemps les enfants d'un même style » est encore un conseil de Port-Royal.
2. *Neue Jahrbücher für Philologie und Pädagogik*. 1869. Partie pédagogique, p. 18.

rien d'excessif. Dans le Hanovre, à l'examen qui répond à notre baccalauréat, on exigeait des candidats, généralement âgés de dix-sept ans, qu'ils eussent lu les traités de philosophie et de rhétorique de Cicéron, Salluste, Tite-Live, l'Énéide, les odes d'Horace, l'Iliade, l'Odyssée, Hérodote, l'Anabase, les Mémorables, quelques dialogues de Platon [1]. Nous avons peine à nous figurer de telles lectures. Mais il faut songer qu'en Allemagne la classe est débarrassée d'une quantité d'exercices qui encombrent la nôtre. A l'étude, l'élève lit ses auteurs, note à la marge les passages qu'il ne comprend pas, de sorte qu'on passe avec une grande rapidité sur les endroits faciles.

La lecture des textes est tellement sortie de nos habitudes, que nous employons en toute occasion une seule et même méthode pour traduire. On sait en quoi elle consiste. C'est d'abord la lecture de la phrase latine ou grecque, puis un mot à mot qui reprend le texte par petits fragments, enfin le bon français. Voilà le cadre invariable depuis la septième jusqu'au baccalauréat. Mais cette uniformité, outre qu'elle entraîne une perte immense de temps, est énervante pour l'esprit. Il faut

---

1. *Neue Jahrbücher für Philologie und Pädagogik.* 1870, p. 50 de la partie pédagogique. On remarquera que dans ces listes ne figurent ni Eschyle, ni Pindare, ni Tacite. Ces auteurs sont réservés pour l'enseignement supérieur.

savoir approprier le mode de traduction à l'âge des écoliers et à la difficulté des textes. On supprimera la lecture de la phrase originale du moment que les élèves doivent en reprendre un à un chaque membre. Au contraire, s'il s'agit d'un endroit facile, on peut demander que le texte soit lu et aussitôt après mis sous forme française. Enfin le genre de traduction le plus rapide est celui qui consiste à vous faire transporter immédiatement en français le passage latin ou grec vous suivez des yeux sans le lire.

Il ne faut pas craindre que l'explication perde en solidité ce qu'elle gagne en vitesse; car il est plus difficile à l'élève de dissimuler son ignorance ou son manque de préparation quand il n'a pas la ressource de bégayer un mot à mot. Le professeur apportera à cet exercice toute sa sévérité; non pas qu'il convienne d'interrompre la lecture par des réprimandes, mais dès qu'un élève hésitera, la parole passera à un autre. Devant la classe silencieuse et attentive ce sera, pour un bon écolier, la plus sensible des punitions. L'esprit général de la classe ne tardera pas à changer une fois qu'on aura cessé de la faire piétiner sur quelques pages de Démosthène ou d'Horace. Les élèves sentiront qu'enfin on les a mis face à face avec l'antiquité. Il faut aussi écarter, toutes les fois qu'il ne s'agira pas d'un écrivain comme

Plauto, Aristophane, les éditions donnant simplement des extraits ou morceaux choisis. Cette façon de dépecer les auteurs, même pour les hautes classes, semble depuis quelques années particulièrement en faveur. C'est un autre moyen de tout transformer en exercices de style.

Nous venons de citer deux ou trois spécimens des lectures faites dans les gymnases allemands. Mais s'il déplaît à nos maîtres d'aller chercher leurs modèles de ce côté, je rappellerai ce qu'était l'étude de l'antiquité en France au seizième siècle. Qu'on revoie sur ce sujet le chapitre de Rabelais, ou l'extrait des Mémoires de Henri de Mesmes, cité par Rollin [1]. « Nous lisions par forme de jeu Sophocles ou Aristophanes ou Euripides, et quelquefois Démosthènes, Cicero, Virgilius, Horatius.... A cinq heures, au logis, à répéter et voir dans nos livres les lieux alléguez, jusques après six.... Puis nous soupions et lisions en grec ou en latin. » C'est ainsi qu'à Toulouse, en 1545, on entendait les études classiques.

On distingue dans l'enseignement allemand deux sortes de lectures: l'une (*lectio stataria*) est la lecture accompagnée d'un commentaire. Le professeur discute avec les élèves toutes les difficultés du texte. L'autre (*lectio cursoria*) est la lecture ra-

---

[1]. *Traité des études.* Livre II, chapitre 2.

pide : celle ci se propose d'aller en avant et de voir les auteurs en se contentant d'un petit nombre d'observations nécessaires. Ordinairement le maître fait succéder dans la même classe les deux modes de lectures. Un passage est d'abord examiné dans le plus grand détail : une fois que la classe s'est dégourdie et qu'elle a refait connaissance avec la langue et l'esprit de l'écrivain, l'explication prend sa marche accélérée. Ces deux modes pourront se combiner de bien des manières: mais ils sont aussi indispensables l'un que l'autre, et c'est toujours compromettre le progrès d'une façon ou d'une autre, que de n'avoir qu'une seule et même vitesse.

Le commentaire variera non-seulement selon le degré d'avancement des élèves, mais selon l'écrivain qu'on expliquera. S'agit-il d'un historien? Le commentaire devra être surtout historique et géographique. Est-ce un orateur? on mêlera à l'explication des renseignements sur les lois, sur les mœurs, sur la constitution des républiques anciennes. Lit-on un philosophe? on discutera ses idées, on en indiquera l'origine et la transmission. Si c'est un poëte, les observations seront surtout littéraires. Mais ce serait une faute d'appliquer à toutes les œuvres une critique continuellement et exclusivement littéraire, comme si ces grands esprits n'étaient que des modèles de style et comme si leurs ouvrages ne nous étaient proposés que pour être admirés et imités. Le professeur qui, sous prétexte d'aimer les anciens, croit devoir se récrier sur toutes leurs beautés, ne fait que distraire et lasser les élèves : il parle sur Sophocle, mais il empêche de le connaître.

Un genre de commentaire déjà recommandé par Rollin, ce sont les observations sur l'histoire et la constitution du texte. Il est bon de dire aux élèves des classes supérieures par quels manuscrits un chef-d'œuvre est venu jusqu'à nous, par qui il a été d'abord publié, corrigé. L'ignorance de nos élèves, sur ce sujet, est complète : quelquefois aussi celle des maîtres. Je pourrais citer à ce sujet des passages tirés des préfaces de nos éditions scolaires, qui montrent que notre éducation est à refaire sur ce point. On trouverait des professeurs qui croient que les éditions du quinzième siècle sont les plus conformes aux anciens manuscrits. La plupart se débarrassent du travail d'éditeur par une phrase sur les témérités de la critique moderne.

Admirons un peu moins les anciens et étudions-les davantage. Présentons de temps à autre aux élèves une heureuse conjecture de Scaliger ou de Bentley ; montrons-leur les leçons différentes d'une phrase difficile et invitons-les à se prononcer. De tels exercices vaudront mieux pour la culture de leur esprit que bien des exclamations d'enthousiasme. Ils auront une idée plus juste de la façon dont les écrits de l'antiquité nous ont été transmis ; le sens critique s'éveillera en eux; ils prendront l'habitude de discuter un texte et de distinguer entre ce qui est certain et ce qui est probable ou simplement possible. Notre Université craint de troubler par ces minuties la jouissance littéraire: mais nous ne voyons pas que les temps et les pays où la critique de texte a été poussée le plus loin aient pour cela moins compris ou moins aimé l'antiquité. Nous devons constater, au contraire, que partout où la critique philologique a été abandonnée, l'antiquité a peu à peu cessé d'être étudiée et comprise, et est devenue le prétexte à une sorte de culte officiel et vide.

VERS LATINS.

Voici un exercice pour lequel nous sommes, à l'heure qu'il est, sans rivaux et sans imitateurs en Europe. Nos professeurs se racontent bien entre eux et disent à leurs élèves qu'à Oxford on fait non-seulement des vers latins, mais des vers grecs. Mais il en est de ce renseignement comme de tant d'autres du même genre qui ont cours dans notre pays ; il retarde de cent ans. Quelle analogie établir d'ailleurs entre les Universités anglaises, séjour plutôt que lieu d'étude de la jeunesse aristocratique, à laquelle viennent se joindre quelques *scholars* largement rétribués, et nos lycées qui doivent former à la vie les enfants de notre laborieuse bourgeoisie ?

Nous n'avons pas l'intention de renouveler les critiques dirigées contre le vers latin par les adversaires des études classiques : s'il est démontré que cet exercice permet de mieux apprécier les poëtes anciens ou de développer certaines facultés de nos élèves, nous demandons qu'il soit conservé Mais s'il est un accessoire de ce faux enseignement classique qui a substitué le maniement du latin à la connaissance de l'antiquité, et si le profit que l'intelligence en retire peut s'obtenir par des voies plus directes et plus sûres, nous demanderons que l'Université efface enfin de ses programmes ou enferme en de justes limites une pratique qu'elle reste seule à maintenir.

Nos professeurs ne recommandent plus le vers latin parce qu'il sert à célébrer les vertus des princes et à chanter les louanges divines. Mais ils le défendent pour deux raisons. Les jeunes gens ne comprendront bien les poëtes anciens que si, à leur école, ils se sont essayés à la poésie : et de plus ils développeront par cet exercice leur goût, leur imagination, leur sentiment littéraire. Assurément il y a une part de vérité dans l'un et l'autre motif. Mais comparons aux raisons qu'on allègue les travaux qu'on fait exécuter aux élèves, et nous verrons que l'Université perd complétement de vue le but qu'elle dit poursuivre, et que le vers latin est en réalité sa propre fin à lui-même.

Au lieu de dire que la versification nous sert à mieux comprendre les poëtes, on serait plus près de la vérité, si l'on disait que la lecture des poëtes sert à la versification. Si nos écoliers de troisième se remplissent la mémoire de chants entiers de Virgile, s'ils ont la tête garnie d'épithètes, de périphrases, de rejets, de coupes, s'ils savent toutes les finesses de l'hexamètre et du pentamètre latins, tandis que les autres mètres leur sont à peine connus de nom, c'est en prévision de leurs propres vers. On répondra sans doute qu'il importe peu que l'ordre logique des choses ait été interverti, pourvu que l'élève lise les poëtes anciens et prenne goût à la poésie. Mais ce renversement a plus de conséquences qu'on ne le paraît croire. Il empêche de lire les poëtes dans l'esprit où ils doivent être lus. On recommande avec raison aux élèves de ne pas chercher leurs épithètes et leurs périphrases dans le Thesaurus : mais en lisant Virgile ou Lucain, font-ils autre chose que de se composer mentalement un dictionnaire poétique pour leur usage personnel? Ils recueillent ce qu'ils pensent pouvoir leur servir un jour, ils observent ce qu'ils espèrent imiter : cette vue intéressée suffit pour compromettre le profit intellectuel et moral de la lecture. Une fois que des arrière-pensées de ce genre ont trouvé accès dans la tête d'un jeune homme, il lui est difficile de s'en délivrer. Son observation s'arrête à la surface; au lieu d'embrasser l'ensemble d'un poëme, il en détache les différents morceaux; au lieu d'étudier le mouvement général de la pensée, il cherche à surprendre des procédés. Dans l'art aussi bien qu'en morale, toute préoccupation égoïste va directement contre notre véritable et suprême intérêt.

Quant aux avantages que l'imagination et le goût doivent retirer de la composition des vers latins, il est certain que cet exercice étant le premier dans nos classes où il soit laissé quelque jeu à ces facultés, les meilleurs d'entre nos élèves y apportent toute leur ardeur et tout leur zèle. Mais nous ne croyons pas que la marche la plus naturelle soit de commencer à faire parler en hexamètres latins des jeunes gens qui n'ont pas encore assemblé deux idées en prose française. Il y a des moyens plus simples pour permettre à leur intelligence de s'essayer. S'il se trouve parmi eux des têtes poétiques, elles sauront bien un jour trouver leur voie ; en revanche notre société comptera moins de poëtes dont la seule vocation soit d'avoir, dans leur jeunesse, bien versifié le latin.

Que dire des vers des mauvais élèves ? Le professeur en détourne la vue et couvre sous une absolution générale des bévues ou des méfaits qu'il ne veut pas connaître. Notez que sur ce chapitre les deux tiers de la classe comptent pour mauvais. Citons le jugement d'Arnauld qui va encore plus loin que nous[1]. « C'est ordinairement un temps perdu que de leur donner des vers à

---

1. *Règlement d'études.*

composer au logis. De 70 ou 80 écoliers, il y en peut avoir deux ou trois de qui on arrache quelque chose : le reste se morfond ou se tourmente pour ne rien faire qui vaille. » Les choses n'ont guère changé depuis Port-Royal : l'élève, qui sent qu'on lui fait gaspiller son temps, perd le respect de l'étude et cesse d'apporter son attention aux exercices de la classe.

Les humanistes qui assistèrent à la naissance de l'Université et qui placèrent une prosodie dans son berceau, ne se doutaient probablement pas de l'importance que prendrait le présent qu'ils lui faisaient. Il ne s'agissait alors que de sauver un exercice cher aux anciens maîtres du collége Louis-le-Grand; mais qui aurait pu croire que toute la jeunesse française allait être mise à ce régime? Tels sont les résultats d'une organisation qui ne connaît point de milieu entre ce qui est défendu et ce qui est imposé. Qu'un professeur engage de de temps à autre ses meilleurs élèves à lui remettre une pièce de vers latins; qu'il en fasse une récréation et comme une récompense accordée au travail et au talent; personne n'aura le droit de s'en plaindre. Quant à la généralité de la classe, il suffit qu'on lui ait enseigné la prosodie et (chose si négligée !) la métrique. Les élèves apprendront à aimer la poésie en lisant les poëtes; quand ils connaîtront les Métamorphoses et les

Fastes d'Ovide, deux ou trois pièces de Térence, tout Virgile, les Odes et les Épîtres d'Horace, quelques pièces de Catulle, ils auront un sentiment plus vrai de la poésie que par les vers où vous leur faites perdre les heures de l'étude et pour lesquels vous prodiguez inutilement le temps précieux de la classe.

ENSEIGNEMENT DU GREC.

Malgré les efforts de quelques maîtres éminents, le grec n'a jamais pu vraiment s'acclimater dans l'Université. « Sans doute les élèves de l'ancienne Université n'apprenaient pas le grec; mais ceux d'aujourd'hui n'ont que l'air de l'apprendre: au fond, à la fin de leurs études, ils ne savent que l'épeler [1]. » Un signe de l'état inquiétant où se trouvent les études grecques, ce sont les remèdes de toute sorte qu'on propose d'y appliquer : prix supplémentaires décernés aux lauréats de version grecque; anticipation de la grammaire grecque sur la grammaire latine; prononciation à la façon moderne, pour nous permettre de communiquer avec les Hellènes.

D'où provient cet insuccès constant et avéré de l'Université? Avant de répondre à cette question, il faut l'élargir: d'où provient l'inhabileté de l'Université à enseigner toute autre langue que le latin ? Les pages qui précèdent nous ont

1. C'est un helléniste qui s'exprime ainsi dans la *Revue critique* du 30 janvier 1869.

éclairés à cet égard. C'est que l'Université, qui enseigne le latin, non pour le savoir, mais pour l'écrire, ne connaît pas d'autre manière d'étudier les langues. Nous retrouvons pour le grec, sauf les vers, tout l'appareil déployé pour le latin : grammaire grecque lentement apprise par cœur, thème grec, version grecque, dictionnaires bourrés d'expressions; mais la lecture des auteurs manque encore plus que pour le latin. Est-ce avec six dialogues de Lucien, la moitié d'une vie de Plutarque, la moitié de deux chants d'Homère, une tragédie d'Euripide et une autre de Sophocle, et le commencement d'un discours de Démosthène, lentement ânonnés en cinq ans, qu'on prétend apprendre la langue la plus riche et la plus variée qui ait jamais existé? Ces moyens, déjà insuffisants pour le latin, deviennent dérisoires pour le grec. Il faut y ajouter la funeste habitude des développements littéraires donnés par le professeur sur la beauté, sur la pureté, sur la simplicité, sur la grandeur des modèles grecs: l'élève, invité à goûter les douceurs de la poésie et la séduction de l'éloquence, ne sent que mieux le contraste entre les jouissances qu'on lui vante et la phrase grecque qu'il a sous les yeux, et dont il ne parvient pas à débrouiller la construction et à reconnaître les mots.

Si l'Université ne réussit pas à enseigner le grec, on ne peut douter cependant qu'elle ne l'aime. Quand un faux bruit, il y a six ans, attribua au ministre d'alors l'intention de supprimer le grec dans les lycées, un cri d'alarme fut poussé par les professeurs. Il est d'autant plus affligeant de penser que de mauvaises méthodes, un enseignement défectueux de la grammaire, le manque de vues claires en philologie, et des habitudes invétérées de routine rendent à peu près stérile un sujet d'étude si sympathique à notre génie. Quelle gymnastique pour l'esprit qu'une langue dont nous pouvons suivre l'histoire durant tant de siècles et à travers les transformations de ses différents dialectes ! Quels effets une connaissance étendue et familière de la civilisation grecque n'aurait-elle pas sur notre littérature, sur nos arts, sur notre politique ! grâce à notre École d'Athènes, l'épigraphie, l'archéologie, l'histoire viendraient nourrir de notions nouvelles, et animer du charme des comparaisons et des souvenirs, les leçons de nos professeurs.

Peut-être est-ce par le grec qu'une réforme de notre système d'enseignement pourrait être commencée avec le plus de chances de succès: car l'humanisme bâtard du dix-huitième siècle n'est pas chez lui en grec comme il l'est en latin; l'idée qu'il faut faire beaucoup de devoirs grecs n'a pas ou le temps de prendre racine: Dans chaque lycée, un ou deux professeurs choisis avec soin pourraient, deux fois par semaine, lire des auteurs grecs avec les meilleurs élèves de chaque classe Les intelligences de nos jeunes Français, si promptes à saisir les belles choses et si ouvertes à la saine philologie, quand on veut la leur enseigner, sentiront bientôt ce que c'est que vraie ou fausse antiquité, et une fois que la lecture des textes, l'étude approfondie des écrivains anciens, auront trouvé accueil dans un coin de nos colléges, elles réduiront petit à petit les exercices inutiles et se feront donner la place qui leur est due.

ENSEIGNEMENT HISTORIQUE DU FRANÇAIS.

Un motif qui, de tout temps, a été invoqué pour justifier l'étude du latin dans nos classes, c'est que le français dérive du latin et qu'il nous serait impossible de comprendre les lois de notre propre langue si nous ne connaissions la structure de la langue mère. Rien n'est plus exact. Mais l'Université qui sait très bien se servir de cet argument les jours où elle est obligée de se défendre, s'empresse de l'oublier dès que, la bataille gagnée, elle est rentrée dans ses murs. Nous apprenons le latin de Cicéron et de Virgile, le français de Corneille et de Bossuet. Mais entre ces deux idiomes s'étend un vide immense que nos maîtres ne songent nullement à combler. Au lieu de chercher dans le latin les causes de la grammaire française, ils juxtaposent, comme nous l'avons vu, les deux idiomes d'une façon tout empirique, en opposant gallicisme à latinisme.

Non-seulement l'Université, contrairement à ses affirmations publiques, n'éclaire point par le latin la formation de la grammaire française, mais elle a un véritable éloignement et une répulsion instinctive pour ce genre d'étude. Elle aime trop le bon latin pour ne pas éviter le contact de la basse latinité. Elle a trop de peine à obtenir la correction dans ses thèmes et dans ses discours, pour ne pas craindre de découvrir devant la classe les solécismes et les barbarismes qui sont devenus le français. Elle repose ses yeux avec complaisance sur la belle langue du dix-septième siècle : elle n'hésite même pas à remonter parfois jusqu'à Montaigne et Amyot. Mais ce qui se trouve au delà, n'est regardé que comme un long enfantement. A plus forte raison ne cherche-t-elle pas à suivre le latin dans sa période de décomposition. Ce sont curiosités faites pour les érudits, qui ne pourraient que distraire et tromper les élèves.

Le jour où les devoirs latins seront ramenés à leur vrai rôle, cette défiance ne manquera pas de diminuer petit à petit et de disparaître. Il y a peu d'enseignements qui offrent autant d'intérêt que l'histoire de la formation de notre langue : par une heureuse rencontre, qui n'existe ni pour les Anglais, ni pour les Allemands, l'élève français, dès les premières années du collége, a entre les mains les éléments essentiels de cette étude, puisqu'il apporte avec lui le français et que le latin lui est aussitôt enseigné. Il ne reste donc plus qu'à rattacher le français au latin par une série d'observations que l'élève, bien dirigé, pourra en grande partie trouver de lui-même. Rien n'est plus propre à développer chez les jeunes gens l'esprit de comparaison et de découverte. C'est pour cela sans doute que les Anglais choisissent le français comme exercice philologique de préférence à leur propre langue.

Il n'y a rien de plus clair que la loi de persistance de l'accent tonique, et une fois qu'on aura retenu quelques règles de phonétique ne dépassant certes pas l'intelligence d'un élève de seconde, on pourra contrôler le lent et méthodique travail des siècles qui, par une suite de changements toujours les mêmes, a transformé les mots latins en mots français. Ces modifications qui paraissent compliquées à qui les voit pour la première fois, sont simples et se gravent aisément dans l'esprit, du moment qu'on en a vu un certain nombre d'exemples. Quand le professeur aura exposé une règle de phonétique et l'aura fait comprendre à tout le monde, les élèves devront augmenter le nombre des exemples par leurs propres recherches.

Je suppose qu'il s'agisse du changement en *ie* d'un *e* latin portant l'accent tonique : *venit, tenet, bene, heri, ferus* font en français vient, tient, bien, hier, fier. A son tour la classe trouvera tiède, pierre, lièvre, fièvre venant de *tepidus, petra, lepo-*

rem, febrem. Cette règle si simple donne l'explication de quelques phénomènes grammaticaux : elle nous montre pourquoi l'on dit je tiens, je viens, tandis qu'au pluriel, où l'accent se déplace, on aura nous tenons, nous venons. C'est pour la même cause qu'on a lièvre et lévrier, fièvre et février, bien et bénir. Un motif analogue explique la différence qui existe entre je meurs, je veux et nous mourons, nous voulons ; entre neuf et nouveau, jeu et jouer, nœud et nouer, bœuf et bouvier, cœur et courage. L'enfant commencera à apercevoir la raison des caprices apparents du langage.

Ces lois et d'autres semblables seront bientôt familières aux élèves. Ils ne se contenteront pas d'examiner les mots de notre langue moderne. Le désir naîtra en eux de voir d'anciens textes français : cette sorte d'effort que le littérateur a besoin de faire sur lui-même pour s'imposer la lecture du français de Joinville ou de Chrestien de Troyes, deviendra un plaisir, car ils auront la clef de la plupart des difficultés, et chaque mot inconnu sera pour eux comme un problème grammatical et historique. N'est-il pas étonnant qu'une nation qui a derrière elle un passé littéraire sans égal parmi les peuples modernes, le laisse ignorer à tel point à sa jeunesse, que les regards des plus instruits d'entre nos collégiens se promènent sur un texte français du treizième siècle comme sur un livre écrit dans une langue étrangère ? En Allemagne, où, à l'exception des Nibelungen, la littérature du moyen âge ne présente guère que des traductions, il n'y a point de gymnase qui n'ait ses leçons de moyen haut-allemand ; les jeunes gens apprennent à y connaître et y admirer, sous le nom de Hartmann von Aue ou de Wolfram von Eschenbach, les poëmes empruntés à nos trouvères. C'est une partie de l'héritage national que depuis trois siècles nous avons laissé tomber en déshérence et dont il est grand temps de nous ressaisir.

On traite généralement au collége les cinq ou six siècles qui ont précédé Malherbe comme une période préparatoire nécessaire à la lente éclosion du grand siècle. Mais outre qu'on mutile singulièrement notre histoire littéraire, en la subordonnant ainsi au court espace de temps qui va de la fin du seizième siècle jusqu'à nos jours, ce n'est peut-être pas une vue sur laquelle, avec de jeunes gens, il convienne de beaucoup insister, que cette image déjà lointaine d'un instant de perfection dont nous nous écartons de plus en plus. La vieillesse d'une nation dépend en partie de l'opinion qu'elle se fait de son âge : il n'est rien qui double le poids du temps comme de toujours regretter ses belles années. On peut étudier et admirer les chefs-d'œuvre du dix-septième siècle sans y faire converger toute notre histoire. En étendant nos regards sur l'ensemble de la littérature française, sur ses alternatives d'originalité et d'imitation, d'affaissement passager et de subit relèvement, nous éloignerons les idées de jeunesse, de maturité et de décadence qui ne conviennent jamais qu'imparfaitement à un peuple.

L'étude du moyen âge aurait encore cet autre résultat qu'elle tempérerait ce que la culture classique a d'exclusif. Soyons par le goût les fils des Grecs et des Romains ! Mais, quoi que nous fassions, nos attaches historiques sont ailleurs. Par son éducation purement latine, le collége n'a pas peu contribué à élargir l'hiatus qui existe dans notre société et à former des hommes étrangers ou indifférents à la vie intellectuelle du peuple. Notre jeunesse instruite serait ramenée vers les couches inférieures, où tant de fragments de la vieille France gisent ignorés et méprisés. Des vocations d'un genre nouveau se déclareraient ; entre la masse de la nation et les classes éclairées, on verrait s'opérer des rapprochements sur un autre terrain que sur celui des alliances éphémères de la politique.

J'indiquerai un dernier avantage de cette étude. L'habitude d'écrire en latin nous a rendus timides dans le maniement de notre propre langue. Nous commençons à la traiter comme une langue morte : on demande des autorités pour les mots, on condamne les tours qui ne sont pas dans les grammaires. Je vois beaucoup de juges sévères toujours disposés à en retrancher quelque chose : mais les accroissements qu'elle reçoit sont ou nuls ou de si mauvais aloi qu'on n'y peut voir un gain véritable. En remontant jusqu'aux sources de l'ancien français et jusqu'aux temps où la langue avait plus de liberté dans la formation des mots et dans la construction de la phrase, nous retrouverions quelque chose de cette initiative et de ce don d'heureuse invention qui ne sont pas moins nécessaires à la vie d'une langue qu'à celle d'une littérature. On reconnaîtrait bientôt, à la saveur et à la propriété de leur langage, ceux qui auraient lu Joinville.

Pour les commencements une chrestomathie suffirait : j'y voudrais, outre les Serments de Strasbourg, la Cantilène de sainte Eulalie et la vie de saint Alexis, des extraits de la chanson de Roland, du livre des Rois, du roman du Renart, ainsi que des morceaux de Villehardouin, de Joinville et de Froissart. Pour nos Français du midi, un certain nombre de pièces provençales devraient être ajoutées au volume, que compléteraient une grammaire et un vocabulaire.

DU DISCOURS LATIN ET DU DISCOURS FRANÇAIS.

Nous arrivons au devoir dont tous les autres, nous dit-on, ne sont qu'une longue préparation, et qui, aux yeux des élèves, des maîtres, de l'opinion publique, forme le couronnement des études du lycée : le discours latin et le discours français. Pourquoi précisément un discours? Ainsi le veut une tradition qui remonte directement jusqu'à Quintilien et jusqu'à Cicéron, et par ceux-ci jusqu'aux écoles des rhéteurs de la Grèce. La tradition s'imposait également à Rollin. Mais du moins ne voulait-il pas que l'élève fût uniquement exercé au genre oratoire. Il recommandait de lui donner à composer des fables, de petites narrations, des parallèles. « Ces sortes de matières fournissent beaucoup et donnent lieu de trouver bien des pensées.... Les discours, les harangues, sont ce qu'il y a de plus difficile dans la rhétorique ; et, par cette raison, il est juste de les réserver pour la fin. » Rollin ne voulait pas que le discours fût toujours travaillé de longue main. On doit exercer les élèves à la composition de vive voix, en leur proposant un sujet à traiter sur-le-champ, et en les aidant à trouver les pensées et les expressions.

Toutes ces sages précautions sont aujourd'hui mises de côté. Le discours écrit, tel que le concours général le veut et comme il en donne le type, voilà le seul exercice reconnu et cultivé par nos rhétoriciens. Mais en revanche cette forme de composition a pris une importance extraordinaire. On s'y prépare de longue main par une pratique constante et spéciale. Une sorte de sélection, dont le concours général est la cause, s'est donc opérée dans les exercices de nos élèves : parmi les devoirs, ceux-là seulement survivent qui sont représentés dans la grande épreuve finale. Les devoirs intermédiaires ont disparu.

Voici par conséquent des écoliers qui n'ont jamais, pendant leurs sept ans de collège, exprimé d'eux-mêmes une idée en français, invités tout à coup à faire parler saint Bernard, Richelieu, Louis XIV, Turgot, Mirabeau, tous les grands personnages de notre histoire. Après avoir si longtemps retenu par devers eux leurs pensées, ils ne veulent rien produire que de remarquable et de rare. Le sujet, d'ailleurs, et le personnage qu'ils font parler les y invitent. Mais comme pendant de si longues années leur raison est restée inactive, comme ils n'ont appris que des mots et des tours de phrase, le résultat ne répond guère, en général, à cet effort subit qu'ils sont invités à faire. Des lambeaux de phrase conservés dans leur mémoire, des expressions décousues tirées de leurs lectures, voilà ce qu'ils trouvent à mettre sur la *matière* qu'on leur a dictée et dont on leur a divisé d'avance les paragraphes. L'ambition du sujet forme un contraste pénible avec la pauvreté d'idées de celui qui le doit traiter. On peut voir alors que le désœuvrement de l'esprit est une mauvaise école pour apprendre à penser. Dans les classes inférieures, vous avez traité vos écoliers comme s'ils étaient incapables de comprendre le raisonnement le plus simple; plus tard, vous avez écarté de l'explication des auteurs toutes les remarques qui ne se rapportaient pas au style; vous avez nourri uniquement vos élèves d'observations littéraires et vous n'avez développé en eux qu'une certaine habileté à manier le français et le latin: aujourd'hui, vous dites que l'heure est arrivée de laisser se produire les idées, et vous croyez que, sur votre signal, elles vont se montrer de toutes parts. Mais vous ne récolterez que ce que vous avez semé : des mots, des phrases, des mouvements oratoires. Le moindre travail obligeant l'écolier à ouvrir les yeux de son esprit et à assembler ses idées, aurait mieux valu que cette longue et stérile préparation. L'intelligence des jeunes gens, si longtemps gardée en tutelle et privée de tout exercice fortifiant, se montre alors ce que vous l'avez faite : elle vague au hasard, se laissant tomber à chaque pas ou se précipitant par bonds et par saccades.

Encore si les travaux de rhétorique nous aidaient à réparer le temps perdu ! mais cet élève, qui jusqu'à présent n'a jamais rien écrit de son chef, n'est pas invité à nous dire enfin ce qu'il sait et ce qu'il pense. Il doit faire parler des rois, des capitaines, des ministres, des ambassadeurs. Nous rencontrons ici un autre inconvénient de notre éducation littéraire : le défaut de sincérité. Quel rapport y a-t-il entre un élève de rhétorique songeant à son baccalauréat et commençant à se demander avec inquiétude quelle carrière il devra choisir, et Louis XIV s'adressant au parlement pour lui annoncer qu'il prendra en main le gouvernement de la France ? Après Louis XIV, ce sera le chancelier de l'Hospital, puis Richelieu, puis Louvois et ainsi de suite, passant en revue tous les grands noms de l'histoire : l'élève, appelé toujours à sortir de lui-même, prendra l'habitude d'exprimer des sentiments de convention ; les exercices littéraires de la classe seront pour lui ce qu'est le théâtre pour l'acteur. Ce sont les premiers symptômes d'une maladie intellectuelle qui consiste à se payer de mots, à s'enfermer dans un rôle et à tirer de sa tête des passions qu'on ne ressent point.

Combien il vaudrait mieux donner à nos collégiens des exercices plus modestes, mais plus utiles et moins dangereux ! Le discours n'est pas la seule forme de composition qui mérite d'être cultivée. Faire un récit, donner une description, justifier une opinion historique ou morale, écrire une lettre ne sont pas chose aussi facile qu'on paraît le croire : voyez plutôt les lettres familières qu'écrivent nos rhétoriciens ! Mais en supposant même que le discours doive se trouver à la fin de nos études, pourquoi ne pas s'y préparer de bonne heure par des genres de composition plus aisés ? N'est-il pas étrange que dans notre éducation classique, où l'art d'écrire tient une si grande place, on laisse durant tant d'années les enfants sans direction ni conseil pour exprimer leurs idées et pour les disposer avec ordre ?

Il existe une raison de ce long abandon que nous n'avons pas encore indiquée et dont il faut dire quelques mots. L'enseignement classique est trop fier pour tolérer des exercices qui sentiraient leur école primaire. Si un élève de cinquième faisait, sous forme de lettre, la description de sa salle d'étude ou le récit d'un voyage de vacances, le professeur serait humilié de corriger un devoir d'espèce aussi vulgaire. Si nos élèves de quatrième étaient appelés à composer des fables, les enfantillages qui ne manqueraient pas de se présenter d'abord en grand nombre, feraient demander par nos proviseurs la suppression d'un devoir peu en harmonie avec la gravité de la classe. Nous rencontrons ici un exemple remarquable de la force que peuvent avoir les préjugés de caste. Il est entendu que le latin ennoblit celui qui l'enseigne : on ne déroge point en corrigeant des solécismes latins ou en présidant au mot à mot du *De viris*. Mais former de jeunes esprits au raisonnement et à la réflexion comme un maître d'école, c'est sortir du rôle de professeur et manquer à la dignité de sa robe [1].

Les conséquences de ce préjugé sont plus étendues et plus importantes qu'on ne le croit. Entre le professeur et les élèves il n'y a que des rapports superficiels. Comme vous n'avez pas su ou comme vous n'avez pas voulu atteindre la pensée de l'enfant, vous n'avez aucune action sur son développement moral et intellectuel. Vous êtes le maître de latin et de grec : mais votre influence

---

1. « On pourra même commencer à faire écrire en français avant d'écrire en latin, en leur donnant à composer de petits dialogues, de petites narrations ou histoires, de petites lettres, et en leur laissant choisir le sujet dans les souvenirs de leurs lectures. » Port-Royal, *Plan d'études*.

sur l'esprit de la jeunesse est bien inférieure à celle d'un bon instituteur. Nos élèves sont si peu habitués à voir leur professeur quitter le domaine des mots, qu'ordinairement un mouvement de surprise se produit dans la classe, si de loin en loin il tente avec eux une excursion dans le monde des idées. L'Université a laissé échapper la meilleure part de sa mission : elle donne l'instruction à la jeunesse, mais elle ne l'élève point. Par les qualités ou par les défauts de son enseignement, elle a pu contribuer à modifier en bien ou en mal le caractère de la nation : mais d'influence directe sur les jeunes gens, elle n'en a pas, ni ne cherche à en avoir. C'est le plus grand reproche qu'on puisse adresser à un corps qui est investi par l'État du soin de former l'esprit des générations nouvelles.

Le caractère impersonnel du discours n'est pas un des moindres motifs de la faveur dont il jouit. Il met les professeurs et les élèves à l'aise pour échanger des idées qui ne sont celles ni des uns, ni des autres. On disserte sur les arguments que Phidias, accusé de concussion, doit opposer à ses ennemis ; on examine de quel ton Richard Cœur de Lion, injustement emprisonné, écrit à l'empereur d'Allemagne ; on imagine un plaidoyer de la Fontaine en faveur de Fouquet. Entre le professeur et la classe vient se poser un troisième personnage qu'à tour de rôle élèves et maître font parler. Mais ne croyez pas que l'intérêt s'attache à ce mannequin : le véritable objet de l'attention générale, c'est l'art de développer un argument, c'est la disposition des paragraphes, l'étude des procédés oratoires, le soin du style.

Des jeunes gens âgés de seize ans s'habituent à regarder le sujet comme une chose accessoire et à faire passer le mérite littéraire avant le fond des idées. Un tel travers d'esprit est déjà regrettable chez un critique de profession : mais quand la jeunesse de tout un pays est élevée dans la préoccupation exclusive de la forme, il y a danger pour l'esprit et pour le sens moral de la nation. Il serait injuste de dire que l'Université soit indifférente sur le fond des choses. Elle prend soin de ne jamais donner aux élèves que des sujets où ils aient à plaider une cause équitable et magnanime. Même on doit reconnaître que l'habitude de ces sujets a imprimé dans les esprits et comme répandu dans l'air des images de noblesse et de générosité. Mais ce serait pousser l'optimisme trop loin, que d'attribuer à ces exercices une véritable efficacité morale. Le spectateur des drames du boulevard, qui applaudit les tirades d'un héros vertueux et persécuté, ne sort pas pour cela meilleur du théâtre : de même, le rhétoricien qui prête à ses personnages des sentiments d'abnégation et de dévouement, n'en reste pas moins au fond l'écolier qu'il était avant. Il a traité le sujet qu'on lui donnait : il s'est animé sur sa composition. Ce qui est beaucoup plus sûr que ce profit moral, c'est qu'il apprend à plaider avec chaleur des causes qui ne le touchent point. Il s'habitue à faire la part du métier. Loin de patronner ces sortes de compositions où le masque est, en quelque manière, de rigueur, nous devrions chercher des sujets invitant et obligeant l'élève à se montrer à visage découvert. Il faut pour cela que le professeur gagne la confiance des enfants et sache, sans les blesser, écarter tout ce qui est convention ou mise en scène.

Un autre inconvénient du discours, c'est qu'il oblige à grouper les idées sous forme d'arguments. Il nous enseigne, non à chercher et à dire la vérité, mais à plaider une cause. Le professeur le plus sincère et le plus honnête montre à ses élèves comment il faut atténuer et reléguer dans l'ombre les faits contraires, comment on met en lumière et en relief les circonstances favorables. Tous nos enfants sont-ils donc destinés à la profession d'avocat? et en quoi ces habiletés, que la vie et l'intérêt leur apprendront toujours assez tôt, peuvent-elles servir à l'éducation de leur esprit? Je ne crois pas aller trop loin en attribuant pour une bonne partie à l'exercice immodéré de la forme oratoire le ton particulier qu'a pris notre presse, qui, au lieu d'être avant tout, comme dans les autres pays, un moyen d'information et un laboratoire de l'opinion publique, est devenue une branche de la littérature, se chargeant de nous approvisionner de dissertations sur les questions politiques et sociales.

Nous devons signaler encore un dernier défaut du discours. En obligeant l'élève à parler sur des faits qu'il connaît d'une façon superficielle et d'après des notices recueillies à la hâte, on développe chez lui une facilité dangereuse et l'habitude de l'à peu près. Qui d'entre nous voudrait se charger de rédiger un discours sur une question dont il sait à peine les éléments, s'adressant à des personnes qu'il ne connaît pas, au lieu et place d'un tiers qui lui est indifférent ? C'est pourtant ce que nous demandons à nos élèves. Vainement on dira que leur travail ne tire pas à conséquence. Il n'a, en effet, aucune importance en lui-même, mais il prépare au pays une génération d'avocats mal informés et de journalistes ignorants. Après de patientes recherches et en s'appuyant sur une longue expérience de son état, un homme consciencieux, qu'il soit historien ou jurisconsulte, qu'il s'occupe de politique ou de critique littéraire, ose à peine se flatter d'avoir trouvé la vérité sur un point de droit ou de fait, sur une question d'utilité ou de goût : et nous enseignons à de jeunes gens l'art de discourir avec assurance, un jour sur la lutte de Marie Stuart contre Élisabeth, le lendemain sur le débat des Gracques contre les patriciens, cette semaine sur la suppression des parlements par le chancelier Maupeou, dans huit jours sur la querelle de Boileau avec Perrault. On se plaint justement de la précipitation outrecuidante avec laquelle nos jeunes gens, en sortant du collége, tranchent des questions qui font hésiter les meilleurs juges : mais l'enseignement du lycée n'est-il pour rien dans ce défaut, et se peut-il concevoir plus mauvaise préparation à la recherche de la vérité que ces joutes oratoires où l'écolier triomphe à si peu de frais de ses adversaires? On a souvent raillé les argumentations qui occupaient autrefois une place dans les exercices de nos colléges : mais au moins avaient-elles cet avantage qu'elles laissaient voir les différentes faces d'une question et qu'elles mettaient les jeunes gens en garde contre le danger des thèses imparfaitement étudiées.

Nous avons déjà dit qu'il n'y avait point de raison pour retarder jusqu'à la rhétorique le moment où les élèves de nos colléges exprimeraient leurs idées dans une composition française. On commencera par les exercer à reproduire de mémoire un récit ou une description lue en classe.

Peu à peu, le travail de l'élève acquerra plus de liberté : l'histoire naturelle, la géographie, l'histoire fourniront une ample matière à ces premiers essais, pour lesquels le temps devra toujours être limité d'une manière assez étroite. Il faut que les enfants apprennent à réunir rapidement leurs idées et à trouver vite les expressions nécessaires. Pour éveiller en eux la faculté de l'invention, sur une morale donnée par le professeur, ils devront trouver une fable ou une parabole. Les lettres, soit empruntées aux circonstances ordinaires de la vie, soit relatant quelque événement scolaire, auront leur place dans nos études classiques, d'où la crainte de la vulgarité les avait fait bannir, comme si en abandonnant les esprits à eux-mêmes on les rendait par là plus distingués. Il n'est pas douteux que beaucoup de devoirs seront insignifiants : mais même ce qui est insignifiant pourra servir à l'instruction de la classe. Le professeur montrera d'où vient la gaucherie, ou l'obscurité, ou la banalité du travail. Il expliquera comment il aurait fallu amener telle circonstance, qui aurait pris de la valeur si elle avait été préparée et mise en sa place. Il enseignera la manière de commencer un récit, soit par quelque réflexion générale, soit en rattachant les faits à un événement antérieur, et la façon de le finir par une conclusion morale ou historique.

Les inventions de pur ornement seront bannies de ces devoirs, qui doivent surtout procéder du bon sens et de la réflexion.

Dans les classes supérieures, on choisira des sujets sur lesquels les élèves aient déjà réfléchi par **eux-mêmes**, de manière à faire sortir d'eux le produit de leur propre pensée, de leur propre nature. Ce n'est pas chose aisée, car à tout âge l'homme trouve plus commode de répéter un thème convenu que de chercher en lui-même sa pensée intime. Mais le professeur devra aider les écoliers à voir clair dans leur esprit et dans leur conscience. On débattra d'abord de vive voix le sujet en classe, et c'est après qu'il aura été approfondi par la discussion, que chaque élève devra le traiter par écrit à sa manière; ou bien ce sera le devoir écrit qui précédera, et le professeur retravaillera oralement le sujet avec les élèves, en obligeant chacun à expliquer et à justifier ce qu'il a écrit. L'enfant, comme nous tous, porte en lui un être idéal que tantôt il imagine simplement sans rien faire pour le réaliser, et que tantôt il cherche effectivement à représenter. Écartez ce rôle et arrivez jusqu'à l'écolier véritable tel que l'ont fait sa famille, ses relations sociales, sa nature physique, ses aptitudes et ses penchants. Certes, la tâche du maître, entendue de cette façon, est plus difficile. Il faudra qu'il allie la sévérité à beaucoup d'attachement vrai pour la jeunesse : par-dessus tout, il devra éviter l'ironie. En récompense de ses efforts, une fois qu'il aura gagné la confiance des enfants, il obtiendra des idées venant du fond de leur âme, des fragments de leur vie intime, ce qu'ils ont pensé et senti à l'occasion de tel événement, ce qu'ils craignent ou espèrent, comment ils conçoivent la vie et ce qu'ils en attendent. Vous aurez trouvé alors la vraie *matière;* vous cesserez par moments aux yeux de la classe d'être le professeur, pour paraître un ami plus âgé, aidant les jeunes gens de son affection et de son expérience. Quand l'élève verra le prix qu'on attache à sa sincérité, l'éloge qu'on accorde à toute idée qui est vraiment de lui, il prendra sa pensée en estime. La conscience qu'il aura de lui-même commencera à faire de l'enfant un homme. Quant à la forme et au style, ils viendront par surcroît, toutes les fois que l'élève mettra quelque chose de lui dans son devoir. On verra des changements imprévus se produire dans les rangs de la classe : tel écolier qui savait faire parler Séleucus ou Fernand Cortez, se trouvera être sans idée et sans style, tandis que tel autre qui passait pour un lourdaud, surprendra par son succès tout le monde et lui-même. Cette interversion des rangs que la vie fait subir d'ordinaire aux élèves d'une classe ne disparaîtra jamais entièrement : mais elle sera d'autant moins grande que la classe se rapprochera davantage du sérieux de la vie. Nous en sommes loin pour le moment, et c'est au contraire dans la vie que nous voyons déborder les fictions et les déclamations du collége.

Pour finir, nous ne saurions mieux faire que de citer les réflexions de l'helléniste Thiersch sur ce sujet. Quoique, dans les gymnases allemands, les discours de personnages fictifs soient supprimés depuis près d'un siècle, on a essayé, à plusieurs reprises, de les faire revivre sous différents noms. Mais, chaque fois, ce genre de devoir a été condamné par l'expérience. Thiersch, dans un livre déjà cité, demande qu'on les éloigne définitivement des gymnases[1] :

. . . « Ainsi, la jeunesse sera préservée du tourment stérile de ces devoirs surannés qui s'appelaient autrefois lucubrations ou chries, et qu'on a essayé, en divers endroits, de remettre en honneur sous le nom de compositions allemandes. Pour tirer un devoir de sa tête, il faut avoir une provision d'idées et de savoir comme on en peut seulement attendre d'un esprit mûri par l'expérience et par la culture scientifique. Il faut n'avoir aucune connaissance de la jeunesse,

---

1. *Ueber gelehrte Schulen*, p. 360.

de ses capacités et de ses moyens, pour exiger pareille chose d'un esprit qui vient seulement de s'éveiller et qui commence à se développer par la vue des grands modèles et par les soins de ses maîtres : c'est vouloir cueillir les fruits là où le germe vient à peine de sortir de la fleur. Celui de nous qui, dans sa jeunesse, a été soumis à une telle exigence, doit se souvenir de la détresse où il s'est trouvé, du vide qu'avec effroi il a cru sentir en lui quand on lui demandait de donner ce qu'il n'avait point, de modeler une matière absente, de démontrer sans preuves, ou bien encore d'enseigner et de conseiller sans posséder la leçon, ni le conseil. Des jeunes gens qui, plus tard, se sont distingués dans la science et y on acquis de la gloire, ont été, pour cette raison, remplis d'abattement, de découragement et de désespoir pendant ces années de collége ; ne sachant pas comment on abusait de leur jeunesse et de leur inexpérience, ils se persuadaient qu'ils étaient incapables de toute activité originale, et ils se croyaient condamnés à une incurable nullité. Dans ce domaine qui comprend les forces les plus délicates de l'esprit, les sentiments les plus spontanés, il importe de ne rien précipiter, de ne rien surexciter, mais de suivre une voie conforme à la nature et aux leçons des meilleurs maîtres. C'est par une marche graduée et sûre qu'il faut aller de l'admiration et de l'imitation des modèles à la création originale et personnelle. »

HISTOIRE, GÉOGRAPHIE, LANGUES VIVANTES

Nous voudrions traiter en peu de mots de quelques autres branches d'enseignement, non qu'elles aient par elles-mêmes moins d'importance que les précédentes, mais parce que nous craignons de fatiguer notre lecteur.

L'histoire est, en général, bien enseignée dans nos lycées, mais chez la plupart des élèves elle laisse des traces peu durables, à cause de la manière défectueuse dont elle est répartie entre les classes. On fait apprendre l'histoire ancienne, l'histoire grecque et romaine aux enfants, et c'est sur cet enseignement reçu entre dix et quatorze ans qu'ils doivent répondre au baccalauréat et vivre le reste de leurs jours. Les jeunes gens qui quittent le lycée après la quatrième, n'ont rien vu de l'histoire du moyen âge et des temps modernes. Il faudrait que le cercle entier de l'histoire fût parcouru deux fois pendant la durée de l'enseignement classique : une première fois entre la huitième et la quatrième, une seconde fois entre la troisième et la philosophie. De cette façon, les élèves des classes inférieures ne seraient point exposés à recevoir un enseignement au-dessus de leur âge, et, d'un autre côté, dans les classes où l'on s'occupe le plus de l'antiquité, l'enseignement historique conduirait les élèves à lire Tite-Live, Tacite, Hérodote, Thucydide.

Nos leçons d'histoire, qui ne s'appuient pas assez sur la lecture des historiens, accordent par contre une trop large place à la connaissance des dates et des menus détails. Les jeunes gens de nos lycées, à cet égard, font des prodiges. Je doute qu'il y ait au monde un historien de profession possédant tous les événements de l'histoire de France comme tel élève de rhétorique qui se prépare au concours : il a la tête bardée de faits et de dates ; il n'est parenté de prince ou suspension d'armes qu'il ne connaisse. Ce travail énorme (nos professeurs le savent bien) sera perdu après deux ans. Il suffirait que l'élève eût une idée juste de la succession des événements et de leur influence réciproque, sans se remplir la tête de dates et de faits qui n'y resteront pas. Au lieu de demander tous les incidents de la guerre du Péloponnèse ou de la lutte de Louis XI contre Charles le Téméraire, je voudrais qu'on posât les questions au concours de manière à s'assurer que les élèves ont lu Thucydide et Comines.

La géographie est en ce moment le point de

mire des réformes : il n'est donc pas nécessaire d'y insister. Il est à craindre seulement qu'on ne s'exagère l'effet des prescriptions ministérielles et qu'on ne s'en repose trop sur quelques modifications faites au régime des classes et au programme du baccalauréat. Plus un peuple est épris de sa propre civilisation, plus il se fait le centre du monde et plus il ignore la géographie. L'étude approfondie des langues étrangères, non moins que la connaissance directe et intime de l'antiquité, favoriseront donc nos progrès de ce côté.

Chaque lycée, comme il a son cabinet de physique, devrait avoir son cabinet géographique, avec globes, planisphères, cartes en relief, cartes murales. En entrant au collège, les élèves payeraient une rétribution servant à l'acquisition de ces instruments de travail. Mais, en outre, il faut que chaque enfant possède son atlas. Nos internes n'ont pas de livres ou plutôt ils en changent tous les ans : avec l'atlas, changent aussi l'échelle, la notation et jusqu'à l'orthographe des noms. Ainsi se perd pour l'écolier le bénéfice de la mémoire locale. Ajoutons que le professeur ordinaire de la classe exerce sur les élèves, par ses observations comme par son silence, une influence considérable : d'un mot il peut recommander les connaissances dont il n'est pas lui-même le dispensateur, ou il peut les faire tomber en discrédit comme les inventions d'un engouement passager. C'est donc l'Université tout entière qu'il faut persuader et amener à des méthodes nouvelles. Une réforme partielle imposée d'autorité ne serait ni efficace, ni durable.

Ce que nous venons de dire est vrai, à plus forte raison, des langues vivantes, qui ont tant de peine à obtenir droit de cité dans nos collèges. En vain on les aura fait commencer dès la huitième, si l'estime où l'Université les tient ne répond pas au temps qu'on y consacre : en vain les exigera-t-on au baccalauréat, si elles y retrouvent, dans la commission d'examen, le préjugé qui a pesé sur elles au lycée. Le professeur qui ne sent pas pour lui-même le besoin de lire Grote ou Curtius, sera toujours un partisan assez tiède des leçons d'anglais ou d'allemand. Il s'agit donc de renouveler la sève de l'arbre : rien ne servirait de planter une jeune greffe sur un tronc vieilli et rebelle.

Mais, d'un autre côté, il faut que l'enseignement des langues vivantes justifie la place qui lui est accordée. Que nous veut cette éternelle *École de la médisance*, pièce médiocre, inconvenante, fort peu digne à tous égards de représenter la littérature anglaise ? On ne pourrait en comprendre la présence dans nos classes, si l'on ne savait le rôle que le dépôt de livres du lycée joue dans le choix de nos auteurs. Il est temps d'écarter de pareils volumes, ainsi que ces recueils de morceaux choisis qui ne font connaître une littérature que par miettes. L'Angleterre et l'Allemagne seront représentées par Grote, Macaulay, Max Müller, Schlosser, Gervinus, Grimm, Al. de Humboldt, Duncker, E. Curtius. Ce n'est point pour comprendre les ballades de Gœthe ou les épopées de Longfellow que nous apprenons au lycée les langues étrangères : c'est pour être en état de connaître et de suivre la vie scientifique des peuples voisins. Lisons donc des ouvrages en prose, aussi rapprochés que possible des travaux ordinaires de la classe, et qui y apportent leur contingent d'instruction. Plus ces livres exigeront d'attention et d'effort, non-seulement pour être déchiffrés, mais pour être compris, plus l'enseignement des langues vivantes sera recherché et respecté[1].

Il resterait encore à parler de l'histoire naturelle, de la physique, de la chimie, qu'on réserve pour la fin des études, sans songer que l'esprit d'observation ne saurait être provoqué trop tôt, ni de trop de manières, et sans avoir égard aux

---

1. On n'aura pas de peine à obtenir de nos libraires des éditions scolaires à bon marché, analogues à celles de Tauchnitz en Allemagne.

élèves que les obligations de la vie empêchent de conduire leurs classes jusqu'au terme régulier. Mais nous laissons ces sujets à de plus compétents.

DES COMPOSITIONS HEBDOMADAIRES.

Où prendrons-nous le temps pour tous ces exercices, répondent nos proviseurs ? C'est à peine si jusqu'à présent nos classes suffisaient à leur tâche. — On aura assez de temps quand on éloignera de la classe les longues corrections de devoirs, les dictées, les récitations quotidiennes [1]; quand les élèves, grâce à l'examen de passage, seront de force à peu près égale et ne contraindront pas le professeur à de perpétuelles répétitions ; quand l'intelligence des enfants, toujours tenue en éveil, se fera le collaborateur du professeur, au lieu d'attendre passivement que les connaissances viennent se présenter. Tandis que la classe se consume aujourd'hui à examiner et à écouler les produits que l'étude lui fabrique sans trêve, elle aura désormais dans l'étude une auxiliaire qui lui préparera et lui facilitera sa tâche.

1. C'est le langage d'Arnauld : « se ménager du temps par l'exclusion des vers latins dans les hautes classes, des thèmes dans les petites et des leçons qui ne produisent rien qui vaille. »

Faut-il cependant qu'on ajoute des classes ? Eh bien! nous pouvons ajouter une centaine d'heures par an, sans retenir un instant de plus nos professeurs au lycée. Nous les allégerons en même temps d'une besogne qui est la partie la plus lourde, la plus ingrate et la plus inutile de leur métier. Avec la classe telle que nous l'entendons, les compositions hebdomadaires sont un stimulant superflu. Au lieu de se mesurer entre eux toutes les semaines, il suffira que nos élèves, comme au temps de Rollin, composent une fois tous les mois.

La composition n'apprend rien à l'écolier, elle ne fait que montrer ce qu'il a appris. C'est le devoir porté à sa plus haute puissance. Si nous réduisons de quarante à dix le nombre des compositions, aux soixante heures ainsi gagnées viendront s'ajouter celles qui étaient consacrées à les corriger devant les élèves et à donner les places. Ce sera aussi un gain notable pour le professeur, un soulagement pour son esprit et une avance pour son travail personnel, que de n'avoir plus à peser des quarts de fautes ou à tarifer la valeur de deux mouvements oratoires. A ces occupations, les plus consciencieux et les plus éclairés passent leurs meilleures heures. Ainsi se perd la vie des élèves et des maîtres : on emploie une classe tous les huit jours à constater des progrès que les enfants n'ont eu ni le temps, ni l'occasion de faire, et on courbe les maîtres sur cette meule qu'ils ne cessent de tourner à vide.

DES EXAMENS DE PASSAGE.

Un caractère particulier de notre système scolaire, qui ne frappe pas nos yeux parce que nous y sommes accoutumés, mais qui n'en est pas moins très-digne de remarque, c'est l'extrême inégalité des élèves réunis dans une même classe. Il existe bien sur le papier un examen de passage empêchant les mauvais écoliers de monter dans la classe supérieure, mais dans la réalité cet examen n'arrête personne. Je ne connais pas d'exemple d'un jeune homme qui, une fois monté dans le train universitaire, n'ait pu arriver jusqu'à sa philosophie. On rencontre quelquefois des proviseurs qui obligent les élèves les plus notoirement faibles à redoubler une classe; mais ce sont des mesures d'exception et d'intimidation. En général, la classe terminée donne droit à l'élève de passer dans la classe supérieure. S'il y a des collégiens qui redoublent une année, ce ne sont pas les mauvais, mais les bons, qui n'ont pas atteint la limite d'âge du concours, et qui veulent s'y assurer le plus de chances possible. D'un autre côté, on ne voit pas qu'un élève manifestement plus fort que ses camarades soit invité par le proviseur à monter dans la classe supérieure. L'âge du concours est le critérium qui sert à grouper et à retenir ensemble les écoliers; ce sont des générations qui s'avancent dans la vie, et non des élèves appareillés, parce qu'on les a reconnus de même force.

Le résultat de ce système est connu. Tout le monde sait ce qu'il faut entendre par *la tête* et par *la queue* de la classe; mais peu de personnes étrangères à nos lycées peuvent se figurer quelle distance surprenante sépare la tête de la queue. Tandis que sur cinquante élèves il y en a dix qui travaillent avec énergie et quinze qui suivent passablement, les vingt-cinq autres forment une arrière-garde telle qu'en traînent après elles les armées mal organisées. Qui ne se rappelle ces élèves de rhétorique, déplacés en rhétorique, mais qui n'auraient pas été plus à leur place en quatrième, paisiblement arrivés de classe en classe jusqu'aux approches de la fin, et commençant dès lors, en dehors de toute direction, leur sourde préparation au baccalauréat? Ce bataillon de maraudeurs, qui grossit à mesure que s'avance le temps du collége, appartient seulement de nom à la classe. Quelque envie qu'il en ait, le professeur ne peut s'occuper de gens restés si loin en arrière. Des copies chargées de coups de crayon, une parole d'encouragement de temps à autre, plus souvent une réprimande ou une punition, voilà à quoi se bornent les rapports du maître avec ces élèves sacrifiés.

Nous ne songeons nullement à accuser nos professeurs. Ils ne sont pas responsables d'un système dont ils sont les premiers à souffrir. S'il faut dire les causes qui ont toujours empêché les examens de passage de devenir une vérité, nous croyons qu'avant tout on doit accuser les écoles spéciales, qui, en posant une limite d'âge fort étroite, ont fait du passage annuel de classe en classe une condition d'avenir et d'existence pour nos jeunes gens. En second lieu, le concours général est une invitation pour le professeur à se former une tête de classe : s'il veut que ses élèves se présentent à cette épreuve avec des chances de succès, il faut qu'il hausse la difficulté des devoirs. De là ces compositions dont la première a un quart de faute, et la dernière soixante. Enfin le droit de faire descendre les élèves d'une classe à une autre étant réservé au proviseur, l'intérêt pédagogique court risque d'être subordonné à des intérêts administratifs.

Les conséquences les plus graves du système se font seulement voir à l'issue des études. En 1865, à Paris, au baccalauréat ès lettres, sur deux mille cinq cents examinés, plus de quatorze cents sont refusés. On a laissé franchir tous les degrés de l'enseignement à une foule d'incapables, jusqu'à ce qu'ils se trouvent arrêtés devant la grille qui est placée au bout. Naturellement les récriminations se dirigent contre ce grade fatal, qui ne veut pas se laisser tourner ni prendre d'assaut. Tous les dix ans, sur les réclamations publiques, on remanie les programmes. On augmente ou l'on diminue le nombre des compositions. Aujourd'hui, les textes à expliquer sont indiqués d'avance ; demain, on fait traduire le candidat à livre ouvert. Tantôt le programme est trouvé trop exigeant; tantôt, comme la décadence des études devient évidente, il est rendu plus difficile. Les questions sont tirées au sort; déjà on parle de choisir les juges hors de l'Université.

Ne sont-ce pas là les symptômes d'un état de choses vicieux? Ne serait-il pas plus naturel et plus sage de poser les barrières à chaque degré des classes, au lieu de laisser les élèves avancer librement jusqu'à la porte de clôture, que plus de la moitié d'entre eux ne parvient pas à franchir? Il n'y aura pas de bonne loi sur le baccalauréat aussi longtemps que l'examen de passage ne sera pas une réalité, et une fois cet examen de passage établi, la loi sur le baccalauréat sera facile à faire.

On dira que l'Université n'est pas seule responsable des abus que nous venons de décrire. Mais c'est elle qui donne le niveau des examens. Si elle n'envoyait au baccalauréat que des candidats dignes d'obtenir le diplôme, on verrait bientôt se disperser les irréguliers, qui s'autorisent de son exemple pour compter sur l'indulgence des juges ou sur le hasard. Elle n'a pas le droit de contribuer à l'abaissement général des études en conservant dans ses classes ceux qui ne sont pas capables d'y faire honneur. Repoussés des lycées, les mauvais élèves, dans les premiers temps, iraient se répandre dans les institutions particulières; mais une fois qu'il serait bien reconnu que l'examen final leur est une barrière infranchissable, les parents cesseraient d'imposer pendant huit ans le latin et le grec à des enfants qui ne veulent ni ne peuvent en profiter.

DE LA PART FAITE AU PROGRÈS
DANS L'ENSEIGNEMENT UNIVERSITAIRE.

En faisant de l'Université une grande administration, Napoléon avait en vue l'unité de l'enseignement et la perpétuité de la tradition ; et sur ces deux points il a réussi au delà de toute attente. Mais il en a oublié un troisième non moins important que les deux autres : de tenir la porte ouverte au progrès. Le progrès n'est possible que là où il y a variété et liberté. Ce n'est pas le grand maître de l'Université, ni le conseil supérieur, ce ne sont point les recteurs et les proviseurs qui peuvent perfectionner les méthodes : ils ne peuvent qu'encourager, accueillir, généraliser les améliorations faites spontanément par l'initiative des professeurs. Le maître, dans toute corporation enseignante, est la force organique d'où doit partir la vie et le mouvement. Si vous le réduisez au rôle d'un instrument de transmission, vous changez l'ensemble du corps enseignant en un mécanisme qui ne peut ni se perfectionner, ni se renouveler de lui-même. Comment le professeur modifierait-il la forme ou la matière de ses leçons si la méthode lui est prescrite, si les livres sont indiqués, s'il est jugé d'après les compositions hebdomadaires de sa classe, s'il est enchaîné à son programme par des concours périodiques ainsi que par la nécessité de préparer les élèves aux examens ou aux écoles, si des inspecteurs viennent constater l'exécution du règlement, sans compter le recteur et le proviseur, qui peuvent à tout instant le rappeler à l'ordre? Plus d'un maître sent que ce qu'il enseigne n'est pas ce qu'il y aurait de plus utile ni de meilleur; mais quoi? toute la machine universitaire pèse sur lui : il se soumet et devient peu à peu un rouage. Plus souvent encore, l'idée d'un changement ne s'est même pas présentée à son esprit; car, formé lui-même par l'Université, passé à l'engrenage des compositions, des examens, des écoles, des concours, ordinairement privé de connaissances pédagogiques, il n'a eu ni l'occasion, ni le temps de réfléchir sur ce qu'il a appris et sur ce qu'il enseigne. Une modification n'a pas plus de chance de venir du dehors. En effet, s'il existe à côté de l'Université des établissements d'instruction publique qui ne relèvent point d'elle, c'est pourtant le même système d'études qu'on y retrouve, soit que la nécessité de se préparer aux examens de l'État ait partout passé son niveau, soit qu'au temps où ces institutions ont été fondées, il n'y eût déjà plus en France qu'une seule tradition et une seule doctrine[1].

Dans la pensée du fondateur de l'Université, le renouvellement devait venir d'en haut. Le grand maître de l'Université qui prêtait serment entre les mains de l'empereur, jurait de travailler au progrès des sciences par tous les moyens en son pouvoir. Mais l'organisation universitaire, une fois mise sur pied et consolidée par le temps, s'est trouvée plus forte que la volonté des ministres : les plus énergiques s'y sont fatigués en vain. Une grande administration est fermée au progrès par en haut comme par en bas; le chef qui voudrait faire une réforme ne sait sur quel point de ce grand mécanisme, où tout se tient, il doit l'essayer; il n'a pas les hommes qu'il faudrait pour la mettre à exécution; enfin, chose plus décisive encore, pour tenter une innovation, il faut qu'elle se soit déjà montrée quelque part d'elle-même : or, tout est prévu et combiné pour l'empêcher précisément de se produire. Le corps universitaire, en 1810, était à peu près l'expression

1 Choisir les meilleures méthodes et les imposer partout, telle était l'idée du législateur de 1808. Le grand maître devait faire discuter dans le conseil de l'Université les questions relatives à l'enseignement : tout le monde, même les chefs d'institutions libres, était tenu de se soumettre à ses décisions.

des idées de la société. En 1848, il était déjà si arriéré, qu'un observateur étranger pouvait écrire : « Le corps des professeurs en France est devenu tellement stationnaire, qu'il serait impossible de trouver une autre corporation qui, en ce temps de progrès général, surtout chez la nation la plus mobile du monde, se maintienne avec autant de satisfaction sur les routes battues, repousse avec autant de hauteur et de vanité toute méthode étrangère, et voie une révolution dans le changement le plus insignifiant [1]. » Depuis que le livre d'où nous extrayons ces lignes a été publié, vingt-quatre ans se sont écoulés : le portrait qu'on y trace des méthodes de l'Université est resté exact sur bien des points, mais les défauts se sont exagérés et les lacunes accusées davantage.

Depuis 1848, l'Université a passé par des crises nombreuses, et elle a traversé des années de persécution. Mais si l'on a injustement sévi contre les personnes, on n'a pas su ou l'on n'a pas voulu remédier aux défauts du système. Au contraire, les ressorts ont été tendus de plus en plus, et le professeur a été moins libre que jamais dans sa classe. Les programmes, maniés et remaniés selon les inspirations de la politique, procédaient

---

1. Nous tenons pour superflu de relever ce qu'il y a d'exagéré dans ce jugement, auquel il faudrait faire des exceptions et des restrictions de toute sorte.

toujours de la même conception étroite et superficielle de l'enseignement. Aujourd'hui, après bien des secousses, après des humiliations gratuitement imposées aux membres de l'Université, nous sommes revenus à l'état de choses existant avant 1848. Mais la défiance des innovations s'est encore accrue dans les esprits devenus plus fatigués et plus sceptiques.

Une circonstance particulière a favorisé l'immutabilité des méthodes. Les questions qui touchent à l'Université sont devenues chez nous des questions politiques. En 1852, comme on était mécontent du corps enseignant, on le mit sous la surveillance d'un comité composé de sénateurs, de conseillers d'État, de magistrats, d'évêques. Les professeurs, dans ce conseil, se trouvaient en minorité ; encore étaient-ils choisis moins pour leurs connaissances pédagogiques que pour leur position officielle. De plus, les recteurs, investis des plus larges attributions, furent pris en partie hors de l'Université. C'est ainsi que le corps enseignant se trouva sous la direction de chefs, pour la plupart, étrangers à l'enseignement. C'était le plus sûr moyen qu'il restât au fond ce qu'il était. On a pu abaisser les études, mais non les modifier. Il en sera de même toutes les fois qu'on mettra un homme d'une certaine profession sous la direction d'un autre qui n'est pas du même métier. Si l'on faisait diriger la marine par un musicien, ou l'Opéra par un militaire, il surviendrait peut-être des changements dans le personnel : mais les choses suivraient leur train. L'Université, qui aime son repos, a bien senti cela, et elle aime à répéter qu'elle ne s'est jamais mieux trouvée que des ministres non universitaires.

Il y avait plus de curiosité et plus de savoir dans le corps enseignant au temps des Burnouf et des Ad. Regnier qu'on n'en trouverait aujourd'hui. Le propre des administrateurs est d'éloigner les nouveautés, qui peuvent donner lieu à des discussions, qui en tous cas ont besoin d'être expliquées, et qui présentent le risque de déplaire aux chefs. Ils favoriseront, au contraire, tout ce qui est conforme au règlement, car sur ce terrain on a la certitude de ne pas errer, et on facilite la tâche de l'inspecteur. Ainsi s'est établie de plus en plus la stérile uniformité qui règne dans nos colléges d'un bout à l'autre de la France. Le professeur est devenu un fonctionnaire ne tenant que par un lien éphémère et fragile au lycée où il enseigne. On est membre de l'Université, mais on n'est pas plus professeur de tel lycée que de tel autre : ce sont des convenances particulières, où le choix des méthodes et l'esprit de l'enseignement tiennent la moindre place, qui font quelquefois préférer un certain collège.

Un lien de confraternité peut unir entre eux les maîtres d'un même établissement, mais les changements dans le personnel sont trop fréquents et la pression d'en haut trop forte pour qu'il s'établisse une communauté de vues sur la direction à donner aux études. Aussi nos lycées n'ont-ils pas d'histoire : ce sont des lieux de passage où des hommes étrangers les uns aux autres et souvent inconnus de la ville qu'ils habitent remplissent momentanément des fonctions réglées par des instructions venant de la capitale. L'année d'après, sur un ordre du ministère, tout le personnel peut être renouvelé ; quelle place reste dès lors pour les essais tentés en commun, pour les lentes et persévérantes améliorations, pour le secours réciproque que pourraient se prêter, grâce à la variété de leurs goûts et de leur savoir, les maîtres d'un même établissement ?

Je veux montrer par un exemple combien l'organisation de nos lycées laisse peu de jeu au libre développement des aptitudes.

Il est utile et naturel que chaque classe ait son professeur ; mais ce qui ne l'est pas, c'est que ce professeur soit attribué à sa classe d'une façon tellement exclusive, qu'il ne connaisse point les élèves des autres classes et que son activité reste uniquement bornée aux exercices dont ses élèves sont occupés. Je prends un professeur de sixième :

tout le long de l'année, il explique le *De viris* ou le *Selectæ*, et fait apprendre les déclinaisons grecques. L'année d'après, ce sera la même chose, et ainsi de suite, pendant dix, pendant vingt ans. Croit-on ce régime favorable à l'intelligence? et ne vaudrait-il pas mieux que, deux ou trois heures par semaine, ce professeur eût l'occasion de voir des élèves plus avancés? A toujours faire les mêmes leçons, l'esprit se rétrécit et se dessèche : ce n'est pas l'expérience, c'est la routine que vous produisez. Au bout de vingt ans, le maître ne vaudra pas ce qu'il était le premier jour. Son caractère sera aigri, son humeur maussade. Je suppose que, pour le dédommager, on l'appelle alors à une classe plus élevée. Il n'a jamais eu l'occasion de s'y préparer, et il y apporte les habitudes contractées dans sa sixième. Peut-être avait-il, à l'origine, des préférences pour un certain genre d'étude; mais tout cela est oublié, enterré depuis longtemps sous le labeur pesant qu'il a dû faire.

Voici maintenant le professeur de rhétorique. L'année durant il explique les beautés de Virgile et les finesses du Conciones. Mais il ne serait pas mal à propos de le ramener une ou deux fois par semaine à la grammaire, ne fût ce que pour le reposer du continuel effort d'admiration auquel la tradition universitaire le condamne. Je ne parle pas de tous les autres avantages qui résulteraient de cette distribution du travail. Un jeune professeur témoigne du zèle pour l'étude du grec : laissez-le, quoique nouveau venu et placé dans une classe inférieure, expliquer Sophocle ou Démosthène avec les élèves de seconde ou de rhétorique. Peut-être est-ce un helléniste qui se prépare. Les écoliers auront plus de considération pour lui s'ils voient qu'il n'a pas toujours affaire à des bambins. De leur côté, les élèves n'ont qu'à gagner à cet arrangement. Tel enfant qui n'a pas de goût pour l'enseignement de son professeur ordinaire et qui va peut-être perdre son année, s'appliquera d'une façon particulière à l'explication de César ou à la leçon de grec que viendra donner deux fois par semaine un professeur qu'il aura pris en affection. Entre les maîtres et les élèves pourront s'établir des liens plus affectueux et plus durables que ne le comporte notre système de changements annuels ; ce sera un plaisir pour le jeune homme de revoir et d'entendre encore quelquefois le maître qu'il a eu étant enfant. D'un autre côté, les professeurs des classes élevées ne se trouveront pas, au début de l'année, en présence d'inconnus : ils ont vu grandir ces élèves, ils peuvent échanger des souvenirs avec eux et ils savent déjà ce qu'ils doivent exiger de chacun.

Mais une telle organisation, je le répète, suppose que le lycée n'est pas un simple assemblage d'hommes réunis momentanément par la volonté ministérielle. Il faut une certaine égalité parmi tous les collaborateurs, une estime et une confiance réciproques, une connaissance mutuelle des préférences et des aptitudes de chacun; il faut que pour tous l'instruction des élèves et le développement scientifique des maîtres soient la préoccupation essentielle.

Nous sommes bien loin de cet idéal. Non-seulement chaque professeur est rivé à sa classe, mais on tolère à peine qu'un professeur donne des leçons particulières aux élèves d'une classe autre que la sienne. L'esprit administratif, les jalousies mesquines et l'idée de l'avancement ont fait oublier les vrais intérêts du corps enseignant. Rien, à première vue, ne paraît plus équitable et plus favorable au progrès, que cet article de la loi de floréal : « Les professeurs des lycées pourront être appelés, d'après le zèle et le talent qu'ils apporteront dans leurs fonctions, des lycées les plus faibles dans les plus forts, des places inférieures aux supérieures. » Mais si l'on examine les résultats, on constate que l'avancement, tel qu'il existe aujourd'hui, a dénoué les liens de collégialité, exagéré au delà de toute proportion l'importance des autorités administratives et détruit le goût des études savantes, pour y substituer une certaine habileté de métier que le professeur emporte avec lui et qui le rend indépendant de ses collègues comme de ses livres.

Le mal que nous signalons est d'autant plus inquiétant qu'il a succédé lui-même à un mal d'une nature différente dans lequel il faudrait prendre garde de retomber. Nous avions sous l'ancien régime des colléges dont les professeurs se recrutaient par voie de cooptation et restaient réunis, leur vie durant, sous le même toit par des occupations communes. Mais il s'était introduit dans ces instituts un laisser aller et une langueur que la centralisation, grâce à ses stimulants de toute sorte, a précisément eu pour objet de dissiper. C'est que la vie scientifique, avec son influence bienfaisante, s'était retirée de ces maisons. La même inertie ne manquerait pas de se représenter, si nous voulions développer l'autonomie des colléges sans avoir d'abord réveillé dans l'Université le goût du savoir et des recherches sérieuses. Sans cette condition, toute réforme tournerait au profit de la routine. Je pourrais citer tel professeur de gymnase allemand dont les travaux ont ouvert à l'histoire et à la mythologie une voie nouvelle: il ne songe pas à quitter sa classe. Un autre, qui est aujourd'hui le chef reconnu des études celtiques, a passé sa vie dans un petit gymnase de la province de Posen. Ces exemples ne sont pas rares. Il n'y a guère de collége en Allemagne où l'on 'ne trouve quelques hommes qui publient des mémoires d'érudition, collaborent à des journaux savants, font de la critique de texte. Tout est aménagé pour entretenir dans ces maisons l'activité scientifique ; on y achète les publications importantes ; les occasions d'imprimer gratuitement des travaux se présentent au moins deux fois par an. On ne se sent donc pas isolé ; on a le repos, la sécurité, l'indépendance et la considération. Pourquoi demanderait-on à changer ?

DE L'INTERNAT.

L'internat, tel qu'il existe dans nos colléges, est la partie la plus originale du système universitaire : non pas qu'en d'autres pays on ne trouve aussi des maisons d'enseignement appartenant soit à l'État soit à la ville, qui donnent à leurs élèves le logis et la nourriture ; mais un ensemble d'internats reliés par une administration commune, une armée d'internes qui comprend plus de la moitié des enfants de notre bourgeoisie, une discipline réglée et surveillée par l'État ; des maisons contenant jusqu'à 7 ou 800 pensionnaires, voilà ce qu'on chercherait vainement ailleurs et qui est essentiellement propre à la France contemporaine.

Avant la Révolution, nous avions aussi des pensions appartenant à l'Université, à des corporations religieuses ou à des particuliers : mais sauf deux ou trois grandes maisons à Paris, le nombre des élèves était généralement assez restreint. C'est seulement depuis que l'État, s'emparant des anciens colléges et décourageant la concurrence que pouvait lui faire l'industrie privée ou l'hospitalité des familles, a pris l'internat sous sa protection et l'a en quelque sorte recommandé aux pères de famille français, que nous avons vu cette institution prendre la consistance et l'étendue dont nous sommes aujourd'hui les témoins étonnés et inquiets. Quelle que soit l'opinion que nous devrons nous faire sur ce genre d'éducation, nous pouvons dire *a priori* qu'il a dû exercer et qu'il exerce encore une influence considérable sur le caractère de la nation. Voici déjà soixante ans que les lycées reçoivent les enfants des classes moyennes, les gardent pendant les années les plus décisives de la vie et les rendent ensuite à la société portant l'empreinte particulière qu'un régime aussi extraordinaire ne peut manquer de laisser sur leur esprit.

Les étrangers ont cru que l'internat, en France, devait surtout son extension à l'affaiblissement des liens de famille. « La vie de famille a pris, comme on sait, chez les Français une autre forme que chez nous. Cette intimité du foyer, sans laquelle l'existence perd pour nous une partie de son prix, qui fait que les parents cherchent leur bonheur dans les enfants et *vice-versa*, paraît ne pas être aussi connue des peuples romans, que des peuples germaniques. De même que déjà le mariage est ordinairement traité comme une affaire, l'éducation des enfants est comptée au nombre des affaires, et même des affaires difficiles et désagréables, qu'on repasse volontiers à d'autres mains.[1] » Nous croyons pouvoir dire que ceux qui parlent ainsi ne nous connaissent qu'à la surface. Ceux qui ont vu la France autre part que dans ses romans et dans ses vaudevilles, savent qu'en aucun pays les enfants ne tiennent une plus grande place dans le cœur et dans les préoccupations de leurs parents. On peut voir tous les jours dans les parloirs de nos lycées des mères se détacher les larmes aux yeux de l'enfant qu'elles confient volontairement à des mains étrangères. Tous les ans, au temps où reprennent les études, on voit d'honorables parents s'informer avec anxiété du meilleur lycée où ils pourront placer leur jeune fils. Ils ne songent à la séparation qu'avec douleur: mais ils croient que le sacrifice auquel ils se décident avec tant de peine sera salutaire à l'enfant; c'est une nécessité à laquelle, depuis de longues années, ils ont préparé leur esprit. Il faut en prendre son parti : l'usage général ne le veut-il pas ainsi? Voici le proviseur, homme grave, éminent fonctionnaire de l'État, qui trouve votre résolution si naturelle qu'il ne pense même pas à vous en demander les raisons.

[1]. Holzapfel. *Mittheilungen über Erziehung und Unterricht in Frankreich.* Magdeburg. 1858.

Que faire d'ailleurs, si l'éloignement, les occupations de la vie, le vide fait par la mort au foyer domestique interdisent à l'enfant de rester à la maison ? L'Université n'a laissé subsister à côté d'elle que des internats semblables aux siens. Autant vaut alors mettre l'élève sous la protection de l'État et le confier à la garde des hommes choisis exprès par lui pour cette austère mission.

Ceux qui mettent l'extension de l'internat sur le compte du relâchement de nos mœurs n'ont pas réfléchi que la même raison devrait alors se faire sentir pour nos filles, qui ne seraient pas des témoins moins incommodes de la désunion et de la légèreté des familles. Cependant l'internat des jeunes filles, soit dans les couvents, soit dans les institutions particulières, est l'exception. On peut même dire que l'éducation domestique des jeunes personnes n'occupe nulle part autant les parents qu'en France. Non-seulement on ne se résigne pas facilement à l'externat, mais la mère s'astreint à suivre les cours où le besoin d'une instruction plus variée et plus étendue que ne pourrait l'être celle de la maison, la décide à conduire sa fille. Il ne faut donc pas exagérer la portée d'une explication donnée par des observateurs superficiels ou mal disposés pour notre pays.

L'internat est une institution artificiellement

implantée en France par la main toute-puissante de l'État. Quand l'empereur ouvrit ses lycées, il eut d'abord la plus grande peine à les peupler. Il fallut recourir aux mesures énergiques. Un décret du 15 novembre 1811 ordonne que les chefs d'institution et les maîtres de pension ne pourront avoir à demeure dans leurs maisons des élèves au-dessus de l'âge de neuf ans, qu'autant que le nombre des pensionnaires que peut recevoir le lycée ou collége établi dans la même ville se trouvera au complet. Un arrêté du 18 janvier 1811 défend aux professeurs de recevoir chez eux, sous aucun prétexte, plus de deux élèves, soit comme pensionnaires, soit comme externes. C'est ainsi qu'on a fait la presse pour l'internat officiel. L'empire une fois tombé, ces mesures violentes cessèrent d'être appliquées. Mais la persuasion, l'autorité de l'exemple, le prestige exercé par l'État firent sentir leur influence. L'accroissement de l'internat procurait de bonnes notes aux proviseurs, augmentait les traitements du personnel enseignant : l'État accordait des bourses dans ses colléges aux pères de famille qu'il voulait récompenser. A mesure que l'internat gagnait en considération, les autres débouchés qui restaient aux familles se fermaient ou se rapprochaient de l'éducation officielle. Une propagande lente et irrésistible a assuré le succès d'une institution que Napoléon n'avait pu d'abord faire accepter au pays.

Pour apporter dans cette étude la clarté nécessaire, il faut d'abord éloigner une confusion qu'à dessein ou involontairement on y introduit quelquefois. Il ne s'agit pas ici de mettre en balance les avantages de l'instruction donnée à la maison, par un précepteur, à un ou deux enfants que l'absence d'émulation et la monotonie de l'enseignement peuvent aisément disposer à la nonchalance, avec les stimulants et les ressources de l'instruction donnée par des professeurs spéciaux dans un établissement public à une réunion d'élèves. Telle n'est pas la question que nous voulons débattre. On se propose de rechercher s'il est souhaitable que l'État intervienne et propose aux familles une éducation dont il est le dispensateur, lorsque les parents, pour envoyer leurs fils en classe, se verront obligés ou jugeront à propos de s'en séparer. C'est donc de l'internat dans nos colléges, et non des colléges en général, que nous aurons à parler.

Comment la question est-elle résolue dans les autres pays, quand elle se pose aux familles? Le mode le plus usité en Allemagne est fort simple. On s'enquiert de quelque famille de bonne volonté, jouissant d'une réputation honorable, qui veuille donner à l'enfant le vivre et le couvert. Il y est reçu comme le camarade des enfants de la maison et il y a sa place au foyer. Beaucoup de familles bourgeoises, rentiers modestes, petits employés, veuves ayant elles-mêmes des enfants à élever, trouvent dans un ou deux pensionnaires un utile supplément de revenu ; non que la rémunération soit grande : quelquefois elle est étonnamment petite ; mais une chambrette inoccupée peut servir au nouvel hôte de la maison ; sa place à table n'augmente pas beaucoup la dépense. L'affection, qui ne tarde pas à naître, fait oublier ce que le marché peut avoir de médiocre. C'est dans ces ménages étroits qu'a grandi depuis deux siècles une bonne partie de la jeunesse, et plus d'une fois des relations durables de reconnaissance et d'amitié ont survécu entre l'élève et ses anciens patrons. Quelquefois le jeune hôte, par son instruction, devient le conseiller et la lumière de la maison. On l'interroge, on s'instruit auprès de lui, et l'enfant, par le prix qu'on y attache, apprend à estimer d'autant plus la science que lui donne le collège. Un des avantages de ces pensions privées, c'est qu'elles peuvent se conformer au rang social, aux habitudes, aux croyances des familles. Si l'enfant, en sa qualité d'étranger, doit garder une contenance modeste, tant mieux ! il s'accoutume à se faire petit, et bien mieux que dans l'égalité artificielle du lycée, il fait l'apprentissage de la vie. En général, on s'applique à trouver une famille du même niveau social que la maison paternelle; s'il faut monter ou descendre, l'expérience a prouvé qu'il valait mieux monter, pour que l'enfant n'ait pas de tentation de vanité et ne se croie pas nécessaire. Dans ce système d'éducation, la mère adoptive joue un rôle essentiel. Quand il y a des filles à la maison, il faut sans doute que les parents se sentent bien sûrs de leur autorité : mais alors c'est une garantie de plus qu'une parfaite réserve présidera à tous les actes, à toutes les paroles. Le jeune pensionnaire est préservé ainsi de bien des erreurs et des chimères; traité comme une personne responsable, il se prend de bonne heure au sérieux, réfléchit à ses actes et s'exerce à l'art difficile de se conduire.

Il est certain que ce système d'éducation a ses inconvénients; mais où est celui qui n'en a pas? Nous nous exagérons les dangers de la liberté pour l'enfant, et nous les faisons naître par la crainte que nous en avons. Nous trouvons extraordinaire qu'on remette un fils de douze ans à un père et à une mère qui élèvent convenablement leurs propres enfants; mais ce qui nous paraît naturel, c'est de placer un fils de huit ans sous la surveillance d'un homme dont nous ne connaissons ni le nom, ni le visage, et au milieu de camarades sortis de tous les rangs et de tous les recoins de la société. Si les fruits de l'internat ne répondent pas à nos espérances, on accuse les difficultés de l'éducation, le mauvais caractère de l'enfant, la perversion du siècle: mais on ne songe pas à se demander s'il n'était pas contre nature de jeter sans protection, dans une société inconnue, l'enfant qui hier encore était entouré de toutes les précautions et de toutes les sollicitudes. L'Allemagne pratique depuis deux cents ans le mode que nous venons de décrire, et elle ne songe pas à y renoncer; actuellement, sur mille élèves fréquentant les gymnases, il n'y en a pas cent qui soient placés hors de la vie de famille.

Parmi les situations sociales qui conviennent le mieux pour cette sorte d'hospitalité, il faut mettre en première ligne celle du professeur, puisque par état il sait parler à des jeunes gens, et puisque l'instruction est pour lui, comme pour eux, la grande affaire de la vie. Partout ailleurs qu'en France on trouve désirable et naturel que le professeur ait chez lui un petit groupe d'élèves qui viennent se joindre à sa famille, et dont les rétributions répandent l'aisance dans son intérieur. Pourvu que les élèves ne soient pas trop nombreux et que la chose ne dégénère pas en spéculation, il n'est rien, après la vie de famille, qui soit plus souhaitable pour un enfant que cette hospitalité d'un homme voué à l'étude. C'est le mode généralement usité dans les colléges d'Angleterre; il est fréquent aussi en Allemagne. Au gymnase de Schulpforta, j'ai vu trois ou quatre bambins s'asseoir à la table d'un philologue célèbre; le repas était assaisonné de récits de l'histoire romaine et de souvenirs de voyage. Les enfants sentaient l'honneur qui leur était fait d'être admis à de telles causeries, et ils guettaient les paroles du maître de la maison[1].

Si le professeur, au lieu de quatre ou cinq élèves, en reçoit douze ou quinze, voici le pensionnat qui commence. Des dispositions particulières dans l'aménagement deviennent nécessaires : il faut un aide pour la surveillance, à moins (ce qui vaut mieux) que parmi ces jeunes gens il ne s'en trouve d'assez sûrs et d'assez âgés pour exercer une sorte de patronage sur les camarades plus jeunes. Dans ces limites, le maître peut encore connaître tous ses pensionnaires, s'entretenir chaque jour avec eux, les associer jusqu'à un certain point à la vie de famille. S'il aime la jeunesse et s'il possède l'art de deviner et de manier les caractères, il y a là pour lui un beau champ d'études et d'expériences. Des excursions, des voyages faits en commun resserreront les liens entre le

---

[1]. Telle était l'organisation primitive de Port-Royal.

maître et sa troupe déjà un peu nombreuse. Les pensionnats de Suisse, tels que Tœpffer les a popularisés, sont le modèle de ce genre d'éducation à moitié publique, à moitié privée.

Si nous montons encore d'un degré, nous arrivons aux internats comprenant de 15 à 80 élèves. Tels étaient la plupart des colléges qui existaient en France avant la Révolution[1]. Des personnes pieuses avaient établi un certain nombre de bourses pour des étudiants pauvres, et autour des boursiers étaient venus se grouper des jeunes gens payant pension. Rollin, qui a longtemps dirigé un collége de ce genre, n'ose prendre sur lui de recommander l'éducation qu'on y trouve. Jamais il n'a voulu là-dessus donner de conseils aux parents, se contentant de s'appliquer avec le plus de soin qu'il lui était possible à l'instruction des jeunes gens que la divine Providence lui adressait. Et cependant nous sommes encore loin de nos internats d'aujourd'hui. Le *régent*, qui est le professeur en même temps que le maître d'étude, passe sa vie au milieu des pensionnaires. Le principal a encore le loisir « de s'entretenir avec les élèves, pour leur apprendre à se connaître eux-mêmes, à découvrir leurs défauts, à

---

1. Il serait plus juste de dire avant 1764: on réunit à cette époque au collége Louis-le-Grand 28 colléges de Paris.

chercher les moyens de s'en corriger et à lui venir rendre compte de temps en temps du profit qu'il auront fait de ses avis. » Malgré cela Rollin engage les parents « à bien examiner devant Dieu quel parti ils doivent prendre, à balancer équitablement les avantages et les inconvénients qui se rencontrent de part et d'autre, à ne se déterminer dans une délibération si importante que par des motifs de religion [1], et surtout à faire un choix de maîtres et de colléges, supposé qu'ils prennent ce parti, qui puisse, sinon dissiper entièrement du moins diminuer leurs justes craintes [2]. »

De tels établissements peuvent avoir, sous la direction d'hommes éminents, des moments de splendeur, surtout s'ils ont été fondés sous l'impulsion de quelque idée nouvelle, soit religieuse, soit morale, soit pédagogique. On peut citer comme exemple Port-Royal [3], le collége de Beauvais sous la direction de Rollin, la pension de Salzmann à Schnepfenthal. Mais quand l'existence de ces maisons se prolonge, la décadence, en général, ne se fait pas attendre. On songe involontairement à

---

1. Le plus grand avantage que Rollin trouve à l'éducation publique, c'est qu'on y apprend à fond, mieux qu'on ne pourra le faire dans les familles, les vérités de la religion.
2. *Traité des études.* Livre VIII, chapitre 2.
3. Le nombre des pensionnaires, à Port-Royal, n'a jamais dépassé cinquante à la fois

ces hôpitaux que les Américains brûlent après quelques années d'usage.

Nous arrivons enfin aux grands internats, comme les jésuites les ont conçus, organisés et transmis, par l'intermédiaire du collége Louis-le-Grand, à l'Université impériale. On ne peut nier que les Pères n'aient déployé, dans le gouvernement de ces populations d'enfants, une habileté et une finesse extraordinaires. Mais ils tenaient les âmes en même temps que les corps. Napoléon crut pouvoir recommencer au profit de l'État, et sur tous les points de la France, le même miracle d'adresse : les lycées qu'il fonda devaient contenir chacun au moins deux cents internes[1]. Six mille quatre cents élèves devaient y être entretenus aux frais de la nation. C'est cet héritage d'internes que l'Université traîne aujourd'hui après elle : en 1865, sur 32 000 élèves de nos lycées, 18 000 étaient pensionnaires.

Soit que le temps, qui accroît tous les ans le nombre des générations qui ont traversé nos colléges, ait fini par ébranler nos préjugés, soit que les déceptions politiques nous aient rendus moins satisfaits de nos institutions, l'internat ne jouit plus aujourd'hui de la considération sans mélange qu'il possédait il y a trente-cinq ans.

1. Décret du 15 novembre 1811.

Une sorte d'admiration s'attachait alors à ce régime, dans lequel le parti libéral semblait voir je ne sais quelle ressemblance avec Rome et Sparte. On se rappelle que le roi Louis-Philippe crut ne pouvoir mieux faire que de donner des chambres au collége Henri IV à ses jeunes fils. L'égalité, si chère à tous les hommes quand elle les relève, trouvait son compte à cette communauté d'habitation et de vie. Le mérite seul, disait-on, décide des rangs dans cette république idéale. Un fils de roi n'y a d'autres droits que ceux que le travail et le talent confèrent. Aussi le lycée est-il le séjour des fortes vertus, de la rude franchise, des amitiés sincères et inaltérables; c'est la véritable école de la vie publique. Bien des parents vivent encore sur ce thème, alors si populaire. Mais ceux qui ont passé par l'internat n'ont point, en général, les mêmes illusions. Créer artificiellement une société pour mieux préparer les jeunes gens à la vie, les priver des libertés les plus simples pour leur apprendre à se conduire, beaucoup trouvent aujourd'hui que ces moyens d'éducation sont au moins étranges. En y réfléchissant un peu, on pourrait s'étonner que le parti libéral eût accepté avec tant d'empressement ce legs de la compagnie de Jésus et de l'Empire: car ce n'est point apparemment pour former les jeunes gens aux mœurs de la liberté que l'internat avait successivement eu le priviége des faveurs de Louis XIV et des préférences de Napoléon.

On a dit que nos internats étaient un mélange du couvent et de la caserne : il aurait fallu ajouter qu'ils ont surtout les côtés fâcheux de l'un et de l'autre. Le poids de la discipline militaire est imposé à des enfants qui ne sont pas de force à le porter; et les tristesses de la claustration ne sont point compensées par la conscience d'avoir volontairement sacrifié sa liberté. Examinons quelle part est faite à l'éducation dans ces grands établissements. L'organisation du lycée repose sur trois personnages : le proviseur, le censeur et le maître d'étude. Il faut voir en peu de mots quelles sont les fonctions de chacun.

Le proviseur est le chef suprême de la maison : il a la direction de l'enseignement, de l'administration, de la discipline et du matériel; tous les jours, aux termes du règlement, il doit visiter l'infirmerie, le dortoir et toutes les parties du lycée; il doit examiner tous les matins le journal de chaque classe, conférer avec les parents, avec l'économe, avec l'administration supérieure; il est, en outre, responsable des finances et surveillant de la comptabilité. En Allemagne, où il n'y a presque jamais d'internat, peu de centralisation, des gymnases relativement petits, on se plaint déjà que la besogne bureaucratique et la correspondance officielle prennent trop de temps au directeur. Son activité doit être surtout littéraire et morale : il doit rester au milieu des maîtres et des élèves, depuis la première heure de la classe jusqu'à la dernière, et regarder tout le reste comme accessoire. Que dire de nos proviseurs, qui ne sont pas seulement responsables des études, mais qui ont à veiller sur la vie matérielle et intellectuelle d'une population égale souvent à celle d'un gros village? Combien de moments par jour peuvent-ils consacrer à chacun de leurs élèves, après avoir terminé toute la besogne réglementaire, et en supposant que leurs forces ne fléchissent pas sous un tel fardeau? C'est un événement quand un élève est appelé chez le proviseur. Il apparaît d'ordinaire dans les études une fois par semaine pour la lecture du bulletin hebdomadaire, et il accompagne de quelques paroles les notes lues par le censeur.

Au-dessous du proviseur et plus rapproché des élèves, le censeur est spécialement chargé de surveiller la conduite, les mœurs, le travail et les progrès des internes Mais il doit en même temps exercer une police particulière sur les externes dont il surveille l'entrée et la sortie. Il préside, en outre, aux repas, au lever et au coucher des élèves, aux récréations et aux promenades. Il a enfin sous sa direction le réfectoire, le parloir, la bibliothèque et les collections scientifiques. C'est donc un homme fort occupé aussi que le censeur, et ceux qui le voient vaquer à ses multiples et ingrates fonctions, savent qu'il lui est difficile d'y ajouter celle d'éducateur. Ses rapports essentiels avec la jeunesse du lycée se bornent à confirmer les punitions données par le professeur et le maître d'étude, à priver de sortie le mauvais élève ou à le faire monter en prison, à distribuer des exemptions aux élèves méritants. Quelques paroles de blâme ou d'approbation, trop générales pour être bien efficaces, acccompagnent d'ordinaire ces actes de justice ou de bienveillance. Je ne veux pas dire cependant qu'un censeur qui a de la mémoire ne puisse à l'instant même renseigner les parents ou le proviseur sur la conduite et le travail de chaque élève. Mais le censeur n'est ici qu'un instrument de transmission. Le plus souvent, il ne doit pas ces renseignements à sa connaissance personnelle et directe de l'élève, mais au journal qui passe tous les matins sous ses yeux et qui est tenu par le maître d'étude.

Le maître d'étude est la pièce principale du mécanisme de nos internats. Il est, ou devrait être pour l'éducation ce que le professeur est pour l'enseignement. Jour et nuit, à table comme en récréation, à l'étude comme en promenade, c'est à sa garde que les collégiens sont confiés. Pour eux, son esprit, son caractère, ses idées, ses habitudes, ses occupations auront une importance énorme. Voyons donc ce qu'est ce commensal, ce compagnon et ce directeur de nos enfants.

Les maîtres d'étude sont généralement soit des jeunes gens qui acceptent de fatigantes et difficiles fonctions pour avoir le loisir de se préparer à un emploi plus relevé, soit des hommes déjà mûris par l'âge et par les déceptions, qui exercent leur état avec le désir, mais non avec l'espérance d'en sortir. Dans le premier cas, on remet les enfants à des personnes sans expérience pédagogique, dont la pensée et l'activité sont tournées vers les examens qui les attendent. Dans l'autre hypothèse, on les confie à des hommes qui, par la seule prolongation de leurs fonctions, donnent d'eux-mêmes une opinion peu favorable. Je ne voudrais rien écrire qui pût être tourné contre ces serviteurs sacrifiés du système universitaire, envers qui le lycée a eu le double tort de ne pas savoir s'en passer et de ne pas les avoir rendus respectables aux élèves. Mais je ne crains pas d'être contredit, si j'affirme que l'autorité leur manque pour être les éducateurs que nous cherchons.

La savante organisation de nos colléges, qui a la prétention de se charger d'élever les générations nouvelles, vient aboutir à un fonctionnaire qui est en lutte sourde avec ses élèves, et qui n'en est ni aimé, ni respecté. De là le vide désolant qui règne dans la vie morale du lycée. On a trop souvent dépeint la situation du maître d'étude au milieu de cette population turbulente et malicieuse pour qu'il soit nécessaire d'y revenir. Si quelques-uns opposent à leurs épreuves journalières une inaltérable bonne humeur ou une patience invincible, beaucoup ne songent qu'à s'arranger une vie supportable au milieu de ce purgatoire, fût-ce aux dépens des élèves. Ils croient avoir assez fait quand leur bande d'écoliers se tient bien en rang et garde le silence à l'étude et au dortoir; pour tenir les enfants à distance, ils adoptent un rôle soit d'indifférence absolue, soit de sécheresse cassante, soit de cérémonieuse ironie, soit d'humeur farouche. Telle est l'éducation dans le pays où ont écrit J. J. Rousseau et Fénelon. Il n'est question ici ni de confiance ni d'attachement; le lycée a remplacé l'éducation par la discipline, et il a réduit l'action du maître sur l'élève à un système de récompenses et de punitions.

Dans une contrée où l'État se charge d'élever une moitié de la jeunesse et où un personnel intelligent et nombreux est occupé de ce soin, il semble que l'art de conduire de jeunes esprits ait dû atteindre sa plus grande perfection, et que depuis soixante ans notre expérience pédagogique ait dû faire des progrès immenses. Il n'en est rien : la France produit plus de livres sur la sériciculture que sur la direction des colléges. Les règlements et quelques ouvrages déjà anciens nous suffisent. Nos proviseurs, nos censeurs, nos maîtres d'étude, ne songent pas à transmettre le résultat de leur expérience et de leurs réflexions. On ne peut nier que sur ce point nous ne soyons en arrière, non-seulement sur l'étranger, mais sur nos ancêtres du dix-huitième et du dix-septième siècle, chez lesquels toutes les questions relatives à l'éducation excitaient un si vif intérêt.

A chaque instant la discipline de nos colléges est en contradiction avec les principes les plus simples d'une éducation rationnelle. Que faut-il penser, par exemple, d'un système où la mauvaise conduite est punie par la privation de sortie? Aux élèves qui auraient le plus besoin des avertissements et des exhortations de la famille, on inflige une aggravation de l'internat. S'agit-il de stimuler les paresseux ? on leur donne des pensums qui allongent encore le nombre déjà excessif des heures de travail et qui achèvent d'étouffer le peu de zèle qu'ils peuvent avoir gardé « On peut bien, disait Rollin, contraindre le corps, faire demeurer un écolier à sa table malgré lui, doubler son travail par punition, le priver du jeu et de la récréation.... Qu'en reste-t-il, sinon la haine et des livres, et de la science et des maîtres, souvent pour tout le reste de la vie? »

Les conditions extraordinaires où le maître et l'élève sont placés par le fait de l'internat, contrarient perpétuellement les règles d'une bonne éducation. Ainsi les fautes ne sont pas jugées en elles-mêmes, mais d'après la nécessité de maintenir l'ordre, d'après leur influence sur la masse, d'après le besoin de faire des exemples. La raison morale est dominée par la raison politique. Tel délit contre l'ordre, qui n'a aucune portée réelle, mais qui pourrait devenir un fâcheux précédent, est rigoureusement réprimé : au contraire on aimera mieux ne pas voir les fautes qui rongent le moral de l'élève, mais qui ne nuisent qu'à lui-même. Il existe (et cette idée est le fondement de toute éducation) un art d'évoquer les forces qui dorment en chacun de nous et de les diriger vers le bien : mais le lycée y est resté étranger. S'il réprime les fautes, il ne sait point les prévenir et il ne s'occupe pas d'en atteindre le principe. Voyez cet élève qui, mené par un domestique, descend de prison, ou regardez cette bande qui, revenant de la retenue, se répand bruyamment dans la cour, aux derniers moments de la récréation. Aucune bonne parole ne leur a été adressée. Une fois la punition subie, la tâche de l'éducateur eût été de les ramener au bien par quelques mots de réconciliation et d'espérance. Mais comment s'adresser à ce qu'il y a de plus intime dans l'homme, quand on se trouve en présence de groupes épais où figurent les vétérans de la retenue? Le grand nombre glace l'effet des paroles affectueuses, comme il diminue l'amertume et la honte du châtiment.

Avant de quitter ce sujet, ajoutons que la valeur des hommes a plus d'une fois tempéré les inévitables défauts du système. Certains proviseurs, par des prodiges d'activité, trouvent le moyen de connaître individuellement le peuple d'élèves qu'ils dirigent, et de se donner, comme le prescrit la religion, tout à tous. En raison même de leur haute position, il leur suffit parfois de quelques mots pour exciter les jeunes gens au bien et pour éveiller en eux de généreuses résolutions. Il y a des censeurs qui se font pardonner, à force d'équité et d'attention bienveillante, les difficiles fonctions que le règlement leur attribue. Enfin, parmi les maîtres d'étude, plus souvent qu'on ne pourrait le croire, se rencontrent des hommes de cœur et de talent qui se dévouent à leur métier avec d'autant plus d'attachement qu'ils en voient méconnaître l'importance. Plus d'un écolier a trouvé dans le maître d'étude un soutien contre les ennuis et les défaillances du collége, un guide parmi les dangers de cette vie glissante et hasardeuse. Si les meilleures institutions peuvent être corrompues par les hommes, il n'en est point de si fâcheuse qui ne laisse une ouverture aux sentiments affectueux et au dévouement de quelques natures privilégiées.

« Ce n'est point des punitions et des récompenses, ni de tel ou tel fonctionnaire que nous attendons les bons effets de l'internat : c'est de la vie en commun, du frottement continuel avec les camarades, de la franchise et de la cordialité des relations, de l'égalité républicaine sous une loi impartiale et impersonnelle. » Il est certain que pour l'observateur du dehors, qui voit passer par longues files les bataillons du lycée, l'idée de l'égalité est la première qui se présente à l'esprit. Mais c'est l'égalité dans la servitude. Tout le monde est privé des mêmes libertés et renfermé dans les mêmes murs : voilà à quoi se réduit ce bienfait de l'internat. On vante, il est vrai, une autre égalité qui régnerait dans les relations des élèves. Illusion et chimère ! Une démocratie agitée par des factions, une réunion d'oligarchies, voilà plutôt l'image exacte de la vie de collège. A la compression exercée par l'autorité, viennent se joindre les exigences d'une opinion oppressive et jalouse. Le plus grand nombre, jeté dans cette arène, songe avant tout à assurer la tranquillité de sa vie en nouant des alliances avec les forts. Ce n'est point l'abnégation, c'est l'égoïsme que développe la vie en commun, quand elle n'est pas ennoblie par quelque sentiment élevé. Au moins dans la société, celui qui ne veut pas prendre sa part des passions et des inimitiés du monde, a le droit et le pouvoir de s'isoler et de chercher un abri où les bruits du dehors n'arrivent qu'affaiblis jusqu'à lui : mais le lycéen n'a aucun refuge. Il faut qu'il se plie à l'opinion ou qu'il en subisse les colères et les rancunes.

Si l'on veut comprendre de quels éléments se compose l'atmosphère intellectuelle et morale du lycée, il faut songer qu'aucune partie de la société n'est exclue de cette jeune population qui représente en petit notre France moderne. L'égalité le veut ainsi et il serait aussi injuste que malséant et inutile de procéder à un triage préalable. Mais il faudrait se faire une idée bien optimiste de la nature humaine, pour croire que ces enfants recrutés dans des familles très-différentes par la valeur morale, apporteront tous au lycée l'innocence du jeune âge, ou qu'en présence de l'honnêteté du plus grand nombre, se dissiperont ou se cacheront les mauvais instincts dont quelques-uns ont déjà contracté le germe. Ce sont les mauvais fruits, comme on sait, qui attaquent les bons, et non les fruits intacts qui guérissent ceux que la corruption a déjà entamés. A quoi sert-il de jeter un voile sur des faits que la plupart connaissent, et ne faut-il pas plutôt dire hautement la vérité aux parents qui hésitent sur le seuil du collége? Après avoir soigneusement veillé sur les amitiés et sur les liaisons de leurs enfants, ils les introduisent tout à coup dans une société qui échappe à leur contrôle et qui est plus mêlée qu'aucune de celles où un honnête homme, dans le cours ordinaire de la vie, est exposé à passer ses jours. Parmi les collégiens qu'ils donnent pour compagnons à leurs fils, il en est à qui déjà la vie n'a plus grand'chose à apprendre. En supposant que la moralité de l'enfant résiste à la contagion d'un tel voisinage, en tout cas il laissera au collége cette pureté de l'esprit qui sied si bien à la jeunesse.

Il ne faudrait pas croire que les législateurs de l'internat eussent ignoré ces dangers. Ils les connaissaient si bien que toute l'ordonnance intérieure du lycée est faite en vue de les combattre. De là un autre inconvénient qui pèse sur les bons élèves bien plus que sur les mauvais : la défiance érigée en système. C'est mal connaître l'homme que d'espérer le contraindre au bien par une surveillance de tous les instants : la confiance seule élève les âmes. Toujours placé sous l'œil du maître, l'écolier finit par le tenir pour un ennemi.

Tout ce qui échappe à sa surveillance est regardé comme de bonne guerre. Entre le collégien et le collége, s'établit une guerre secrète, l'un redoublant de ruse à mesure que l'autre multiplie ses précautions.

S'il faut définir le sentiment qui relie entre eux les élèves d'un lycée, c'est le besoin de faire face à l'autorité. Au rebours des états où la loi est volontairement acceptée de tous et confiée à la protection de chacun, elle apparaît ici comme une contrainte dont personne ne veut prendre sur lui de faciliter l'action. Le sentiment est si général qu'il s'étend jusqu'aux professeurs. La plupart prennent soin de se tenir à distance de tout ce qui appartient à la police intérieure du lycée. Ainsi, pour début dans la vie, nos jeunes collégiens s'habituent à la lutte entre la loi et leur volonté et ils se sentent libres pour la première fois quand ils se mettent en opposition avec la règle.

On sait comment se décharge cette lourde atmosphère du lycée. De temps à autre nous lisons dans les journaux qu'en telle ville une révolte a éclaté au collége : les élèves se sont barricadés dans les classes, dans les dortoirs ; ils ont brisé ce qui se trouvait sous leurs mains ; le censeur, le proviseur ont été insultés. Il a fallu l'intervention des autorités de la ville, du procureur de la République, du commissaire de police. Le dénoûment est toujours le même. Le collége est licencié ; les chefs de la révolte sont rendus à leur famille. Puis on rappelle les autres élèves, et l'ancien système de compression d'une part, d'opposition de l'autre, reprend de plus belle. Quel état de choses que celui qui produit de tels conflits| et faut-il que nous ayons depuis longtemps perdu toute habitude de réfléchir sur l'éducation, pour que de pareils incidents ne nous ouvrent pas les yeux! On a dit avec raison qu'il n'y avait d'ordre véritable, à l'école comme dans l'État, que celui qui renfermait en lui-même son principe de conservation. S'il faut que le maître intervienne sans cesse, si l'ordre est compromis à la première absence du surveillant, il ne vaut rien. On peut juger d'après cela ce que vaut l'ordre dans nos internats.

Pour comble de misère, ce collége contre lequel on s'insurge, on est accoutumé à tout recevoir de lui. A dix-huit ans, le lycéen n'a pas plus la libre direction de sa personne, de son temps, de ses facultés, de son avoir, qu'à dix : la responsabilité n'existe pas pour lui, le collége s'étant fait son tuteur pour toute chose[1]. Il ne faut donc

---

1. A certains égards l'internat est la réalisation de l'idée communiste : ainsi le pensionnaire n'a pas de livres. Ce Virgile qu'il doit étudier pendant six ans, il n'en possède pas un exemplaire. Tous les ans le lycée l'approvisionne des ouvrages dont il a be-

pas s'étonner si nos enfants, une fois sortis du collége, ressemblent à des chevaux échappés, se butant à toutes les bornes, commettant toutes les sottises. L'âge de la raison a été artificiellement retardé pour eux de cinq ou six ans. Ce sont les petites forces longtemps comprimées qui produisent les plus funestes explosions. Bien des parents et des maîtres accusent la dépravation des temps, qui devraient avant tout s'accuser eux-mêmes, puisqu'ils ont mieux aimé enchaîner la liberté de leur fils ou de leur élève que de la diriger, et puisqu'ils l'ont laissé arriver à l'âge d'homme sans lui donner une occasion d'exercer son initiative et sa force de résistance.

La vue des dangers et des vices de l'internat ne nous empêchera pas cependant de reconnaître qu'il développe aussi chez nos enfants certaines qualités. L'habitude de se liguer contre les chefs éveille le sentiment de la solidarité; la délation est doublement odieuse au collége, car elle a l'air d'une désertion à l'ennemi. Il n'est pas extraordinaire de voir toute une étude accepter une punition plutôt que de permettre au coupable de se déclarer. Les amitiés contractées dans l'internat

---

soin et il les lui reprend au bout de l'année. Inoffensive en apparence, cette mesure est doublement fâcheuse pour les études: elle dépayse continuellement l'élève et elle immobilise au lycée un monceau de livres surannés.

sont peut-être plus intimes et plus durables que celles des jeunes gens du même âge restés libres : c'est qu'on a fait campagne, on a souffert ensemble. Comme la vie débute par des années fort dures, on a quelque raison d'espérer que la suite vaudra mieux : en tout cas on a pris l'habitude « de souffrir sans se plaindre et de se taire sans être convaincu [1]. » En aucun pays du monde, la jeunesse n'est soumise à une pareille épreuve, et il faut toute l'élasticité du caractère français pour que le sentiment de la joie ne soit pas effacé des cœurs.

Comme en toutes choses il est plus aisé de faire le mal que de le réparer, on ne doit pas espérer qu'il se trouvera un remède prompt et radical contre une institution que l'État, depuis soixante ans, met tous ses soins à fortifier et à étendre. Voyons cependant quelles mesures on pourrait prendre afin de la limiter et de l'améliorer.

Avant tout, il faut que l'Université se persuade bien que personne n'a plus à se plaindre de l'internat qu'elle-même. Quand on va au fond des reproches qui peuvent s'adresser à notre système scolaire, presque toujours on trouve pour dernière raison ce lourd fardeau que l'Université est

---

1. Prévost-Paradol, *Du rôle de l'éducation dans la famille*.

obligée de porter et qui gêne tous ses mouvements. Pourquoi l'administrateur prime-t-il le professeur? Pourquoi la classe est-elle encombrée de devoirs écrits? Pourquoi le professeur n'est-il pas maître de prescrire à ses élèves les livres qu'il veut? Pourquoi la discipline est-elle si difficile à maintenir? Pourquoi les traitements des professeurs diffèrent-ils selon les lycées, de sorte que l'avancement ne peut se faire sur place? C'est l'internat qu'on retrouve au fond de tous ces abus. Le jour où l'Université serait débarrassée de cette tâche qui ne lui convient pas, son enseignement serait plus libre et plus fort, son personnel plus respecté, ses méthodes plus flexibles, son influence dans le pays plus incontestée. Il est vrai que, soit calcul de l'administration, soit plutôt fatalité inhérente à l'origine du corps universitaire, les intérêts de nos professeurs sont liés à la conservation de l'internat : une bonne partie de leurs appointements est faite des profits réalisés sur la pension des internes. Mais il n'est pas admissible qu'un pays comme le nôtre soit hors d'état de payer ses professeurs, et ce n'est pas une raison de ce genre qui pourra jamais être invoquée pour perpétuer chez nous une institution reconnue comme vicieuse.

Un motif qui est donné souvent, c'est que les parents, privés de ce débouché, enverront leurs enfants dans les maisons ecclésiastiques. Mais, comme nous l'avons déjà dit, l'internat doit surtout sa popularité à ses attaches officielles. Si l'État ne le patronait pas et ne le désignait pas aux familles comme le meilleur parti à prendre pour leurs enfants, non-seulement beaucoup de collégiens n'auraient pas été privés de l'éducation de famille, mais les séminaires eux-mêmes auraient reçu moins d'élèves. Admettons cependant qu'aujourd'hui l'internat soit tellement entré dans nos mœurs qu'il soit impossible de l'extirper, et supposons que les établissements ecclésiastiques voient leurs réfectoires et leurs dortoirs se remplir de tout le contingent de pensionnaires refusés par nos lycées. Est-ce à ses internats que l'Université doit son action sur la jeunesse? Qu'importe que nous ne conduisions plus les élèves à la promenade, si nous leur donnons l'instruction? Malgré ses défauts et ses lacunes, la supériorité de l'enseignement universitaire est tellement reconnue que les meilleures pensions ecclésiastiques envoient leurs élèves aux classes de nos lycées. Voilà le point qu'il faut conserver et où il faut appliquer tous nos efforts. Ce n'est point par ses maîtres d'études et ses censeurs, si excellents d'ailleurs qu'elle les puisse choisir, que l'Université travaillera au progrès intellectuel du pays. Qu'elle améliore ses écoles et ses classes, qu'elle fonde solidement l'instruction supérieure : voilà son vrai rôle. A Sainte-Hélène, Napoléon se plaignit un jour que M. de Fontanes eût méconnu l'une de ses plus belles conceptions. En créant l'Université, il avait voulu que la science restât une chose secondaire, et qu'on s'attachât surtout « aux principes et à la doctrine nationale. » On sait ce que ces mots voulaient dire dans la bouche de l'empereur. C'est le contraire de ce programme que nous voudrions voir suivre à l'Université. Qu'elle s'attache surtout à la science, et elle deviendra alors l'initiatrice des progrès intellectuels et moraux du pays.

Nous ne demandons pas que l'Université ferme subitement ses internats. Qu'elle prenne seulement les mesures nécessaires pour les réduire graduellement. Il faudrait d'abord hausser la limite d'âge : à moins de circonstances exceptionnelles prévues et définies par le règlement, aucun enfant au-dessous de douze ans ne devrait être reçu pensionnaire. Jusqu'à cet âge, les études ne sont pas si élevées qu'on ne puisse au besoin les faire à la maison avec l'aide des parents ou de l'instituteur primaire. On a multiplié, dans ces dernières années, les colléges pour les petits. Ces maisons sont placées à la campagne ; on vante la beauté de leur site, la grandeur de leurs parcs. J'applaudirais à tous ces perfectionnements s'ils n'avaient pas pour résultat d'étendre le mal qu'ils sont destinés à alléger. Plus vous rendrez les abords de l'internat riants, plus vous y engagerez les familles. Il faut au moins que la limite d'âge serve de correctif à la séduction exercée par ces utiles améliorations.

En second lieu, le lycée, loin de décourager l'hospitalité privée, doit la provoquer et l'aider. Que les parents obligés de se séparer de leur fils aient la ressource de le placer chez d'autres parents, où il grandira dans l'air de la famille, et où il trouvera une juste et honnête liberté. Le proviseur aura la liste des personnes recommandables qui se présentent pour recevoir un ou deux hôtes; un fonctionnaire du lycée pourra rendre visite toutes les semaines à cette colonie d'externes. Les abus seront moins nombreux qu'on ne le croit, surtout si l'on ne choisit pas, pour inaugurer cette institution, des routiers vieillis dans l'internat, mais des jeunes gens sortant de la maison paternelle.

Il va sans dire que ceux d'entre les professeurs qui voudront prendre sous leur toit des pensionnaires devront y être autorisés. Il se formera ainsi de petits groupes semblables à ceux des colléges anglais. Je n'ignore point qu'en Angleterre le travail dans les pensions laisse souvent à désirer. Mais il faut compter sur l'esprit plus studieux de nos jeunes gens, sur l'émulation qui s'établira entre les maîtres, sur l'autorité universitaire qui empêchera ces pensionnats de devenir une opération mercantile. L'intérêt pédagogique se réveillera; des conférences pourront avoir lieu, où l'on comparera les méthodes et les résultats.

Troisièmement, la plus grande sévérité doit présider à la composition de nos internats. Il faut éloigner sans hésiter tout élève dont le langage ou les manières annoncent un commencement de corruption : c'est là un devoir envers les familles. « On ne laisserait pas avec les autres un enfant malade d'une maladie contagieuse. Est-ce donc que la contagion des mœurs est moins dangereuse et qu'elle a des suites moins funestes? Un principal qui a de la religion peut-il soutenir cette pensée effrayante, mais véritable, qu'un jour Dieu lui demandera compte de toutes les âmes qui se sont perdues dans son collége, parce que, pour des vues d'intérêt, ou par trop de complaisance et de mollesse, il n'en aura pas éloigné les corrupteurs : *Sanguinem ejus de manu tua requiram*[1]. »

Par suite de ces éliminations, la discipline pourra devenir plus flexible, et l'on effacera de nos règlements les articles inspirés par la défian-

---

1. *Traité des Études*, VIII, II, 3.

ce. Nos écoliers sont tous courbés sous une règle uniforme, malgré les différences d'âge et de caractère. L'autorité agirait plus habilement en cherchant des collaborateurs parmi les élèves les plus sérieux. Si l'on répartissait la population du lycée par études de cinq ou six élèves sous la surveillance d'un camarade plus âgé, on aurait cet avantage d'intéresser à la discipline un certain nombre de jeunes gens ; on sait qu'il n'est rien pour rendre conservateur comme un petit fragment d'autorité. Mieux qu'un maître d'étude, ces surveillants feraient comprendre à leurs camarades la nécessité de l'ordre. Ils aideraient dans leur travail les élèves les moins avancés; plus d'un enfant attardé ou découragé serait redevable de ses progrès à un grand camarade, lequel de son côté rapprendrait, en les enseignant, bien des choses qu'il avait oubliées. Aux fonctions de surveillant seraient attachés certains avantages comme la libre fréquentation de la bibliothèque, des sorties plus nombreuses.

On objectera que ce système peut donner lieu à des excès de pouvoir, à des querelles : mais les surveillants seront placés eux-mêmes sous l'ordre de l'autorité supérieure; comme il y en aura un bon nombre, il s'établira bientôt une sorte de droit coutumier qu'on sera intéressé de part et d'autre à maintenir. Nous avons peine à nous figurer ce système, parce que dans les établissements que nous avons sous les yeux tout le monde est ligué contre la règle. On objectera aussi les vexations exercées sur les petits dans les collèges anglais. Mais outre que le caractère français est autre, il existe en Angleterre sur ce point une longue tradition qui, si elle voulait s'établir chez nous, pourrait être arrêtée dès l'origine. Rappelons-nous enfin que l'ordre maintenu par les citoyens, même s'il est défectueux par moments, vaut mieux qu'une exacte discipline sous un maître.

Pour établir de telles réformes, il faut que le proviseur devienne le chef indépendant et responsable de son lycée. Enveloppé lui-même dans les mailles du règlement où il retient ses subordonnés, il n'est pas maître de tirer parti de son expérience. Laissez les proviseurs conférer entre eux et se communiquer les résultats de leurs essais : les perfectionnements réalisés sur un point profiteront alors à la France tout entière. L'éducation publique, ainsi modifiée, sera débarrassée d'une partie de ses défauts et de ses dangers : mais il ne faut pas oublier qu'elle n'est jamais qu'un pis-aller, et il serait à souhaiter que sur ce point l'opinion se fît entendre pour remettre en honneur les vrais principes. A tout père de famille qui, sans raison décisive, repasserait à autrui le soin d'élever ses fils, devrait s'attacher cette sorte de défaveur qui est la punition d'un devoir méconnu[1].

[1]. Sur les effets physiologiques de l'internat, voyez un curieux article de M. Henri Sainte-Claire Deville, dans la *Revue scientifique* du 2 septembre 1871. On lira aussi avec intérêt une brochure intitulée : *Nos lycées*, par Ulysse Fermaud, Sandoz et Fischbacher, 1871. Sur la plupart des points, nous nous sommes rencontré avec l'auteur, qui paraît avoir gardé un vif souvenir de l'internat.

LES RÉCOMPENSES AU LYCÉE.

Arrêter le mal par la peur des punitions, pousser au bien par le désir des récompenses, tels sont les deux ressorts principaux de la discipline du lycée. Dans une statistique de l'enseignement secondaire, publiée en 1865, on trouve un tableau comparatif des récompenses et des punitions, où l'exemption est placée en regard de la retenue, le tableau d'honneur vis-à-vis de la table de pénitence et le prix à côté de la prison. On ne peut nier que cet ensemble de peines et de stimulants ne soit l'œuvre de gens qui connaissaient la nature humaine: mais ils la connaissaient seulement par ses côtés les moins élevés, ou s'ils ont vu les autres, ils n'ont pas cru à propos de s'y arrêter.

Pour exciter nos collégiens à bien faire, on n'a rien trouvé de mieux que de les classer et de les reclasser sans fin : places, notes, tableau d'honneur, l'amour-propre est le grand levier. Mais il n'est pas difficile de voir que ce levier n'a rien qui le rattache spécialement à l'étude: ces moyens d'émulation pourraient être appliqués à obtenir des enfants un tout autre emploi de leur zèle et de leurs facultés. De même que nos méthodes latines semblent faites pour produire des devoirs avec le moins d'effort possible et en réduisant la réflexion à un minimum, nos récompenses sont des moyens extérieurs qui supposent chez l'enfant, non l'amour de l'étude, mais seulement le désir de se distinguer. Amener les enfants à faire avec passion des exercices qui ne les intéressent point par eux-mêmes, c'est la gageure que les Pères Jésuites paraissent s'être donnée et qu'ils ont transmise à l'Université. L'enfant s'habitue de la sorte à chercher la récompense de ses actes en dehors des actes eux-mêmes : si l'on peut reprocher aux générations nouvelles le manque de désintéressement, si l'on voit même d'honnêtes gens réclamer avec instance le prix du devoir accompli et se plaindre avec amertume quand la récompense se fait attendre, si une fois sorti du collége, l'ancien bon élève continue à compter les progrès de ses camarades et à suivre d'un regard inquiet les succès de ses rivaux et contemporains, le lycée n'est-il pour rien dans ces travers? C'est lui qui nous apprend à espérer une distinction pour chaque effort et à nous comparer sans cesse les uns aux autres. On comprend dès lors pourquoi le lycée peut contenir beaucoup de jeunes gens qui font avec entrain et ardeur des vers et des discours latins, sans aimer le latin, et pourquoi ce goût apparent de l'antiquité s'évanouit d'ordinaire au sortir du collége en même temps que les derniers applaudissements du concours.

Aucun autre système d'éducation n'a fait une telle part à l'amour-propre. Tandis que nous croyons encourager les études en multipliant les récompenses[1], Port-Royal évitait avec soin tout ce qui mettait entre les élèves des différences trop apparentes. Voici ce que raconte Fontaine, rapportant un entretien avec M. de Sacy : « Quand il y avait quelque bien dans quelqu'un de ces enfants, il me conseillait toujours de n'en point parler, et d'étouffer cela dans le secret. Si Dieu y a mis quelque bien, disait-il, il l'en faut louer et garder le silence, se contentant de lui en rendre dans le fond du cœur sa reconnaissance. »

D'honnêtes et dignes proviseurs, d'excellents professeurs se rendent complices de ce système, en exprimant naïvement leur admiration pour un discours bien composé, pour des vers imités avec art. L'admiration gâte tout dès l'enfance, dit avec amertume l'auteur des Provinciales. Ces brillants élèves du lycée entrent dans la société déjà surchargés d'honneurs. Que peut leur offrir la vie

[1]. Nous avons aujourd'hui des institutions où des sommes d'argent considérables sont affectées comme dotation au prix d'honneur

pour répondre à de tels débuts ? La fausse idée que les hommes ont droit à être classés d'après leur valeur personnelle, comme si la société était la continuation du collége, leur prépare de nombreuses déceptions. Grâce au bon sens indestructible et au bon naturel de la plupart, ces chagrins restent ensevelis dans le silence. Mais parfois l'ancien lauréat s'aigrit ou se décourage ; quelques-uns prennent en haine un monde où ils ne trouvent point les satisfactions qui leur paraissent dues, et veulent regagner à tout prix ces premières places dont le collége les avait rendus si avides.

RÉSUMÉ.

Il y a un pays en Europe dont les gymnases présentent une ressemblance frappante avec nos lycées : c'est l'Autriche[1]. L'ordonnance des études est la même, et jusque dans des détails insignifiants on constate le plus remarquable accord. Il est facile de deviner comment cette coïncidence s'explique : des deux côtés, c'est l'organisation des Pères qui a été conservée. Quand on se reporte à l'écrit intitulé *Ratio et institutio studiorum*, qui est le premier plan d'études de la Compagnie de Jésus, on y découvre à chaque pas de vieilles connaissances. Nous citerons entre autres points :

1° La séparation des classes en deux séries. La première série comprend trois classes de grammaire, avec ou sans classe préparatoire; la seconde série renferme deux classes d'humanités, suivies d'une ou plusieurs années obligatoires de philosophie. Ainsi est rompu, à l'avantage du

---

1. Il serait plus exact de dire : « présentaient, » car depuis vingt ans ils ont été remaniés sur le modèle des gymnases de l'Allemagne.

collége, le juste équilibre qui devrait exister entre l'enseignement secondaire et l'enseignement supérieur.

2° Les études finies, ceux d'entre les élèves qui ont été distingués par les professeurs et qui sont disposés à entrer dans l'enseignement, font pendant deux ans une *repetitio humaniorum*, consistant dans la lecture des classiques avec appréciation littéraire. Nous avons ici notre École Normale. On voit que le futur maître est soustrait aux leçons de l'université.

3° La part essentielle faite au latin. Le grec ne joue qu'un rôle fort effacé. La place laissée aux autres connaissances dans les classes inférieures est presque nulle. L'élève qui quitte le collége avant la fin de ses classes, n'emporte presque rien avec lui.

4° Le latin appris pour être écrit et parlé. Le discours latin et les vers latins considérés comme les exercices principaux du collége.

5° Le goût des chrestomathies et des *Selectæ*, au lieu et place des auteurs.

6° Les compositions hebdomadaires.

7° L'amour-propre comme principal stimulant de l'étude et les distinctions honorifiques prodiguées aux élèves; la solennité donnée aux distributions de prix.

8° L'internat toujours associé à l'enseignement

et l'éducation publique mise au-dessus de l'éducation privée.

Au milieu d'une société qui est ou qui se croit renouvelée, nous avons donc conservé une organisation des études qui, dès le dernier siècle, paraissait aux meilleurs esprits étroite et arriérée. On objecte que cet enseignement nous a donné les grands hommes du dix-huitième siècle et beaucoup d'esprits éminents de notre époque. Mais ce n'est pas sur une élite qu'il faut juger un système d'instruction. De tout temps, et même en l'absence de tout enseignement, la France a produit des hommes de génie. La partie instruite de la nation est-elle devenue plus sérieuse, plus capable de grands efforts d'intelligence et de volonté? A-t-elle le goût des œuvres sévères et des recherches désintéressées? Est-elle pourvue d'un esprit critique capable de reconnaître, dans une situation difficile, quelle est la conduite à tenir? A-t-elle su prendre un parti dans les grandes questions politiques, religieuses, sociales qui ont agité notre temps? Est-elle devenue plus capable de se gouverner? Notre société française occupe-t-elle encore en Europe la place qu'elle avait sous Louis XIV et sous Louis XV? Voilà les questions qu'il faut se poser quand il s'agit d'un enseignement donné par l'État à des milliers de jeunes gens.

Les théoriciens de toutes les écoles, les disciples de Buckle aussi bien que les conservateurs privilégiés de l'esprit français, ne manqueront point de trouver des raisons pour démontrer que nous avons l'enseignement qui nous convient et que nous ne saurions en avoir un autre. Je pourrais me résigner à leurs arguments, si je voyais qu'on laisse le choix à notre jeunesse entre plusieurs sortes d'instruction et qu'instinctivement elle préfère celle que nous venons de décrire. Mais quand on voit, au contraire, comment l'Université a soigneusement écarté, par les programmes de ses examens comme par les priviléges qu'elle a longtemps possédés, la possibilité de tout autre mode d'enseignement, on se refuse à croire qu'il y ait une affinité primitive et nécessaire entre les méthodes universitaires et le génie français.

Mais s'il est vrai que nos lycées ont besoin d'une réforme profonde, prenons garde, d'un autre côté, de tomber dans un excès qui nous a été fatal plus d'une fois. Plusieurs demandent aujourd'hui la suppression des lycées: ce serait la ruine de la culture littéraire dans notre pays. L'Université a si bien établi son règne, qu'il n'existe rien en dehors d'elle. En 1793, la Convention supprima tous les Colléges, toutes les Facultés, confisqua leurs biens, dispersa les corporations savantes, et sur les ruines de l'enseignement public proclama la liberté de l'enseignement. La chute du monopole ne fit point de miracles : les écoles privées, en petit nombre, qui s'élevèrent, recueillirent les anciens maîtres avec leurs méthodes, leurs manuels et leurs cahiers. Pareille chose se reproduirait aujourd'hui. Si les lycées disparaissaient, des copies affaiblies de nos lycées s'élèveraient bientôt dans nos grandes villes. Quelques instituts à moitié politiques, à moitié littéraires ou scientifiques, telles seraient sans doute les créations originales de l'initiative privée. Les écoles centrales de la première République peuvent nous servir d'avertissement : ne recommençons pas une expérience fatalement destinée à échouer, et qui nous ramènerait bientôt les vieilles méthodes. Essayons de modifier l'Université, puisque l'Université n'a rien laissé debout à côté d'elle. En compensation de ses nombreux défauts, la centralisation présente cet avantage qu'en pressant le ressort au bon endroit, on peut agir sur le mouvement de toute la machine. Grâce à l'instruction supérieure et à l'École Normale, notre corps enseignant peut se transformer en un temps relativement assez court. C'est donc de ce côté que nous allons maintenant tourner les yeux.

LES FACULTÉS.

DE LA DESTINATION PRIMITIVE DE NOS FACULTÉS.

C'est par l'instruction supérieure que doit débuter une réforme de l'enseignement qui veut être approfondie et durable, puisqu'un nouvel esprit ne pourra pénétrer dans les lycées que si le savoir des professeurs s'élargit et se transforme, et puisque l'enseignement primaire ne deviendra ce qu'il doit être que si les Écoles Normales empruntent leurs directeurs et leurs professeurs à l'instruction secondaire. Ainsi nos Facultés des lettres et des sciences, qu'on regarde ordinairement comme une sorte de luxe, sont les organes nécessaires pour le renouvellement de notre vie intellectuelle.

Il est vrai que jusqu'à ce jour elles n'ont guère été considérées de cette façon ni par l'État ni par l'opinion publique. Dans la pensée de celui qui les a instituées, la collation des grades était la partie la plus importante de leurs fonctions. Napoléon, chez qui invinciblement toutes les conceptions se présentaient sous la forme hiérarchique et administrative, n'aurait probablement jamais créé de Facultés des lettres et des sciences, s'il n'avait fallu quelques personnes pour délivrer les diplômes. Au moins a-t-il voulu que ces Facultés fussent instituées sans qu'il en coutât trop cher au pays. Le décret fondamental de 1808 débute ainsi : « Il y aura auprès de chaque lycée, chef-lieu d'une Académie, une Faculté des lettres. Elle sera composée du professeur de belles-lettres du lycée et de deux autres professeurs ; le proviseur et le censeur pourront leur être adjoints. » Les dispositions relatives à la Faculté des sciences sont pareilles. Ainsi l'enseignement secondaire, qui devrait tirer sa substance de l'enseignement supérieur, est au contraire chargé de l'alimenter. Nous avons vu plus d'une fois cette pensée se reproduire chez nos ministres de l'Instruction publique : une chaire de Faculté paraissait la récompense méritée et la retraite naturelle d'un professeur fatigué par de fidèles et longs services au lycée. Pourquoi, en effet, après avoir si longtemps préparé les élèves au baccalauréat, n'aurait-il pas la satisfaction de faire des bacheliers ? Qui, mieux que lui, saurait choisir des sujets de composition, interroger les candidats ?

On se tromperait fort, si l'on croyait que les idées napoléoniennes sur l'utilité et le rôle des Facultés aient cessé de régner. Remarquons d'abord que le prudent esprit d'économie que nous avons constaté chez le législateur de 1808 anime encore notre administration. Tandis qu'en 1847, l'ensemble de nos Facultés des lettres coûtait annuellement à l'État 216 000 francs, somme assurément modique, la dépense est déjà réduite en 1855 à 125 000 francs. Par un nouvel et notable progrès fait dans la même voie, l'État est parvenu en 1865 à réaliser sur ses Facultés des lettres 52 800 francs de bénéfice[1]. Si nous prenons maintenant en bloc les Facultés de théologie, de droit, de médecine, des sciences, des lettres, les écoles préparatoires et supérieures de médecine et de pharmacie, et tout ce qui se rattache aux Facultés, nous constatons qu'en 1847 l'excédant de la dépense sur les recettes était de 1 155 000 francs ; en 1855, l'excédant de dépense est réduit à 981 000 francs, et enfin, en 1865, l'État, pour tous frais, n'a plus à débourser que 180 000 francs[2].

Jamais l'idée, au moins étroite, de réaliser des

1. *Statistique de l'enseignement supérieur*. 1865-1868. Page 457. Ce profit est dû aux inscriptions que les étudiants en droit sont tenus de prendre à la Faculté des lettres.

2. En Allemagne, le budget annuel des Universités peut être estimé à dix millions de francs, non compris les écoles spéciales et les frais extraordinaires.

profits sur l'enseignement supérieur ne se serait présentée à l'esprit de personne, si l'on n'avait point vu dans les Facultés un mécanisme principalement destiné à former des bacheliers, des licenciés et des docteurs. Mais cette manière de voir n'est point particulière à notre administration. Il y a trois ans, une commission avait été nommée pour préparer un projet de loi sur l'enseignement supérieur. Par les discussions que nous avons entendues alors, on a pu se convaincre que la collation des grades paraît encore à beaucoup d'esprits l'occupation essentielle et la principale raison d'être de nos Facultés. Le plus petit nombre seulement cherchait les moyens de fortifier, d'étendre, de vivifier notre enseignement supérieur : ce qui intéressait la plupart, c'étaient les voies et moyens pour conférer les diplômes.

Il est probable que si la question est transportée devant une Assemblée, c'est sur ce terrain que s'engagera le débat. On défendra de part et d'autre le droit strict des confessions et des opinions : la composition des comités d'examen intéressera plus nos législateurs que le niveau et la qualité de l'instruction On réclamera le droit d'avoir des universités catholiques, protestantes, libre-penseuses, non pas tant à cause de l'enseignement qu'elles procureront, qu'à cause des grades et des diplômes. Donner à choisir aux jeunes gens entre plusieurs universités également médiocres, est-ce là le dernier mot de la sagesse des partis ? Quand aujourd'hui, en prenant de tous côtés et en n'excluant aucun homme capable, nous avons à peine un personnel suffisant pour recruter les Facultés de l'État, où en sera notre enseignement supérieur, lorsque, grâce à cette liberté, nous aurons des Facultés de toute nuance? Le système qu'on paraît désirer pour nous existe depuis nombre d'années dans une contrée voisine : mais tous les hommes éclairés, en Belgique, déplorent cet éparpillement des forces intellectuelles du pays, et ils aimeraient mieux de beaucoup une seule et grande université, ouverte à toutes les doctrines, à toutes les croyances, que les quatre universités qui se partagent les professeurs et divisent la jeunesse.

La véritable liberté de l'enseignement supérieur, c'est la liberté pour le professeur d'enseigner ce qu'il croit la vérité, une fois qu'il a satisfait aux conditions exigées par la loi pour monter dans une chaire. Le devoir de l'État, c'est de rendre ces conditions aussi larges pour les doctrines qu'il est possible en maintenant le niveau de la science. En Allemagne, où il n'y a pas d'opinion qui ne puisse aisément trouver une place dans les universités de l'État, personne ne réclame la fondation d'autres universités. Ce sont seulement les pays où la collation des grades est devenue l'essentiel et l'enseignement l'accessoire, qui soulèvent ces stériles querelles.

Quand on lit les décrets relatifs à nos Facultés des lettres et des sciences, on voit que les cours ne sont guère destinés, dans la pensée des fondateurs, qu'à remplir l'intervalle des sessions. « Le professeur de littérature grecque prendra pour sujet de ses leçons, dans la première partie de son cours, les auteurs en prose, et dans la seconde les poëtes…. Le professeur d'éloquence latine expliquera les traités de rhétorique de Cicéron et de Quintilien, et les plus beaux morceaux d'éloquence des auteurs latins…. Le professeur de poésie latine développera les beautés des grands poëtes du siècle d'Auguste ; il fera connaître aussi les poëtes latins de second ordre[1]…. Les leçons seront publiques, et, pendant leur durée, l'entrée ne pourra être refusée à personne[2]. » L'empereur se faisait de l'enseignement supérieur une idée particulière : si quelque gradué voulait faire un cours public, l'Université exigeait de lui une rétribution en argent. « Un gradué qui a obtenu permission de faire un cours public devra payer la

---

1. Statut du 16 février 1810.
2. Décret du 21 septembre 1804.

même rétribution que les maîtres de pension ou les chefs d'institution du lieu de sa résidence[1]. »

Les professeurs de Facultés étaient nommés au concours avec un appareil plus judiciaire que scientifique. « Les juges du concours devront être au moins au nombre de sept au moment de l'ouverture du concours, y compris le président. S'ils étaient réduits à moins de cinq pendant le concours, ils devront être complétés et les épreuves recommencées.... Si deux ou plusieurs des juges désignés pour le concours sont parents ou alliés entre eux jusqu'au degré d'oncle et de neveu inclusivement, le plus ancien restera seul juge en suivant l'ordre des fonctions et des grades.... Le président fera remettre aux candidats la liste des juges, et les invitera à se retirer dans une pièce séparée. Il les fera ensuite appeler pour proposer leurs récusations motivées, qui seront jugées par l'assemblée.... Le jour même où toutes les épreuves du concours auront été terminées, et immédiatement après la dernière épreuve, les juges se retireront dans la salle de leurs délibérations pour procéder au choix du candidat qui doit obtenir la place vacante[2]. »

1. Décision du 7 avril 1809.
2. Statut du 31 octobre 1809.

Nous ne critiquons pas ces dispositions, qui, le concours une fois admis, ont toutes leur raison d'être. Il était d'ailleurs logique de recruter par le concours un corps dont la principale occupation devait être la collation des grades. Nos Facultés portent encore aujourd'hui cette lourde charge d'examens et de sessions que l'Empire leur avait imposée, et qui a entraîné après elle les inconvénients les plus divers.

En premier lieu, le temps de nos professeurs a été en partie envahi par des soins complétement étrangers à l'enseignement supérieur. Quatre fois par an, ils dictent des versions aux aspirants au baccalaureat, corrigent les copies, font passer les examens oraux. Distraction fréquente et fâcheuse, qu'aucun professeur d'une université étrangère ne voudrait accepter ! Nous n'ignorons pas que pour une grande portion du public ces fonctions d'examinateur sont précisément la prérogative la plus haute et la plus redoutable du professeur de Faculté : beaucoup le regarderaient comme un homme entièrement désœuvré, et lui retireraient peut-être une partie de leur considération s'ils ne le voyaient pas siéger aux assises trimestrielles du baccalauréat. Peut-être même quelques professeurs de Faculté, subissant l'opinion générale, comparant à leur abandon ordinaire l'empressement dont ils sont l'objet aux approches des épreuves, sont tentés de se regarder plutôt comme des juges que comme des docteurs.

Un autre inconvénient, c'est que l'obligation de siéger ensemble, pour une besogne commune, à des intervalles périodiques et rapprochés, a développé chez certains professeurs un esprit de défiance et d'exclusion. On redoute les nouveaux venus qui pourraient modifier la composition du tribunal. Parmi nos Facultés, bien peu songeront à demander qu'on leur adjoigne des chaires nouvelles, par exemple une chaire de vieux français ou de littérature orientale : non sans doute qu'elles tiennent ces études en petite estime. Mais on craint que ces professeurs nouveaux, qui pourront sans doute être d'excellents philologues, ne soient de médiocres latinistes, et qu'ils n'apportent pas aux examens une coopération assez utile ou un esprit assez classique. Pour une raison analogue, on a toujours tenu à distance tout ce qui pouvait ressembler aux *privat-docenten :* non pas qu'on se croie universel ; comment le serait-on avec un si petit nombre de professeurs et deux leçons par semaine ? Mais ces associés, après qu'ils seront installés dans une chaire, demanderont peut-être aussi, au moment des sessions, un fauteuil d'examinateur. C'est ainsi que les fonctions judiciaires dont nos Facultés ont été investies contrarient continuellement l'intérêt didactique

Mais ces examens auxquels ont été faits tant de sacrifices, les Facultés parviennent-elles du moins à en maintenir le niveau ? « Les Facultés savent qu'elles s'exposeraient à des avertissements de la part de l'autorité, à des comparaisons et à des désertions fâcheuses de la part des candidats, si la proportion entre les admissions et les candidatures n'oscillait pas entre 45 et 55 pour cent: on suit d'instinct cette indication ; et si la force moyenne des candidats vient à baisser, il faut bien que le diapason des Facultés suive cette marche descendante. Ce serait trop demander à l'institution que de vouloir qu'elle se raidit contre le torrent…. Quand la proportion des ajournements a atteint le chiffre de 50 ou 55 pour cent, les juges sentent bien qu'il faut s'arrêter et qu'on ferait casser la corde en voulant la tendre davantage. Ils admettent en gémissant, vu la dureté des temps, des candidats dont la moitié au moins seraient rejetés par eux, s'ils ne se sentaient les mains liées[1]. »

Nous ne reprochons pas à nos professeurs de subir cette nécessité de l'indulgence : elle s'imposera plus ou moins à tous les examinateurs, de quelque manière qu'on les choisisse, aussi longtemps que le lycée ne mettra pas une barrière au passage des mauvais élèves d'une classe à l'autre

---

1. Cournot. *Des institutions d'instruction publique en France.*

Mais on voit suffisamment que si, comme quelques-uns le croient, la fonction principale des Facultés était de maintenir et de relever le niveau des études du lycée, on serait en droit de dire qu'elles remplissent imparfaitement leur mandat. Des examinateurs parcourant le pays, comme ceux qui interrogent les candidats à l'École polytechnique, seraient alors préférables à certains égards.

Telle est la force du préjugé qu'il serait dangereux d'enlever absolument à nos Facultés le droit de suffrage aux examens du baccalauréat. Mais je voudrais que la Faculté cessât de siéger à l'exclusion de tout autre juge. Un ou deux professeurs de la Faculté, délégués par leurs collègues, suffiraient pour la représenter. La licence et le doctorat, qui sont proprement du ressort de l'enseignement supérieur, seraient les seuls examens qui resteraient exclusivement dans ses attributions. Nos Facultés des sciences et des lettres seraient dès lors plus libres de vaquer aux soins de l'instruction. leur rôle serait mieux compris; et elles pourraient, sans inconvénient aucun, recevoir les accroissements indispensables et procéder aux réformes nécessaires[1].

1. Nous laissons de côté à dessein l'organisation financière de nos Facultés, pour laquelle nous ne sommes pas compétent, et qui devra de toute façon être remaniée du moment que l'étudiant, au lieu de payer ses inscriptions, payera les cours où il est admis.

LES FACULTÉS DES LETTRES.

Qui croirait, avant d'y avoir réfléchi un instant, que *bischof* et *évêque* sont tirés d'un même mot? Mais ces deux termes ne diffèrent pas plus entre eux qu'un cours de philologie professé dans une université allemande ne diffère de certains cours de nos Facultés des lettres. Le professeur allemand a devant lui des étudiants dont il connaît les noms, qu'il a vus au moins une fois chez lui, qui l'ont payé pour l'entendre sur un sujet convenu entre eux et lui, et qui suivent, la plume à la main, une leçon d'où l'éloquence est bannie et où les faits ne sauraient être trop nombreux. Dans nos Facultés, les conditions sont autres. On a trop bien décrit pour que nous en parlions à notre tour, « cette porte battante qui durant toute la leçon ne cesse de s'ouvrir et de se fermer, ce va et-vient perpétuel, cet air désœuvré des auditeurs, le ton du professeur presque jamais didactique, parfois déclamatoire, ces leçons qui forment chacune un tout complet avec exorde et péroraison, cette habileté à rechercher les lieux communs sonores qui n'apprennent rien de nouveau, mais qui font infailliblement éclater les marques d'assentiment. » Nous avons plus haut décrit la faiblesse de nos écoles primaires; nous avons ensuite essayé de montrer les défauts de nos lycées ; dans nos Facultés, ce ne sont ni des défauts, ni des faiblesses qui frappent l'observateur. Ce qu'il constate d'abord, c'est une déviation de l'enseignement, une difformité due à une croissance irrégulière. Nous ne songeons pas à en accuser nos professeurs ; nul ne sait mieux que nous combien nos Facultés renferment d'hommes éminents et studieux. Mais il est trop évident que pour constituer un enseignement il faut deux personnes : le maître et l'élève. Or, l'élève manque à nos Facultés des lettres, et par son absence il a faussé la leçon du maître.

Me défiant de mon jugement, je transcrirai encore ici quelques lignes d'un haut fonctionnaire de l'Université : « L'enseignement que nous continuons d'appeler supérieur, parce qu'il se donne dans des Facultés, est obligé le plus souvent de rester beaucoup au-dessous, par le niveau scientifique, de l'enseignement que nous appelons secondaire et qui est donné dans les hautes classes du lycée. On a des cours de littérature ancienne où il faut sauver par toutes les grâces du langage, par toutes les finesses oratoires, la citation de quelques lignes, de quelques mots de latin ou de grec ; ou des cours de physique où rien n'est épargné pour l'effet agréable des expériences, mais où l'on n'oserait écrire, ni surtout discuter une formule trigonométrique : car on a affaire à un auditoire auquel il faut plaire, et de qui l'on ne peut raisonnablement attendre une application fatigante [1]. »

Comme les idées morales, familières à tous les esprits, ont toujours de l'action sur la foule, quelques professeurs ont fait de la leçon une sorte de prédication. D'autres se sont adressés au sens littéraire, naturellement éveillé chez nous et déjà développé par l'instruction du lycée : le cours de Faculté est devenu l'occasion de délicates causeries et de jouissances esthétiques. Plusieurs, à la poursuite de l'actualité, ont cherché des sujets confinant aux préoccupations du jour, et retiennent le public par le goût des allusions ou par l'attrait de la polémique. Ainsi nos Facultés, privées de leur auditoire naturel, ont créé autour d'elles un auditoire de circonstance, qui s'est habitué à cette sorte d'enseignement et qui ne songe point à s'étonner des formes extraordinaires sous lesquelles il se présente. On trouve tout simple, dans telle grande ville de province, que le journal

---

[1]. Cournot. *Des institutions d'instruction publique en France*

annonce successivement chacune des leçons du professeur, avec le sujet qu'il traitera: une société choisie, en partie composée de dames, entoure la chaire et applaudit aux paroles de l'orateur.

On dira encore que c'est le génie national qui le veut ainsi et que des entretiens sur le style ou sur la morale sont une des manifestations de l'esprit français. Pour moi, je pense que le même phénomène se serait produit en tout pays où l'enseignement supérieur aurait été privé de ses auditeurs véritables. Si nos Facultés de droit et de médecine étaient placées demain dans les mêmes conditions, on verrait bientôt les cours dévier dans les considérations sur la légitimité de la peine de mort et sur l'existence du principe vital. C'est précisément ce qui a eu lieu, dès l'origine de nos Facultés des lettres, pour les cours de philosophie, de littérature et d'histoire. Essayez d'interpréter un ouvrage de Platon devant un auditoire où personne ne sait le grec ! quel moyen d'étudier les sources de notre histoire, Grégoire de Tours par exemple, avec des auditeurs qui n'ont jamais eu le texte du chroniqueur entre les mains! On expose à grands traits la théorie platonicienne ; on citera quelques passages bien choisis pour dépeindre les mœurs des Mérovingiens. Ce sera déjà un succès si l'on fait accepter à l'assistance une distraction aussi sévère. Quelques-uns de nos professeurs, qui se faisaient une idée plus relevée de l'enseignement supérieur, ne tardent pas à se décourager. On en voit qui, après peu d'années, quittent leur chaire pour retourner dans un collége ou pour se faire attacher à une école spéciale.

Nulle part au monde le métier de professeur n'est aussi pénible. Malgré le mérite, l'âge, les services rendus, chaque leçon est comme une nouvelle épreuve. Le professeur ne sait pas quel public il aura devant lui : il faut qu'il soit spirituel ou entraînant, il faut qu'une conclusion bien tournée laisse une impression favorable au nouveau venu qui est présent dans l'assistance et qui va le juger sur une leçon. Plus redoutables encore sont les auditeurs anciens, qui suivent le cours depuis quatre, cinq, dix ans, et qui, comme des habitués de théâtre, comparent le professeur à lui-même : il ne faut pas qu'ils aient à constater son déclin ; le cours doit être sans cesse renouvelé pour ces juges devenus d'autant plus exigeants qu'on a plus fait pour eux.

La transmission de la science ne coûte pas tant de peine. Voulez-vous voir comment elle se fait dans le pays où le professeur est le plus respecté ? Voyez ce savant qui quitte sa table de travail, prend le cahier où est contenu son cours et se rend à l'université : il reprend à l'endroit où la dernière fois il a été interrompu par l'heure. Il dicte ou parle assez lentement pour que les étudiants puissent prendre leurs notes. Quand les trois quarts d'heure réglementaires sont écoulés, il se lève. La leçon ne l'a ni ému, ni fatigué. Il en peut donner deux ou trois le même jour, tout en continuant ses propres travaux. Comme il est sûr qu'au bout de trois ans le public universitaire est complétement renouvelé, il suffit, à la rigueur, qu'il ait une provision de trois années de cours devant lui. Au commencement de sa carrière, il rédige ses cahiers que, pendant le reste de sa vie, il tient à jour et enrichit du résultat de ses recherches et de ses lectures. Aussi le professeur allemand ne songe-t-il point à se reposer, et il est fort rare qu'à moins d'y être contraint, il abandonne sa chaire. Gottfried Hermann, Bœckh donnaient à soixante-dix ans leurs leçons de grec comme ils faisaient à vingt-quatre.

Chose remarquable! ces professeurs qui relativement se donnent si peu de peine, qui sont payés par leurs élèves, qui se renferment exactement dans les limites de leurs cours, exercent sur l'esprit des auditeurs une influence immense : au lieu que nos orateurs brillants, entraînants, à l'affût des nouveautés, n'ont aucune action sérieuse sur leur public. C'est qu'en Allemagne le travail sert de lien entre le professeur et les étudiants; un terme qui revient fréquemment dans le langage des universités exprime bien ce rapport: le professeur, s'adressant à ses élèves, les appelle *commilitones*. Il n'y a pas de lien plus solide et plus noble entre les hommes que celui des recherches faites de concert dans un commun amour de la vérité.

La pire conséquence d'un état de choses contre nature, c'est que ceux mêmes qui ont le plus à en souffrir finissent par s'y habituer, au point d'en devenir les défenseurs. Si l'on essaye de constituer notre enseignement supérieur sur des bases analogues à celles où il est établi en Allemagne, nous verrons probablement des professeurs de Faculté prendre la parole pour vanter nos cours ouverts à tout venant et nos leçons oratoires. Il ne faut pas s'en étonner. Non-seulement l'esprit finit par prendre ses habitudes et son pli, mais le travail d'érudition est devenu tellement étranger à quelques-unes de nos Facultés des lettres, qu'on s'en fait parfois l'idée la plus bizarre. On se représente le savant comme un être isolé du monde, la recherche scientifique comme un plaisir égoïste, les élèves comme des gens initiés à un culte secret. Si ceux qui parlent ainsi avaient seulement goûté une fois la généreuse satisfaction de transmettre les instruments du travail à de jeunes esprits, et la joie de les voir entrer dans la voie des recherches originales, ils changeraient sans doute de langage et renonceraient de bon cœur, en échange d'un tel plaisir, aux applaudissements de leur amphithéâtre.

On dira sans doute que notre appréciation est exagérée, et que nos Facultés des lettres ne sont point si étrangères à l'érudition que nous le donnons à penser. Ne voit-on pas les grandes questions de l'histoire et de la philologie exposées avec talent par nos professeurs ? Y a-t-il idées si nouvelles qui ne soient aussitôt saisies, mises en lumière ? — Nous en convenons volontiers, mais on doit faire ici une distinction importante. Autre chose est de propager la science, autre chose de l'enseigner. Le rôle de vulgarisateur, fort utile en lui-même, n'est pas celui qui convient au professeur : au moins n'est-ce qu'une moitié de sa tâche. Il faut que le professeur, dans son cours, recommence les recherches et refasse le travail de l'inventeur, pour mettre ses élèves en état de comprendre les méthodes scientifiques et pour les rendre capables de continuer les découvertes faites par leurs aînés dans la vie. Tout le monde sait comme nous que les sujets les plus élevés sont familiers à nos professeurs de Facultés : ils exposent à leur auditoire les origines et les transformations des langues et des littératures, le développement des institutions religieuses et politiques, les grandes découvertes de l'archéologie et de l'épigraphie. Mais, à la rigueur, les journaux et les revues suffiraient pour cette sorte d'enseignement. Un point de l'histoire littéraire éclairci d'après les sources, un texte critiqué avec soin, une inscription bien commentée, vaudraient mieux pour des élèves. Faut-il ajouter que cette habileté à s'emparer des recherches d'autrui n'est pas toujours de bon aloi? On a l'honneur du travail sans en avoir eu la peine; on fausse les résultats par le désir de les mieux faire ressortir; on omet tout ce qui ne fournit pas des développements brillants. Pour tenir en haleine la curiosité du public et renouveler la matière du cours, on est en quête des thèse plausibles. Ainsi se forment des hommes sans spécialité, se croyant volontiers supérieurs à ce qu'ils font et disent, plus attentifs à deviner les goûts de leur public que désireux de le diriger. Un tel enseignement est destiné à s'amincir de plus en plus, pour aboutir au pur dilettantisme.

LES ÉCOLES SPÉCIALES.

En réduisant à un minimum les Facultés des lettres et des sciences, Napoléon, il faut le dire, était fidèle à l'esprit de la Révolution française. Ce n'est pas que celle-ci méconnût la nécessité de l'enseignement supérieur; mais en opposition directe avec le moyen âge, qui avait cherché à réaliser la réunion de toutes les sciences, — l'*Universitas scientiarum*, — la Révolution mettait sa confiance dans les écoles spéciales. On courrait risque de se tromper si l'on cherchait une raison philosophique de cette volte-face : les opinions des hommes se font d'après ce qu'ils voient, et le plus souvent nous appelons du nom de principes ce qui est le fruit d'une expérience assez limitée. En 1789, on n'aimait pas les universités parce qu'elles n'avaient rien, en effet, qui fût très-digne d'intérêt. Depuis longtemps l'Université de Paris était discréditée. Le rôle peu généreux qu'elle avait joué dans nos querelles de religion, la faiblesse et la routine de son enseignement, le caractère clérical que lui donnait la Faculté de théologie, tout cela avait détourné les sympathies des esprits éclairés. En province, la décadence était encore plus profonde. La suppression des universités, en 1793, fit peu de bruit, et personne, au temps du Consulat, ne songea à les relever. Dans la mémorable discussion qui eut lieu, en 1802, au Tribunat et au Corps législatif, pour la réorganisation de l'enseignement, un seul orateur, Fourcroy, rappelle une fois le nom des universités [1].

Des écoles spéciales pour toutes les directions de l'intelligence et de l'activité humaines, voilà ce que reclamait alors l'opinion publique. Le gouvernement se proposait d'en créer un grand nombre. Outre les écoles destinées aux services publics, tels que la guerre, la marine, l'artillerie, le génie, les ponts et chaussées, l'hydrographie, outre les écoles de droit et de médecine, on avait l'intention de fonder des écoles pour la physique et la chimie, pour les arts mécaniques, pour les mathématiques transcendantes, pour la géographie, l'histoire et l'économie publique, pour l'as-

---

1. Discours prononcé au Corps législatif, le 30 germinal an X. « Le gouvernement, en recherchant un nouveau mode d'enseignement approprié à l'état actuel des connaissances et au génie de la nation française, a cru nécessaire de sortir de la route accoutumée. Instruit par le passé, il a rejeté les formes anciennes des universités, dont la philosophie et les lumières appellent la réforme depuis près d'un demi-siècle, et qui n'étaient plus d'accord avec les progrès de la raison. »

tronomie, pour les arts du dessin. Plusieurs ne furent jamais fondées : quelques-unes, au contraire, comme l'école polytechnique, ont atteint un degré extraordinaire de solidité ; d'autres encore sont venues se joindre à celles qui étaient primitivement projetées, comme l'école des mines, l'école normale, l'école plus anciennement établie des langues orientales. Sous les gouvernements qui suivirent l'Empire, cette liste ne cessa point de s'augmenter. Ainsi l'école forestière et l'école des chartes sont de la Restauration. Pendant qu'en Allemagne les universités grossissaient le faisceau de leurs cours, multipliaient le nombre des professeurs et des leçons, attiraient des milliers d'étudiants, nos pauvres Facultés des lettres et des sciences restaient dans le dénûment. Élèves et maîtres, tout ce qui était jeune, ardent, ambitieux, se dirigeait vers les écoles spéciales. On voit assez la différence des deux systèmes : à chaque nouvel ordre d'études nous ouvrions un nouvel asile ; en Allemagne on joignait la science la dernière venue à ses aînées. Voyons quels sont les avantages et les inconvénients de l'une et de l'autre organisation.

Les fondateurs de nos écoles sont partis de l'idée fort simple que voici. Désirant avoir les meilleurs ingénieurs, les meilleurs humanistes, les meilleurs mathématiciens, nous prendrons les maîtres les plus éminents dans chaque département intellectuel ; nous les placerons en des établissements distincts, et par le moyen des examens et des concours, nous leur amènerons les élèves les mieux doués. Il y aura donc une abondance extraordinaire de lumières. Quelle école que celle où les mathématiques seront enseignées par Lagrange, Laplace, Monge! De plus, toute inutile dépense de force sera épargnée ; à quoi bon, par exemple, avoir un ou deux professeurs de langues orientales dans nos villes de province? Nous aurons une école des langues orientales où nous réunirons les hommes les plus savants en cette matière ; on obtiendra de la sorte un ensemble de cours qui se compléteront l'un l'autre, au lieu que les leçons d'un ou deux maîtres étaient évidemment fort insuffisantes. Mais c'est surtout pour les élèves que ce système donnera ses résultats les plus admirables. Nous éloignons d'abord les vocations incertaines, les intelligences médiocres, qui ne pourraient qu'encombrer inutilement les salles de cours ; prenant ensuite cette jeunesse triée avec soin et déjà bien préparée, nous la soumettrons à une culture d'autant plus énergique que nous y joindrons tous les moyens habituels dont nous disposons, savoir les classements, les récompenses, les places en perspective. Tous les instruments de travail, bibliothèques, salles d'étude, laboratoires, seront au service de ces élèves privilégiés; même nous les préserverons des distractions du dehors, en continuant pour eux, dans les bâtiments de l'école, l'internat que nous leur avons d'abord offert au lycée.

On ne peut pas nier que ce système n'ait produit sur le moment des résultats brillants. Quelques-unes de ces écoles eurent une période d'éclat qui sembla justifier l'idée des fondateurs. Les inconvénients ne se firent sentir que plus tard.

En premier lieu, par le seul fait qu'on assemblait les lumières sur un seul point, on faisait l'ombre partout ailleurs. Il devint impossible de suivre en province des cours quelque peu relevés; les rares foyers intellectuels qui existaient en dehors de Paris s'éteignirent. En revanche, par suite de cette agglomération de l'élite du pays dans une même ville, il y eut encombrement. Tel homme qui se serait fait en province une juste réputation, qui aurait assemblé autour de lui un groupe d'élèves, qui aurait peut-être fondé une école, perdit sa vie à Paris dans l'attente d'une place et dans de stériles compétitions. On sacrifia l'avenir au présent, car on ne songea point à assurer d'une manière suffsante le renouvellement de cette élite de professeurs qu'on montrait à l'Europe, et dont on était si fier. Ce n'est pas assez d'établir dans la capitale des cours très-relevés;

il faudrait qu'en province il y eût d'autres cours plus accessibles, qui servissent à leur recruter des élèves. Il est arrivé avec le temps que certains enseignements ont surtout profité aux étrangers. Silvestre de Sacy faisait à l'École des langues orientales un cours où sont venus s'asseoir tous les arabisants de l'Europe : mais les Français, dans cet auditoire, étaient en petit nombre, car nous n'avions pas en province des cours d'arabe qui pussent préparer les commençants. Pareille chose est arrivée plus tard au Collége de France, pour le cours d'Eugène Burnouf : il a servi surtout aux Allemands qui, préparés chez eux par d'autres maîtres, venaient achever leur instruction à Paris. Les inconvénients de ce genre sont les plus dangereux, car il est impossible d'en fournir la preuve directe : une vocation non éveillée reste inconnue de tout le monde, même de celui qui la possède.

En second lieu, si nombreuses que soient les chaires dans nos écoles spéciales, si richement dotés que soient ces établissements, ils n'ont jamais l'élasticité d'une université où chaque science nouvelle peut aussitôt avoir sa chaire, souvent remplie par celui-là même qui vient de créer la science. Il faut ménager les finances de l'État, ne pas surcharger de travail les élèves, attendre que la science nouvelle soit solidement assise. De là tant de savants qui n'arrivent à l'enseignement qu'au moment où ils sont usés; de là surtout des retards ou des lacunes qui s'introduisent dans le programme des écoles. Il s'établit assez vite un cadre officiel qu'il devient très-difficile d'élargir; à l'École normale, la critique de texte, la paléographie, l'enseignement historique du français, depuis soixante ans, n'ont pu se faire donner une place, parce que ces enseignements ne s'étaient pas présentés à l'esprit des fondateurs. Il est dans la nature des écoles spéciales de préférer aux cours du dehors les cours faits à l'intérieur, pour l'usage particulier des élèves. On comprend dès lors combien il devient difficile à un enseignement nouveau de s'introduire dans ces sortes de forteresses. Le directeur, assiégé de demandes, ne songe qu'à faire bonne contenance et à défendre le temps de ses élèves. La fondation d'une chaire nouvelle est un événement trop grave pour qu'on n'attende pas, avant de s'y résoudre, la pression de la nécessité. Mais il est trop clair qu'à moins d'incidents imprévus, la nécessité d'un enseignement se fait d'autant moins sentir qu'on s'en est passé plus longtemps. Certains établissements dont le programme, au moment de la création, représentait bien l'état de la science, sont incomplets, surannés, dépassés aujourd'hui.

Troisièmement, comme tous les élèves destinés

à la même carrière reçoivent le même enseignement, on répand sur le corps tout entier une uniformité de doctrine et de méthode qui n'est nullement favorable au progrès. Admettons que les chaires soient occupées par des hommes supérieurs : encore ne sont-ils pas universels. Tel esprit d'une moindre portée peut représenter un côté de la science qui aurait eu besoin de n'être pas négligé. Tel professeur exclu de l'école parce qu'il est moins brillant ou parce que son savoir est moins étendu, a peut-être une méthode qui aurait ouvert à de jeunes esprits la route des découvertes. Mais supposons maintenant (et la chose, on en conviendra, n'est pas impossible) qu'un choix insuffisant ait été fait pour une ou plusieurs chaires, ou que des professeurs, excellents à l'origine, mais fatigués de recommencer tous les ans le même cours, manquant d'ailleurs du stimulant de la concurrence, ne le fassent plus avec la même ardeur. Voici des parties entières de la science qui vont tomber en souffrance, et la lacune ainsi produite se retrouvera dans tout le personnel sorti de l'école. On s'explique le manque de controverses scientifiques, et par suite l'absence d'activité critique à l'intérieur d'un seul et même corps, si l'on songe à cette uniformité de l'éducation. Nous voyons bien qu'il existe une différence entre l'esprit de l'Ecole polytechnique et celui de l'École centrale, entre les méthodes de l'École normale et celles de l'École des chartes. Mais les promotions d'une seule et même école se ressemblent trop pour qu'entre membres du même corps il s'engage des discussions fructueuses. Ajoutons-y l'esprit de camaraderie qui tend à fermer les portes à tout ce qui vient du dehors, et nous comprendrons comment des corps qui ont pu d'abord servir de modèle à l'Europe, perdent peu à peu de leur valeur, et sont non-seulement devancés par d'autres pays, mais deviennent inférieurs à leur propre passé.

Ces défauts échappent en temps ordinaire au grand public. Mais il suffit de transporter par hypothèse le système des écoles spéciales sur un domaine où règne encore librement toute notre activité intellectuelle, pour comprendre les conséquences qu'il entraîne. Je suppose que demain l'État s'avise d'appliquer à l'École des Beaux-Arts le même régime qu'à l'École polytechnique : il serait décidé que les commandes officielles et le titre de peintre appartiendraient seulement aux jeunes artistes entrés après concours à l'école, instruits d'après ses programmes, continuellement examinés et classés, tenus tous aux mêmes études et rangés en sortant par ordre de numéros. Devant cette concurrence de l'État, après un temps plus ou moins long, les ateliers particuliers qui composent à Paris comme une Université de peinture, se fermeraient. On obtiendrait peut-être d'abord une école des Beaux-Arts extrêmement brillante : mais tout le monde voit que ce serait bientôt le déclin et la ruine de notre peinture.

N'oublions pas d'ajouter une circonstance qui ne contribue point médiocrement à hâter la décadence. A mesure qu'il faut pourvoir aux chaires vacantes, nommer un directeur nouveau, on s'adresse aux anciens élèves de l'école. Comme dans ces familles qui dégénèrent par de trop fréquents mariages entre parents, les défauts de tempérament s'accusent toujours davantage.

Si du personnel enseignant nous passons maintenant aux élèves, nous voyons se produire d'autres inconvénients. Une école unique en son genre, surtout si elle ouvre l'accès d'une carrière, voit ses avenues se peupler de candidats. Il faut opposer à la foule la barrière des examens. Mais cette barrière elle-même n'a pas été suffisante, car on a dû y joindre la condition de la limite d'âge. Ce n'est pas assez qu'un jeune homme soit en état de répondre à toutes les questions du programme : il faut qu'il se soit mis assez tôt à cette préparation spéciale, pour n'avoir pas dépassé la limite étroite de l'âge fixé par nos règlements. Il est difficile de ne pas croire qu'en posant cette condition, le législateur a plutôt consulté la commodité de l'examinateur que l'intérêt bien entendu de l'État et de la science. Pourquoi refuser les vocations tardives ? Si vous craignez l'obstination des médiocrités, mettez une limite au nombre des épreuves. Mais par une condition aussi mal imaginée vous écartez des sujets excellents : chez ceux qui se préparent à vos examens, vous empêchez le développement général de l'esprit, sans compter que vous liez les mains aux proviseurs qui voudraient s'opposer à l'escalade des classes par les élèves médiocres.

Nous avons déjà vu que l'éducation générale, en France, est de moins longue durée qu'en Allemagne et en Angleterre, puisqu'elle est censée terminée après le lycée. Mais sur le temps même du lycée il faut retrancher les dernières années, car nos collégiens commencent dès lors une préparation spéciale, et se séparent d'avance en Polytechniciens, en Saint-Cyriens, en marins. Plus les programmes sont difficiles et la limite d'âge étroite, plus la préparation commence tôt. On cherche à *gagner des années*, c'est-à-dire à quitter le plus tôt possible l'enseignement général. De là un défaut de maturité qui s'accuse dans la suite de la vie : si l'on a pu dire que les mathématiques faussaient l'esprit, si l'on a vu des hommes éminents par leurs connaissances scientifiques donner dans les systèmes les moins conformes à l'expérience et à l'histoire, ce n'est pas à l'algèbre ou à l'analyse qu'il faut s'en prendre, mais au précoce abandon des études générales. De tels écarts sont exceptionnels : ce qui est plus fréquent et plus dangereux, c'est l'absence de curiosité, le manque d'ouverture d'esprit, défauts qu'une culture en serre chaude a ordinairement pour conséquences.

On connaît assez bien l'hygiène du corps : mais l'hygiène de l'esprit semble encore dans son enfance. Entre dix-sept et vingt-quatre ans se place un âge critique où l'esprit, au moment de s'épanouir, a besoin de recueillement et de liberté pour choisir en connaissance de cause les occupations et les études qui lui conviennent le mieux. C'est le temps que nous avons choisi pour l'écraser de travaux, au risque de briser ou de fausser le ressort à jamais. Nos candidats à l'École polytechnique, à l'École normale, sont les jeunes gens les plus instruits et les plus laborieux de l'Europe : mais trop souvent la suite ne répond pas à ces commencements et l'on trouve éteints à quarante ans ces brillants sujets de nos écoles.

Il n'y a pas de pays où la sécurité qui convient si bien à l'adolescence et aux premières années de la jeunesse soit gratuitement troublée comme en France. Non-seulement il faut entrer dans une école, mais une fois entré, on n'a plus guère le choix d'en sortir et d'en chercher une autre. Notre système d'instruction ne s'est pas contenté de séparer les carrières dès l'origine; mais il a mis entre elles des murs de clôture. De là le sentiment d'anxiété qui, à seize ans, s'est emparé de la plupart d'entre nous ; de là aussi tant de vocations fourvoyées, de gens restant dans le train qui les emporte, mais regrettant de n'être pas allés ailleurs. En d'autres contrées, grâce à la réunion de toutes les sciences en une seule Université, grâce à l'échange continuel des idées entre étudiants, grâce surtout à l'absence des conditions d'âge, tel qui voulait se faire théologien devient philologue ; tel autre qui se destinait à apprendre les mathématiques, reconnaît qu'il est fait pour déchiffrer des diplômes. Le nombre est grand de ces transfuges qui, après s'être trompés d'abord, ont ensuite conquis une place distinguée dans la carrière de leur choix.

Mais la limite d'âge n'est pas le seul cauchemar dont soit tourmentée notre jeunesse. Les programmes des examens, d'abord fort modestes, se sont peu à peu grossis de matières nouvelles, à mesure que le nombre des candidats a permis d'élever le niveau des connaissances. Il faut donc, à un moment donné, être prêt à répondre sur la matière de plusieurs enseignements, prolongés chacun pendant un ou deux ans. Il faut surcharger sa mémoire en prévision d'un court examen qui décide du sort de la vie entière. Les connaissances ainsi acquises ne resteront pas dans l'esprit; elles ne laisseront même pas après elles ce profit général que procure à l'intelligence un travail librement entrepris et poursuivi avec goût et mesure. Le plus souvent, le seul résultat de cette préparation hâtive et outrée, c'est la fatigue précoce et le dégoût du travail.

Voyons maintenant comment se font les examens. « Aussi longtemps que la concurrence des candidats n'était que médiocrement excitée, comme c'était le cas, par exemple, dans les premières années de l'École polytechnique, la tâche de l'examinateur n'était pas bien difficile. On démêlait bien vite dans une classe de mathématiques ceux qui montraient du goût et de l'aptitude pour les mathématiques, ceux qui répondaient avec intelligence, fallût-il venir en aide à leur mémoire. Tout autres sont les conditions qu'impose la grande concurrence des candidats. Un examinateur ne peut attribuer des numéros à plusieurs centaines de jeunes gens, sans inventer pour son propre compte des procédés artificiels de classement et de numérotage : car si c'est la nature qui produit des esprits supérieurs et des esprits vulgaires, ce n'est pas la nature qui donne le n° 159 plutôt que le n 160. Ou le champ de l'examen restera circonscrit et l'examen tournera à la subtilité, car l'examinateur est de nos jours pour le professeur de mathématiques ce que les sophistes grecs étaient pour les géomètres leurs contemporains ; ou bien, par réaction contre cet esprit de subtilité, on se rejettera sur l'étendue et la diversité des matières pour créer des moyens d'élimination, auquel cas l'instruction, devenue mnémonique, ne fournira plus les garanties d'aptitude que l'on doit principalement rechercher. »

Par ces lignes, venant d'un homme qui a été lui-même professeur de mathématiques et inspecteur général[1], on peut se figurer le régime auquel le système des écoles spéciales a condamné nos jeunes gens : on a dû créer des classes spéciales pour préparer aux examens. Puis il s'est fondé des institutions disposées tout entières en vue de ces classes, de sorte que la spécialité, comme une maladie, ronge tous les ans plus profondément les études du collége.

A ces inconvénients intellectuels s'en joint un autre de nature morale. On perd dès les premières années de la jeunesse la notion du travail désintéressé ; on associe l'idée d'examen si étroi-

---

1. Cournot. *Des institutions d'instruction publique en France.*

tement à celle de travail, qu'une fois que les derniers examens sont franchis, le travail ne paraît plus avoir de raison d'être. C'est une chose étonnante, combien, même chez les plus instruits et les meilleurs d'entre nos jeunes gens, l'amour de la science est rare. On veut être ingénieur, avocat, professeur, médecin : mais très-peu se proposent d'étudier les mathématiques, le droit, l'antiquité, la physiologie. Les examens trop fréquents et trop prématurés n'ont pas permis de s'appliquer à la science et d'apprendre à l'aimer. « Nous n'avons que faire de tant de savants, » pensera peut-être le lecteur : mais le métier et la routine viendront toujours assez tôt. Laissez les jeunes gens goûter pendant deux ou trois ans le plaisir de la recherche scientifique : leur intelligence et leur caractère en garderont toute la vie l'influence fortifiante.

Le devoir et l'intérêt de l'État seraient de s'opposer autant qu'il est possible à l'engourdissement des esprits : on croirait au contraire qu'il s'est appliqué à le favoriser. Une habitude de nos grandes administrations, c'est d'adopter un homme une fois pour toutes et de se charger de sa carrière. Passé un certain délai, comme elles ne laissent plus entrer, elles ne font plus sortir personne : mais ces billets directs ne valent rien. Nous nous reposons sur un si bon maître et le laisser aller nous fait perdre les qualités mêmes qui nous avaient fait choisir.

Après avoir montré les défauts de nos écoles indiquons en peu de mots les remèdes qu'on y peut apporter.

Demander la suppression des écoles spéciales, pour en insérer l'enseignement dans celui des universités, autant vaudrait inviter le fleuve à remonter vers sa source. Mais au moins pourrait-on diminuer l'encombrement à l'entrée de chaque carrière, en ménageant de distance en distance d'autres portes, donnant accès aux candidats qui ont mieux aimé faire seuls une partie de la route. En même temps que chaque carrière communiquerait avec le dehors par l'admission de nouveaux venus, elle éliminerait les sujets fatigués avant l'âge ou restés au-dessous des espérances qu'ils avaient fait concevoir. Pour prendre deux exemples, on entrerait à égalité de droits à l'École des Ponts-et-Chaussées, après avoir fait dans une Faculté des sciences les études que d'autres préféraient suivre à l'École polytechnique ; les étudiants de nos Facultés des lettres se présenteraient à l'agrégation sans être obligés de subir dans l'enseignement des colléges un stage dont sont dispensés les élèves de l'École normale. La suppression de la limite d'âge trouverait son correctif dans la limitation du droit de se représenter aux épreuves : il ne faut pas que la masse des candidats primitivement refusés vienne assiéger de nouveau chaque station de la route.

Une autre modification concernerait le régime intérieur de nos écoles. La prééminence dans une faculté devrait l'emporter toujours sur un ensemble de qualités moyennes. Sauf un certain nombre de cours nécessaires, les élèves cesseraient d'être tous astreints aux mêmes exercices et aux mêmes travaux. L'école pourrait d'autant mieux favoriser les vocations particulières, qu'elle userait plus rigoureusement du droit d'élimination envers les élèves incapables ou paresseux, et qu'elle déverserait dans les autres carrières ceux qui se seraient engagés dans des travaux d'un ordre trop détourné.

A côté des cours obligatoires, laissez les élèves choisir, soit à l'intérieur soit au dehors de l'école, les cours qui agréent le mieux à leur tour d'esprit et à leurs aptitudes. L'élève de l'École polytechnique pourra apprendre les mathématiques à la Sorbonne ou au Collège de France ; l'élève de l'École normale collationnera des manuscrits à la Bibliothèque nationale. Les maîtres s'effrayent aussitôt à l'idée des abus possibles : il vaudrait mieux montrer plus de confiance envers des jeunes gens qu'on a dû choisir en connaissance de cause et qui demain seront des fonctionnaires de l'Etat. S'ils n'apprenaient pas à travailler d'eux-mêmes, ils seraient toujours des serviteurs assez médiocres. La direction la mieux entendue, le programme d'études le plus sagement aménagé, doivent laisser une place aux libres préférences et à l'initiative des élèves. Quoi qu'on leur accorde sur ce chapitre, on restera toujours loin de la latitude illimitée dont jouissent au delà du Rhin les jeunes gens de dix-huit à vingt-six ans.

Peut-être ne sera-t-il pas inutile d'opposer une esquisse de cette vie libre et de cette activité multiple à la discipline défiante et uniforme de nos écoles. Pourquoi nos Facultés des sciences et des lettres ne deviendraient-elles pas les centres d'un mouvement analogue ?

L'étudiant allemand, une fois inscrit à l'université, est maître de suivre, dans la spécialité et en dehors de la spécialité qu'il a choisie, les professeurs et les cours qu'il préfère. Pendant trois ans, aucune surveillance, aucun examen, ne vient contrôler ou limiter sa liberté. Il est vrai qu'à différentes reprises on a essayé, en certaines universités, d'établir une distinction entre les cours obligatoires et les cours facultatifs : mais les professeurs ont toujours protesté contre une mesure non moins fâcheuse pour les maîtres, dont elle enchaînait la liberté d'enseignement, que pour les étudiants, dont elle contrariait les préférences[1]. Non-seulement l'élève choisit parmi les nombreux cours de l'université ceux dont il entend dire le plus de bien ou qu'il pense devoir lui profiter le mieux, mais il regarde les dix-neuf universités de l'Allemagne comme sa propriété et son domaine. Après avoir expliqué Tacite à Berlin, il ira entendre un cours sur Plaute à Leipzig : le jeune indianiste fera le voyage de Breslau à Tubingue parce qu'on y annonce un cours sur le Rig véda. Pour chaque ordre d'études, on combine des itinéraires que les aînés transmettent aux nouveaux venus, et que chacun modifie suivant ses goûts et son inspiration. Entre tous les genres de savoir, l'étudiant va chercher celui pour lequel il se sent fait : entre tous les professeurs, il choisit celui dont l'intelligence est le plus en harmonie avec la sienne, ou plutôt il va de maître en maître s'approprier les qualités de chacun. Ainsi que nous l'avons déjà dit, on passe aisément d'une Faculté à l'autre, et ces changements, qui chez nous amènent presque toujours une rupture dans la vie, s'accomplissent là-bas sans grande difficulté. Un exemple montrera mieux que je ne pourrais le

---

[1]. Niebuhr, Savigny, Grimm, dans leurs écrits, s'élèvent contre toute obligation de ce genre.

faire cette ordonnance plus libre et plus large des études. Je l'emprunte aux Mémoires de Charles de Raumer, qui mourut en 1865 comme professeur de géologie à l'Université d'Erlangen [1].

En 1801, Charles de Raumer quitte le gymnase pour aller à Gœttingue étudier le droit. Il se fait inscrire chez le professeur Waldeck, qui explique les Institutes et les Pandectes d'après l'ancienne méthode : l'année d'après, il entend un cours auprès du professeur Hugo, qui appartient à la nouvelle école, l'école historique. Pendant son quatrième semestre, il joint au droit l'étude de l'administration. Durant ces deux années il a toujours eu soin de suivre un ou deux cours en dehors de sa spécialité : ainsi il a fait des mathématiques avec Thibaut, de l'histoire naturelle avec Blumenbach ; il s'est également inscrit pour un cours sur l'histoire de la peinture, sans compter les leçons de langues vivantes.

En 1803, Raumer s'en va à Halle pour entendre le célèbre philologue Wolf, dont il s'éprend à tel point qu'il suit tous ses cours pendant trois semestres. Le temps de l'université était fini et il allait entrer dans la carrière du droit, quand un de ses camarades lui écrit qu'un nouveau professeur qui lui plaira, Steffens, un géologue, est

---

1. C'était le frère de l'historien Frédéric de Raumer.

arrivé à Halle. Aussitôt il retourne à l'université et sa vraie vocation lui apparaît. Il devient l'ami de son maître, à peine plus âgé que lui, et à partir de ce moment, se voue aux recherches géologiques. De 1806 à 1808, il suit les cours de l'école des mines de Freiberg, puis il commence des explorations géognostiques en Allemagne et en France. Pendant l'année 1809, nouvelle excursion dans un domaine tout différent : Raumer passe une année en Suisse, auprès de Pestalozzi, dont il se fait l'adjoint et dont il étudie la méthode pédagogique. Enfin, en 1810, il est reçu professeur de géologie à Breslau.

Une telle carrière, d'après nos idées françaises, paraîtrait bizarre et décousue. Remarquons cependant que Raumer est professeur d'université à vingt-sept ans, et qu'aucune de ses études ne demeure sans résultat. Grâce à la variété de son instruction, il mène de front les sciences expérimentales et les travaux historiques. Outre ses livres de géologie, il a écrit une géographie de la Palestine et une excellente histoire de la pédagogie. Ces tâtonnements, ces changements de maître, ces courses un peu aventureuses éveillent et ouvrent l'intelligence, pendant que beaucoup d'entre nous sont tentés de s'endormir sur les rails en ligne droite qui les portent.

DES RÉFORMES DE L'ENSEIGNEMENT SUPÉRIEUR.

La réforme de notre enseignement supérieur implique des questions si difficiles, que nous risquerions de faire fausse route, si nous ne consultions l'expérience des peuples où l'enseignement des universités est resté florissant et vivace.

Avant tout, gardons-nous des chimères. Quelques-uns pensent qu'en supprimant l'École normale on relèvera les Facultés : mais outre qu'il est toujours dangereux de sacrifier à un bien incertain des avantages incontestables, il est difficile de comprendre comment une trentaine d'élèves, restitués annuellement aux Facultés des sciences et des lettres, pourraient produire un si grand changement. Les écoles spéciales ne sont pas la cause première de l'affaiblissement des études : elles ont été créées précisément pour y porter remède. A leur tour, comme nous l'avons vu, les écoles spéciales ont eu leurs inconvénients et leurs dangers : mais ce serait un cercle vicieux que d'attendre de leur suppression la résurrection des Facultés.

On a encore dit qu'il fallait grouper nos quinze Facultés des lettres et des sciences en cinq ou six grandes universités, qui, par la richesse de leur personnel enseignant, par le nombre des élèves, deviendraient l'équivalent des universités allemandes. Nous craignons qu'ici encore on ne se fasse des illusions dangereuses. Remarquons d'abord que pour un grand pays comme la France, quinze Facultés des lettres et des sciences n'ont rien d'excessif. L'Allemagne — l'Autriche mise à part — en possède actuellement dix-neuf et songe à en augmenter le nombre. Il faut toujours y regarder à trois fois avant de supprimer un centre intellectuel, si modeste qu'il soit. Qui sait s'il ne s'y trouvera point un homme qui créera autour de lui, grâce à des circonstances spéciales, une école qui n'aurait pu se former ailleurs? Par une singulière contradiction, ceux qui demandent l'abolition, en France, d'une bonne partie de nos Facultés, sont les admirateurs des petites universités allemandes comme Marbourg, Iéna, Halle. Donnez à nos Facultés des hommes de science, augmentez leur budget et leur personnel, et vous aurez à Aix, à Grenoble, à Clermont, à Poitiers de petits centres parfaitement disposés pour le travail.

Mais on se guérit surtout de l'illusion du groupement quand on consulte les documents officiels. Vous croyez que nos étudiants en sciences et en lettres, réunis autour de cinq ou six universités formeront un public nombreux? Au risque d'affliger tous ceux qui s'intéressent à la haute culture de notre pays, il faut dissiper cette erreur. Le vide existerait autour des chaires de ces universités nouvelles comme il existe actuellement autour des chaires de Facultés. Quelques chiffres fournis par la statistique vont le prouver.

L'étudiant en sciences et en lettres se reconnaît à ce signe qu'il se prépare à la licence; quelques-uns, une fois la licence obtenue, poussent jusqu'au doctorat. En 1865, dernière année pour laquelle on ait publié des renseignements, le nombre des examinés à la licence a été de 179 pour les sciences et de 262 pour les lettres. Si nous retranchons les candidats de Paris, qui étaient au nombre de 85 pour les sciences et de 75 pour les lettres, il reste au compte de la province 94 étudiants en sciences et 187 étudiants en lettres. Mais ces nombres sont évidemment trop forts, car on sait que le même candidat peut se faire examiner deux et jusqu'à trois fois dans la même année : ce ne sera certainement pas trop de diminuer les deux nombres d'un quart, et de compter 70 étudiants en sciences et 140 étudiants en lettres. Joignons-y (toujours d'après le même relevé) 2 docteurs ès lettres et 7 docteurs ès sciences, qui ne modifieront pas sensiblement les chiffres précédents. Ce serait donc un auditoire d'environ 220 étudiants que nous pourrions, à ce qu'il semble, grouper annuellement autour des cinq universités. Mais ce nombre, si insuffisant qu'il soit, est encore beaucoup au-dessus de la réalité. Tous ceux qui connaissent notre système d'enseignement savent que la plupart des candidats à la licence sont attachés, soit comme professeurs, soit comme maîtres d'étude, à des lycées : ils n'ont ni le pouvoir ni le loisir de suivre les cours pour lesquels ils prennent des inscriptions. Plus nous réduirons le nombre des établissements d'instruction supérieure, plus nous limitons le nombre des auditeurs qui sont assez à proximité pour assister aux leçons. Quelque affligeante que soit cette conclusion, il faut s'attendre à voir les salles des universités projetées, aussi vides d'étudiants véritables que les salles de nos Facultés. Ce serait donc un mal en pure perte que de supprimer une partie des centres littéraires et scientifiques dont la province est pourvue. Au contraire, en recourant à d'autres moyens, nous avons l'espérance de faire tourner au profit des études sérieuses les établissements actuellement existants.

Les réformes de l'enseignement supérieur doivent porter, selon nous, sur les études de l'École normale, sur les examens de la licence et de l'agrégation, sur le stage imposé aux professeurs de nos lycées, sur le mode de nomination et le recrutement de nos professeurs de Facultés, sur la distribution et la rémunération des cours, sur les moyens de travail mis à la disposition des professeurs et des étudiants. Une réforme de l'enseignement supérieur n'est d'ailleurs possible que si elle se lie à une réforme des études du lycée : en vain ouvrirez-vous des universités, si le lycée ne donne pas l'idée et n'inspire pas le désir de s'y rendre.

L'École normale, dans la réorganisation de notre enseignement supérieur, peut jouer un rôle essentiel. Ce grand établissement n'a pas échappé aux périls que courent toutes les écoles spéciales. Il a eu aussi son temps de splendeur et il a commencé par donner des professeurs qui répondaient parfaitement aux idées et aux aspirations du pays. Mais peu à peu l'enseignement de l'École normale s'est immobilisé, enfermé dans un cadre : la tradition normalienne s'est créée. Pendant qu'en d'autres pays un mouvement scientifique sans égal transformait l'étude de l'antiquité, constituait la critique de texte, renouvelait les méthodes de l'histoire et de la philologie, la maxime qui prévalait à l'École normale, c'est qu'il fallait apprendre à bien penser et à bien écrire, et se garder des vaines curiosités. Les élèves en sortant n'emportaient rien que le lycée ne leur eût déjà donné : ils ne savaient ni lire un manuscrit, ni établir un texte, ni étudier l'histoire à ses sources ; ils ne connaissaient ni les langues étrangères, ni les questions scientifiques agitées au dehors de la France ; ils avaient si peu l'idée d'un travail savant que la plupart n'y croyaient point et en faisaient le point de mire de leurs épigrammes[1].

Étaient-ils au moins de bons professeurs ? Comme on avait pris à tâche d'éteindre chez eux la curiosité, ils n'étaient guère propres à l'éveiller chez les autres. On ne leur avait point appris à parler aux élèves, à les interroger, à stimuler l'esprit par la contradiction, à donner l'exemple de l'observation et de la méthode. Tout ce que nos futurs maîtres emportaient de l'École, c'était une habileté supérieure dans les mêmes exercices de traduction et de style qu'ils allaient, à leur tour, imposer aux collégiens. Ainsi la tradition universitaire allait toujours s'exagérant. Il est vrai que l'Université ne se recrute pas uniquement parmi les élèves de l'École normale : mais les mêmes habitudes se retrouvaient, sauf de rares exceptions, dans tout le personnel, soit qu'il eût déjà reçu

---

1. Le portrait que nous traçons a heureusement cessé d'être exact. Un nouvel esprit s'est introduit depuis quelques années à l'École normale ; il ne s'agit plus que d'en tirer parti.

l'empreinte officielle au lycée, soit que le professeur sorti de l'École normale servît de type et de modèle aux autres. La seule ouverture laissée à des connaissances nouvelles, c'était l'École d'Athènes ; mais le séjour dans un pays dont le passé, il est vrai, est illustre, mais dont le présent n'est d'aucune ressource pour l'acquisition de l'esprit scientifique, provoquait plutôt le désir d'apprendre qu'il n'en fournissait les moyens.

Aucune autre chance n'était laissée au renouvellement des méthodes et au rajeunissement de l'instruction. L'École normale reçoit l'elève de philosophie au sortir du collége, et, au bout de trois ans, le livre comme professeur à l'administration. Ce jeune homme à qui vous allez confier l'éducation intellectuelle et morale de nos enfants n'a pas encore eu la libre disposition de son esprit et de sa volonté. Bien rarement il a l'amour de la science, puisqu'il n'a jamais travaillé que pour passer des examens ; bien rarement aussi il sait manier le caractère des jeunes gens, puisqu'il n'a jamais eu l'occasion de se diriger lui-même. Sans transition il quitte le banc de l'élève pour monter dans la chaire du professeur, et il impose à sa classe la discipline et les exercices auxquels il était lui-même astreint deux mois auparavant.

L'École normale, selon nous, ne devrait admettre que des candidats déjà pourvus du grade de licencié et ayant passé un ou deux ans, comme étudiants en sciences ou en lettres, auprès d'une Faculté. Beaucoup plus de liberté et de variété pourrait dès lors s'introduire dans les travaux de l'École. Les élèves, au lieu de passer leur temps à des exercices dont ils ont déjà été lassés au collége, pourraient l'employer à l'acquisition de connaissances nouvelles. Il est certain qu'une vie plus libre, la fréquentation des cours du dehors, laissent plus de place aux abus : mais nous avons trop souvent perdu de vue ce principe que les bons ne doivent point pâtir pour les méfaits possibles des mauvais. Un droit d'exclusion, rigoureusement exercé, débarrassera l'École de ceux pour qui la liberté du travail équivaut à l'absence de travail : ne croyons pas que ce soit profit de garder des jeunes gens qui étudient par contrainte; ce sont ordinairement les mêmes qui plus tard déserteront l'Université ou qui y apporteront l'esprit d'immobilité et de routine[1].

Tout en gardant l'organisation actuelle de l'École normale, on espère, dit-on, faire la part du progrès par la concession de *bourses de voyage*, qui seraient accordées aux meilleurs élèves après les

---

[1]. La plupart des abus qu'on peut citer comme s'étant réellement produits, sont (faut-il le répéter?) une conséquence de l'internat. Un homme qui a deux heures de liberté par jour pour aller suivre un cours est tenté de ne pas aller au cours.

trois ans de séjour à l'École. On ne saurait assez approuver cette mesure. Mais il est à craindre que par elle-même elle ne soit pas suffisante. C'est en vain que vous direz : « Allez ! faites de la science ! » à des jeunes gens qui n'ont connu jusque là que la préparation aux examens. Ils ne sauront pas ce qu'on attend d'eux ; ils partiront sans doute : mais ils risquent d'arriver au fond de leur bourse de voyage juste au moment où ils commenceront à reconnaître de quelle façon ils auraient dû l'utiliser.

Les examens sont la grande raison toujours alléguée quand on propose de modifier le régime de nos écoles. Cependant il est sûr que les examens n'ont point par eux-mêmes le caractère d'immutabilité qu'on leur attribue : ils sont ce que les font les candidats et les examinateurs. L'École normale renvoie à la Sorbonne et aux jurys d'agrégation le reproche d'immobilité que ceux-ci pourraient retourner aussi justement contre l'École. En effet, qui donne le ton et la note à ces examens, sinon les élèves de l'École normale ? Où se recrute la majorité des juges, sinon parmi les anciens élèves de la même école ? Le jour où celle-ci entrerait résolûment dans des voies nouvelles, on verrait aussi se modifier et s'élargir le programme des examens. Les membres des jurys d'agrégation sont choisis tous les ans par le ministère; quant aux professeurs de la Sorbonne, ce ne sont pas eux sans doute qui se plaindraient, si la critique de texte, l'histoire littéraire, la philosophie et l'histoire apprises aux sources, venaient nourrir les compositions et les réponses des candidats.

La licence deviendrait le grade nécessaire, non-seulement aux candidats à l'École normale, mais à tous les professeurs de nos lycées et colléges. Cet examen n'a guère été jusqu'à présent et ne pouvait être autre chose qu'une répétition de ces mêmes exercices scolaires que nous retrouvons installés partout. Dissertation latine, dissertation française, vers latins, thème grec, voilà le programme des compositions : quelques lignes de latin, de grec et de français expliquées et commentées, voilà pour l'examen oral. D'après tout ce qui précède, on devine le changement que nous voudrions introduire en ce programme. L'explication étendue et raisonnée de textes grecs et latins devrait en composer la partie essentielle. Peut-être même y aurait-il avantage à placer cette épreuve avant les compositions écrites : car l'examen oral nous fait bien mieux connaître la valeur personnelle du candidat, la portée et la maturité de son esprit, que des travaux écrits sur un sujet donné.

Comme la licence est un grade exigé pour parvenir au doctorat, lequel ouvre lui-même l'accès de l'enseignement supérieur, on peut se demander si le caractère trop uniformément scolaire des épreuves écrites n'arrêtera pas des hommes qui eussent été utiles à nos Facultés. Un professeur d'arabe, par exemple, n'a pas besoin de savoir faire des vers latins. Peut-être y aurait-il avantage à établir, pour une certaine catégorie de candidats, des épreuves facultatives : une ou deux compositions pourraient alors être remplacées par des travaux d'une autre nature.

A l'agrégation nous nous trouvons en présence de jeunes gens qui ont à la fois un objet plus défini et une vocation plus uniforme. C'est l'enseignement des lycées que tous les candidats ont en vue : ils se présentent devant des jurys différents, suivant qu'ils veulent devenir professeurs de littérature, de grammaire, d'histoire, de philosophie, de langues vivantes. Pour donner aux épreuves un caractère pédagogique plus prononcé, on a cru bien faire en imposant aux candidats (sauf les élèves de l'École normale) un stage de cinq ans dans l'enseignement. Il était difficile d'imaginer une condition plus malheureuse. On retirait aux Facultés leurs auditeurs véritables ; on détournait du travail, on fatiguait prématurément par des fonctions ingrates (car ce stage se fait ordinairement dans les classes inférieures ou dans la maîtrise d'étude) des esprits qui, mieux dirigés, auraient sans doute pris le goût de la science ; on retirait aux épreuves de l'agrégation leur vrai caractère, car de quel droit aurait-on demandé aux candidats les connaissances qu'on les avait empêchés de se procurer ? Aussi retrouvons-nous encore à l'agrégation les mêmes exercices scolaires que nous avons déjà vus au baccalauréat et à la licence. Quant à la pédagogie, elle est représentée par la correction d'un devoir d'élève et par une leçon supposée faite devant une classe. La même ridicule peur de la science que nous avons constatée dans les programmes des écoles normales primaires, se trahit à l'autre bout de l'enseignement, dans les conditions et dans les épreuves de l'agrégation : l'objet qu'on paraît s'être surtout proposé, c'est d'empêcher que le professeur n'en sache plus qu'il ne faut pour sa classe.

C'est comme élèves de nos Facultés, ayant la libre disposition de leur temps et pourvus de tous les instruments de travail, que nos jeunes professeurs devraient faire leur stage pour l'agrégation. Ils apporteraient à l'examen la preuve des études qu'ils ont faites ; ils diraient les auteurs qu'ils ont lus, les ouvrages dont ils possèdent une connaissance spéciale ; ils montreraient en même temps s'ils sont au courant de l'état actuel de la science et s'ils ont la pratique du travail d'érudition. Il ne faut pas craindre que ces savants deviennent de mauvais professeurs : ils inspireront l'amour de l'étude à leurs élèves s'ils l'éprouvent eux-mêmes, et mieux qu'un beau diseur ils feront comprendre aux enfants l'utilité des connaissances qu'ils leur enseignent.

La séparation entre l'agrégation des lettres et l'agrégation de grammaire provient d'un malentendu dont nous avons déjà parlé. Dans la pensée des fondateurs, la grammaire latine n'était pas autre chose que l'art d'écrire en latin : on supposait que le professeur de rhétorique y était nécessairement passé maître, et on le dispensait d'un examen fait pour des candidats moins habiles. Il serait nécessaire, pour ramener les études solides dans nos lycées, de fondre ces deux agrégations en une seule et même agrégation de philologie, où la critique approfondie des textes ne serait pas moins exigée que le talent littéraire.

Grâce au doyen qui présida la Sorbonne pendant trente ans, l'Université a toujours gardé, par le doctorat, une porte ouverte sur la science. A mesure qu'on bannissait l'érudition des autres épreuves, le doctorat prenait plus d'importance : nous voyons par l'exemple de M. Le Clerc et de ses collègues, quels services peut rendre à l'État un petit nombre d'hommes résolus à le servir même malgré lui. Si la critique a raison de signaler les thèses faibles ou vides qui parviennent quelquefois à emporter l'approbation de la Faculté, cette sévérité de l'opinion est un éloge pour la Sorbonne : car il ne faut pas oublier que l'épreuve du doctorat consistait à l'origine dans deux dissertations sur des lieux communs de rhétorique ou de logique. Quand nos Facultés, prenant l'extension qu'elles doivent avoir, compteront un plus grand nombre de chaires, les sujets traités seront encore plus variés et plus techniques qu'aujourd'hui : d'un autre côté, il est probable que la Faculté aimera à voir les thèses diminuer de volume, à mesure que les doctorats ès lettres deviendront plus fréquents. Dès à présent, elle pourrait, en vue de la soutenance, choisir parmi ses docteurs et ses agrégés des juges supplémentaires.

Le titre de docteur n'aura repris chez nous sa vraie signification que s'il donne au titulaire, soit immédiatement, soit après une nouvelle épreuve, le droit d'enseigner dans une Faculté. Le docteur devient alors agrégé libre de la Faculté. On a trop souvent décrit ce système des agrégés libres, comme il fonctionne en Allemagne, pour qu'il soit nécessaire de nous y arrêter longuement. Liberté entière est laissée à chaque agrégé, comme à chaque professeur, de choisir les sujets et de faire le nombre de cours qu'il voudra dans les limites de la science qu'il a embrassée; liberté entière pour les étudiants de choisir entre les cours qui s'offrent à eux. Après la fréquentation gratuite d'une ou deux leçons, l'étudiant verse entre les mains du trésorier la rétribution uniforme fixée par les règlements. Cette rétribution pourra être un honorable moyen d'existence pour les agrégés libres, comme elle sera un supplément de revenu pour les titulaires. Il est vrai que le professeur libre de sanscrit ou de calcul intégral, si savant qu'il soit, fera bien de ne pas compter sur de gros émoluments : mais c'est ici que l'État interviendra à propos pour donner en connaissance de cause et d'après des services faciles à constater les encouragements que trop souvent il est obligé de distribuer sans information suffisante.

Loin d'avoir à redouter la concurrence des agrégés libres, les professeurs titulaires la devront désirer, car ils en profiteront plus que personne. Si le titulaire est supérieur à ses jeunes compétiteurs, comme cela est probable, puisqu'il a sur eux l'avantage de l'expérience, son mérite, ainsi rehaussé, n'en paraîtra que mieux. Il ne sera plus obligé de tracer tous les ans le même sillon, mais il pourra se reposer sur ces utiles auxiliaires et leur confier le gros œuvre de la science, en se réservant à lui-même un point spécial à étudier.

Il pourra, avec quelques élèves d'élite, s'engager dans des recherches originales, tandis que les agrégés lui prépareront de nouveaux disciples. S'il se trouve parmi les agrégés, comme sans doute cela arrivera, des têtes ardentes et ambitieuses, il s'élèvera des controverses savantes qui animeront professeurs et étudiants : pourvu que l'autorité universitaire maintienne aux discussions leur caractère scientifique, la Faculté ne peut que gagner à cet échange d'idées et à cette lutte intellectuelle Telles étaient nos universités au moyen âge; telles sont encore les universités allemandes. Nos Facultés, où chaque professeur a le monopole de son enseignement et règne trop souvent sur un désert, n'ont produit autour d'elles ni vie, ni chaleur. De telles discussions historiques ou philosophiques ne seront-elles pas pour les étudiants une meilleure école que la polémique des journaux et les incidents quotidiens de la politique? Des différences d'esprit, de méthode s'établiront entre nos quinze Facultés des lettres, qui jusqu'à présent ont eu des traits trop effacés pour ne pas se ressembler beaucoup entre elles.

Comment seront nommés nos professeurs titulaires? Nous ne voudrions pas que ce fût par le concours. Au moment où le concours est établi dans un pays, il peut donner de bons résultats; mais ce mode de recrutement est condamné, avec les années, à perdre la plupart de ses avantages et à faire sentir de plus en plus ses inconvénients. Il se forme, en vue du concours, des orateurs ou plutôt des parleurs, dont la compétition éloigne les vrais savants. La nécessité de se préparer à ces joûtes détourne des travaux scientifiques, quelquefois pour la vie entière. Le concours, dont les résultats sont, en quelque sorte, palpables, soustrait les juges à la responsabilité devant l'opinion. Il assure au candidat qui développe des idées admises, toujours plus faciles à exprimer, un avantage sur celui qui produit des idées nouvelles. Il met les professeurs dans cette situation difficile qu'il leur faut quelquefois se prononcer dans des discussions où ils ont eux-mêmes leur opinion engagée. L'homme qui a gagné sa place au concours est amené aisément à croire qu'elle lui appartient de droit et qu'il n'a plus rien à faire pour justifier le vote de ses collègues[1]. Enfin, n'oublions pas que le concours perd sa principale raison d'être une fois que l'institution des agrégés libres permettra de voir les candidats à l'œuvre, et de recruter à bon escient le corps des professeurs titulaires.

Le droit de cooptation attribué à chaque Fa-

---

1. Les dangers du concours ont été très-bien exposés dans un article de M. Alglave, *Revue scientifique* du 12 août 1871.

culté semble la solution la plus simple. Mais l'expérience nous apprend qu'un tel droit a besoin d'un contre-poids ou d'un contrôle : sans parler des influences personnelles qui pourraient avoir une part trop grande dans les élections, il s'établirait trop facilement un esprit d'exclusion pour certaines directions littéraires ou savantes. Je voudrais un correctif d'une double nature : en premier lieu, ce ne seraient pas les professeurs titulaires de la seule Faculté des lettres ou des sciences qui auraient à voter, mais l'ensemble des professeurs titulaires de la même université, à quelque spécialité qu'ils appartinssent. Moins compétents, mais plus en dehors des questions d'école et de parti, ces collègues, qui pourraient aisément se renseigner, consulteraient les seuls intérêts des études. Les choses se passent ainsi au Collège de France, sans que la science ait eu à souffrir de l'extension du droit de suffrage à l'ensemble du corps. En second lieu, la section compétente de l'Institut serait consultée. Cette mesure aurait pour effet d'associer de plus en plus l'Institut aux grands intérêts de l'enseignement, et elle neutraliserait les influences locales, si elles essayaient de devenir dominantes.

Il ne suffit pas qu'une université possède un personnel nombreux et des cours variés : il faut en outre qu'elle puisse se procurer les instruments de travail. Il lui faut donc un budget dont elle ait la libre disposition. Supposons, par exemple, qu'un agrégé veuille introduire à la Faculté des sciences un cours spécial d'optique : après décision de l'assemblée des professeurs, le laboratoire se munira des appareils nécessaires. Un cours d'épigraphie ne peut se faire sans les grands recueils d'inscriptions publiés en France et à l'étranger. Les cours de langues orientales réclament l'acquisition de dictionnaires, de grammaires et de textes. Un certain nombre de manuscrits est indispensable pour les cours de paléographie et de critique. Nous avons beaucoup à faire à cet égard. On a peine à se figurer le dénûment où sont réduites nos Facultés des lettres, par suite du régime financier qui leur est imposé. Une somme de trois à quatre cents francs est allouée par décision ministérielle à la bibliothèque, quand, à la fin de l'année, il se trouve des fonds disponibles. Il y a six ou sept ans, l'empereur de Russie envoya une magnifique publication orientale « à la bibliothèque de l'Université de Strasbourg » : comme cette bibliothèque n'existait guère que de nom, comme les langues orientales n'étaient pas enseignées à la Faculté, on ne sut au juste que faire du volume[1].

---

1. Il fut déposé à la Bibliothèque de la ville où il a brûlé avec le reste.

Il est pénible d'opposer à cet état de choses la sage prodigalité de l'Allemagne : le laboratoire de chimie de Bonn a coûté un demi-million, celui de Heidelberg un million. La bibliothèque de .'Université de Gœttingue compte les volumes par centaines de mille : il n'est recueil savant qu'on n'y reçoive et qui aussitôt ne soit mis à la disposition des maîtres et des étudiants.

C'est en vain qu'on se reposerait sur les bibliothèques des villes. Elles ont d'autres besoins à satisfaire ; l'étudiant s'y trouve confondu avec les liseurs de rencontre ; les catalogues manquent ou ne sont pas tenus à jour ou ne se trouvent pas entre les mains du public. Si nous n'y prenons garde, la France, sauf Paris, cessera bientôt d'être un sol propre à la production scientifique. Dans une de nos plus grandes villes, le catalogue de la bibliothèque date de l'année 1830 : une collection où le public ne peut pas constater quels ouvrages sont entrés depuis quarante ans, est à peu près stérile pour les recherches savantes. Dans des bibliothèques qui ont hérité des livres d'anciens couvents, on voit de précieux recueils qui s'arrêtent brusquement à la Révolution. Beaucoup de bibliothèques publiques sont devenues des cabinets de lecture où l'on va s'approvisionner de volumes de Lamartine, de Victor Hugo, de Casimir Delavigne. Il faut qu'au moins dans les villes où sont établies des Facultés, les grandes publications de la France et de l'étranger, les journaux scientifiques, les répertoires nécessaires aux recherches, soient mis entre les mains des maîtres et des élèves. Plus d'une bibliothèque spéciale, lentement et savamment amassée par un particulier, viendrait sans doute enrichir ces dépôts, une fois que le donateur serait sûr que ces livres, confiés à nos Facultés, serviraient aux générations nouvelles.

Il est à désirer qu'à des intervalles périodiques et rapprochés, chaque Faculté soit obligée de donner une publication savante. L'émulation s'établira entre nos différents centres de travail. Notre Imprimerie nationale pourrait céder les caractères spéciaux qui seraient nécessaires. Des Facultés, ce mouvement s'étendra peu à peu à nos lycées, qui remplaceront, comme le leur conseillait déjà M. Cousin il y a quarante ans, par de solides travaux d'érudition, « leurs fades discours de distribution de prix. »

Il nous reste à dire comment nous pensons faire renaître les espèces, à peu près perdues, de l'étudiant en lettres et en sciences. L'obligation du stage dans nos Facultés amènera autour des chaires de nos professeurs les candidats à la licence, à l'agrégation et au doctorat, lesquels sont dispersés aujourd'hui dans nos lycées et dans nos colléges communaux. La possibilité d entrer à droits égaux dans des carrières qui ne s'ouvrent jusqu'à présent qu'aux seuls élèves des écoles spéciales, la suppression de la limite d'âge pour ces écoles, retiendront auprès des Facultés beaucoup de jeunes gens qui vont s'enfermer dans les écoles du gouvernement, après s'être d'abord soumis à la culture hâtive des écoles préparatoires. D'un autre côté, la multiplication des cours, le réveil de la vie scientifique susciteront des vocations, en même temps que l'ambition sera stimulée par l'accès plus libre de l'enseignement supérieur.

Nous comptons enfin sur la direction nouvelle donnée aux études du lycée. L'élève de rhétorique et de philosophie, une fois sorti du collége, ne va pas chercher la science, car on ne lui en a pas inspiré le désir, ni même donné l'idée. Content de n'avoir plus à écrire en latin, il laisse le latin : convaincu de la beauté des auteurs grecs, qu'il n'a pas lus et qu'il n'est pas en état de lire, il renonce au grec. Pourquoi étudierait-il les philosophes ? il a réfuté, en deux dissertations, le matérialisme de Hobbes et le scepticisme de Kant. Il ne sait pas les langues étrangères. Il a appris l'histoire dans des manuels. Les noms des savants contemporains ne sont pas venus jusqu'à lui. Mais une fois que les travaux du lycée auront pris un autre tour, nos meilleurs élèves voudront continuer des études qu'ils regarderont, avec raison, comme ébauchées et non comme finies. A quelque carrière qu'ils se destinent, ils sentiront la nécessité de cette instruction supérieure sans laquelle le savoir professionnel risque de se fausser ou de demeurer stationnaire.

COMMENT L'ESPRIT SCIENTIFIQUE SE RÉPAND DANS UNE NATION.

Les qualités que l'enseignement scientifique donne à une nation se sentent plutôt qu'elles ne se définissent, et on en aperçoit plus aisément la nécessité quand elles sont absentes, qu'on ne peut, sans tomber dans la banalité, en décrire les avantages. Essayons cependant de montrer comment l'esprit scientifique s'introduit et se répand chez un peuple.

Frédéric-Auguste Wolf, dans un de ses programmes, trace le portrait d'un bon professeur d'université. La première qualité, dit-il, est l'amour de la vérité; la seconde est la méthode; la troisième, l'art de proportionner son cours à la moyenne de son auditoire. « Plus le professeur sera éminent, plus le public fera attention à ce qu'il dit, non comme il le dit. Les hommes les plus savants sont sortis de l'école des maîtres qui dictaient d'après des cahiers. » Ces paroles méritent d'être méditées. Quand l'élite de la jeunesse d'un pays passe trois ou quatre ans dans un milieu où la recherche de la vérité est la première des lois, elle emporte avec elle une puissance d'attention, une capacité d'apprendre que tout le reste de la vie ne parvient pas à amortir. D'un autre côté, du moment que l'amour de la vérité doit être la première qualité du professeur, son cours prendra une forme bien différente de celle que nous sommes habitués à regarder comme la meilleure. Au lieu d'écarter de ses leçons tout ce qui est douteux, contesté, il prendra soin d'y appeler l'attention de ses auditeurs, et de leur exposer sincèrement les raisons des opinions contraires. Même pour les théories qui lui seront le plus chères, il indiquera les points faibles, signalera les objections. Un ministre, qui a eu de meilleures inspirations, déclara un jour que les Facultés étaient chargées d'enseigner la science faite : mais comment les jeunes gens exerceront-ils leur jugement et leur critique, comment sauront-ils sur quel point de la science ils doivent porter leur effort, si vous leur présentez toujours l'édifice par ses côtés achevés? La science faite est dans les livres; les étudiants déserteront les salles de cours si la leçon du professeur ne fournit pas autre chose que les bibliothèques. Nous voyons des hommes qui ont suivi pendant des années les cours de nos Facultés, ne pas savoir sur quel sujet ils pourraient faire des recherches originales On dépense quelquefois chez nous une moitié de sa vie avant d'être enfin mis au point où l'étudiant allemand est naturellement conduit par ses maîtres à vingt-cinq ans.

Autour de chaque université se groupent un nombre plus ou moins considérable de jeunes gens, uturs professeurs, aujourd'hui *privat-docenten*, pour qui la science est la grande et unique affaire. Ils sont ambitieux, car le besoin de conquérir la réputation, de gagner une chaire, les stimule. Mais en même temps ils sont savants, car ils n'ont pas perdu une heure dans leur vie, et le dernier venu, par cela seul qu'il est le plus jeune et qu'il profite du travail antérieur, possède, à certains égards, l'avantage sur les aînés. Dans ce cercle de professeurs il règne une ardeur de découverte, un besoin d'information, une sévérité de critique, dont il sera possible de nous faire une idée, si nous pensons à l'activité qui, dans une autre direction intellectuelle, se rencontre chez nous parmi les jeunes peintres de nos grands ateliers. C'est la même soif de nouveauté, le même dédain de la banalité, du procédé facile et convenu : là se font et se défont les réputations scientifiques ; là chaque publication nouvelle, d'où qu'elle vienne, est aussitôt lue, discutée, jugée. L'esprit qui règne dans ces régions n'a rien qui soit fait pour plaire: c'est la critique sèche, brève, sans égard; mais on n'y a peur d'aucun travail et il n'est difficulté qui arrête. Pour lire un livre, on apprend une langue; on entreprend un voyage pour contrôler une leçon de manuscrit. Tout ouvrage qui apporte une observation certaine, un fait nouveau, est le bienvenu : les paradoxes sont froidement discutés et réduits à leur juste valeur; un profond dédain accueille les redites ou les déclamations.

C'est cet esprit qui se communique aux étudiants. Dans les conférences historiques, philologiques, pédagogiques dont ils font partie, ils sont dressés à ne rien admettre sur la parole du maître, à tout vérifier, à ne rien passer aux autres ni à eux-mêmes. La sévérité avec laquelle l'officier corrige un faux mouvement de ses soldats se retrouve parfois chez le professeur qui entend un fait inexact, une allégation mal justifiée ou simplement une phrase manquant de précision. Le même ton règne dans les conversations entre élèves. Ils ne comprendraient point, par exemple, nos discussions littéraires, où le sentiment individuel est invoqué comme un argument suprême. Ils seraient surpris de voir cent fois remettre sur le tapis les mêmes questions insolubles. Ils accueilleraient par un sourire les débutants qui, pour signaler la force de leur esprit, voudraient faire table rase de ce qui a existé avant eux.

L'Université est un centre d'où rayonne continuellement sur la nation l'esprit de réflexion et d'examen : car il ne faudrait point croire que ces grands corps restent sans action sur les couches populaires. Comme ce sont les anciens élèves des universités qui remplissent les fonctions publiques et qui exercent les professions les plus considérées, la société tout entière adopte, moyennant le grossissement exigé par l'intelligence et par l'éducation de chacun, les mêmes façons de raisonner et de juger. Le journal que lit l'homme du peuple a pour rédacteur un homme qui a étudié l'histoire avec Waitz ou l'économie politique avec Röscher. Le maître d'école qui parle aux enfants a reçu sa part du courant scientifique par l'intermédiaire du Directeur de son École normale, ancien élève des Universités, et il entretient ce premier fonds grâce à la lecture des journaux pédagogiques.

Comment se manifeste dans les classes populaires l'esprit dont nous parlons ? Par une certaine manière d'examiner les choses en elles-mêmes, de les retourner en tous sens, et de les considérer si longtemps qu'elles se gravent dans l'esprit sous leur forme véritable ; par le choix des informations ; par le besoin d'aller au delà de ce que fournit le simple sens commun ou l'observation superficielle. On exigera d'un journal qu'il apporte des faits et l'on se chargera soi-même des conclusions. Une feuille remplie de déclamations resterait sans lecteurs; celle qui aurait publié sciemment un document faux tomberait sous le coup de la défiance générale[1]. On veut être renseigné sur ce qui se passe dans le monde entier : ce n'est pas assez que le journal répète les bruits de la ville. Il faut que le rédacteur en sache plus que le lecteur et qu'il n'apporte pas uniquement son style ou ses passions. Dans les réunions publiques, on s'écoutera les uns les autres : on est venu pour s'instruire et non pour affirmer ses sentiments. L'homme compétent sur un sujet est invité à s'expliquer : car on a ce respect des spécialités que Socrate recommandait aux démocrates d'Athènes. Même dans les conversations il est remarquable de voir comment une question est élucidée entre gens du peuple, successivement abordée par ses différents côtés et ramenée à ses termes les plus clairs et les plus précis.

Je citerai encore à ce sujet les paroles d'un témoin qui, dans la dernière guerre, a vu les soldats des deux armées : « Je savais avant la campagne combien était élevé le niveau de l'instruction en Allemagne; mais je ne me doutais pas à quel point

1. La presse allemande se montre à l'occasion fort experte en insinuations et en perfidies. Mais elle groupe, elle interprète les faits: elle se garderait de les inventer de toutes pièces.

cette instruction universelle a développé l'esprit de la nation. Presque tous les soldats avaient sur eux des carnets où ils prenaient des notes sur la campagne ; ils aimaient à lire et savaient tous écrire. Mais ce qui m'étonnait le plus, c'était la lucidité et la fermeté de leur esprit. Avec presque tous je pouvais causer avec intérêt, et l'exactitude des renseignements qu'ils me donnaient me prouvait que l'esprit critique, qui fait la gloire de la science allemande, a pénétré insensiblement dans toutes les couches de la société. Quand ils me racontaient un combat, ils savaient distinguer ce dont ils avaient été témoins oculaires de ce qu'ils avaient appris de seconde main, mais avec des garanties de certitude, et de ce qu'ils ne connaissaient que par ouï-dire. L'un d'eux, rapportant qu'au Mans on lui avait dit qu'un général français s'était brûlé la cervelle, ajoutait : « mais je ne veux pas répéter le nom qui m'a été cité, car je crois l'histoire fausse et je ne veux pas contribuer à propager une erreur[1]. »

Prétendra-t-on encore que ces aptitudes sont inhérentes à la race? Mais les qualités que nous venons de décrire sont si peu un don naturel, que nous les voyons manquer dans des pays de race

---

1. G. Monod, *Allemands et Français*. M. Monod a fait la campagne des Ardennes et celle de la Loire comme engagé volontaire aux ambulances.

germanique, lesquels n'ont pas reçu la même culture, comme nous les constatons chez des populations françaises qui se sont donné un meilleur système d'instruction. Pour citer un exemple, les habitants de Lausanne sont de race celtique; ils parlent un dialecte appartenant à la langue d'oc; la latitude est à peu près celle de Lyon, quoique le climat, à Lausanne, soit plus chaud. Ajoutons que la prospérité matérielle est grande. On devrait donc s'attendre à tous les défauts qu'on déclare être fatalement notre partage : cependant la population de Lausanne est aussi éclairée et aussi sage que sont restés longtemps ignorants et faciles à égarer les habitants de Schwitz ou de Stanz, lesquels parlent allemand, sont pauvres et vivent sous un climat froid.

Quant à ces universités allemandes qui peuvent nous éblouir par l'éclat de leur prospérité et par la juste réputation de leurs professeurs, gardons-nous cependant de les considérer comme un modèle qu'il nous soit impossible d'atteindre. Elles ont possédé, elles possèdent encore des hommes d'un grand talent : mais les Jacob Grimm, les Niebuhr sont des exceptions en tout pays. Pour un Otfried Müller, l'Allemagne produit beaucoup d'excellents hellénistes qui sont des ouvriers de la science, pleins de savoir et d'application, devant au travail, à la méthode, à une vigoureuse et permanente gymnastique de l'esprit, les qualités qui nous paraissent un présent de la nature. On devient historien ou épigraphiste, on est un professeur parfaitement en état de continuer la science et de former des élèves, sans avoir pour cela reçu aucun don extraordinaire. Quelques-uns de ces professeurs ont récemment pris soin eux-mêmes de nous guérir de nos illusions, en nous montrant comment ils pensent, quand ils ne sont pas soutenus et maintenus par les procédés scientifiques. La puissance de l'éducation ne s'en montre que mieux. Transportons chez nous les mêmes institutions : on verra ce qu'elles produiront avec la fertilité d'aptitudes, avec la facilité et l'originalité de conception, avec la largeur de vue des intelligences françaises.

CONCLUSION.

On a vu par les pages qui précèdent que l'enseignement, à ses trois degrés, est à réparer et à reconstruire. Une œuvre si considérable n'excède-t-elle pas les forces d'une nation livrée aux divisions politiques et religieuses? Je ne le pense pas: car si l'entreprise est difficile, elle est d'une telle nécessité que le pays en réclame l'accomplissement.

Il est surprenant de voir le pays forcer la main à l'État sur ce sujet : en effet, il appartenait à l'État, qui doit être plus clairvoyant que la foule, de prendre les devants. Quand on parcourt notre histoire, on remarque que l'État a toujours possédé une conscience très-nette de ses droits et s'est montré de tout temps fort jaloux de ses prérogatives : mais il n'a pas assez justifié ses droits par l'usage qu'il en faisait, ni assez découragé ses adversaires par les bienfaits qu'il procurait au pays. « Le roi, disait Servin, est le premier fondateur des écoles. » Combien d'écoles, dans le véritable sens du mot, nos anciens rois ont-ils fondées ? Qu'ont-ils fait pour sauver de la décadence nos universités de province?

Ce que nous disons de l'État peut s'appliquer également aux grands corps qui partagent avec lui le soin et la responsabilité des intérêts moraux du pays Le clergé a fait valoir plus d'une fois l'ancienne maxime : *ad eum qui regit christianam rempublicam, scholarum regimen pertinere*. Nous le voyons encore aujourd'hui réclamer la direction des écoles de l'État et se récrier contre la défiance qu'on lui témoigne. Il cite l'exemple de la Prusse où le clergé a eu jusqu'à présent la surveillance de l'enseignement primaire; il demande pourquoi l'on ne ferait pas de même en France et il se déclare prêt à entreprendre la grande tâche de l'éducation du peuple. Mais si nous comparons l'école allemande, dont l'enseignement étendu et solide n'est pas encore jugé suffisant par ceux qui le dirigent, aux écoles tenues par nos frères, où lire et écrire sont la fin de toute science et où la seule crainte des directeurs, c'est que les élèves n'en apprennent trop, nous comprendrons que l'État refuse de confier au clergé français les mêmes droits que pendant longtemps les esprits les plus libéraux ont vus sans inquiétude exercés au profit des jeunes générations par les deux clergés allemands. Quand le gouvernement français, en 1833, a créé les écoles primaires, il n'a eu à déposséder personne : c'est chose trop naturelle qu'il ne veuille pas remettre entre les mains du clergé des écoles qui ont été fondées sans son concours.

D'un autre côté, il semble que l'Université, uniquement établie pour donner l'instruction et l'éducation, ait dû pleinement remplir sa tâche. Mais l'ancienne Université de Paris s'est toujours montrée plus soucieuse de soutenir ses droits que d'étendre ses obligations Son histoire, de 1550 à 1764, se résume dans la revendication de ses priviléges contre les Jésuites. Une fois délivrée des Jésuites, elle s'installa dans leurs maisons et continua leur enseignement. Si nous passons à l'Université nouvelle, nous voyons que Napoléon, en 1808, déclare en son nom : « L'Université impériale et son grand maître, chargés exclusivement du soin de l'éducation et de l'instruction publiques dans tout l'empire, tendront sans relâche à perfectionner l'enseignement dans tous les genres. » Mais nous avons vu comment ce programme a été rempli : pour des raisons que nous avons essayé de montrer, l'Université n'a pas eu le pouvoir de rajeunir et de renouveler ses méthodes.

C'est ainsi que l'instruction, qui est la principale condition de force et de sécurité pour un pays, est restée en souffrance. Les choses auraient encore pu longtemps continuer ainsi, sans les graves avertissements que la destinée vient de nous donner. Comme dans les familles mal administrées, à l'heure où se révèlent les résultats d'une longue imprévoyance, nous entendons aujourd'hui les récriminations et les reproches qui se croisent. Tandis que les uns accusent le clergé, d'autres dirigent leurs plaintes contre l'Université, et quelques-uns demandent que l'État retire sa main de l'instruction pour laisser faire uniquement l'initiative privée. Au milieu de ce conflit de reproches, une vérité ressort avec évidence : c'est que notre instruction est insuffisante et a besoin d'être réformée. Deux raisons rendent cette réforme, qui était nécessaire depuis longtemps, plus urgente que jamais.

En premier lieu, notre situation intérieure nous commande de répandre parmi le peuple une instruction solide. Le demi-savoir que donnent nos écoles actuelles recrute des soldats pour l'émeute presque aussi sûrement que l'ignorance. On a vu récemment à quel degré d'égarement peut être conduite une population qu'on a pourvue de droits souverains sans l'avoir d'abord instruite et éclairée. C'est en vain qu'on aura comprimé l'insurrection : si les causes persistent, les effets se reproduiront. Sans l'instruction des masses, il est à craindre qu'il ne faille, à des intervalles de plus en plus rapprochés, procéder sur la population de nos grandes villes à des amputations chaque fois plus cruelles. D'un autre côté, le savoir superficiel de nos lycées, l'absence d'un véritable enseignement supérieur, entretiennent dans la nation un courant d'idées frivoles et de déclamations passionnées. Les meilleurs d'entre nos jeunes gens, que l'on dresse à écrire et à disserter sur des thèmes convenus, mais qu'on n'habitue point à observer et à apprendre, n'ont pas ce qu'il faudrait pour rendre utiles au pays leurs aspirations généreuses.

Notre situation extérieure nous avertit d'une façon non moins pressante. Ce n'est pas seulement parce que, entre deux peuples d'égal nombre, le succès définitif appartient au plus éclairé. Mais il est dangereux de réclamer toujours des sacrifices à une nation, sans lui rien donner en retour. Il ne faut pas croire que le peuple ne sache point ce qu'on fait pour lui. « Qu'a-t-on fait pour notre instruction? entendais-je dire naguère à un ouvrier : le peu qui a été fait, c'est sous Louis-Philippe. » Nous aurons beaucoup à demander au patriotisme français, et nous sommes sûrs de le trouver disposé à tous les genres de dévouement. Mais quelque pouvoir qu'ait sur les cœurs le grand nom de patrie, il est souhaitable qu'il rappelle au peuple des bienfaits en même temps que des devoirs. Quand la France s'est levée en 1792, l'idée de patrie se confondait avec la liberté, avec des droits nouveaux, avec l'aurore d'une nouvelle ère.

« Parmi les peuples modernes, écrivait il y a quelques jours un publiciste, il n'en est pas chez qui le sentiment patriotique soit plus puissant qu'aux États-Unis[1]. » Nulle part on ne supporte de tels impôts, on ne se résout si facilement à de lourds sacrifices. Mais ce qui soutient le citoyen américain et le rend fier des charges qu'il supporte, c'est que l'État fait ce qu'il peut pour instruire, pour élever, pour améliorer ses enfants. Osons voir les choses comme elles sont : le beau ciel de la France, son climat fertile, sont un don de la nature; les droits politiques sont aujourd'hui considérés par les masses comme une conquête faite sur l'État; la justice, quand nous y avons recours, ne nous donne que ce qui nous est dû; la gloire est un bien d'une possession changeante et incertaine. Le seul bienfait incontesté par lequel l'État peut gagner le cœur du peuple, c'est l'instruction.

Quant aux classes favorisées de la fortune, lorsque l'État leur demandera leur or ou leur sang pour le bien général, il ne sera pas nécessaire, sans doute, de leur faire comprendre la raison de ces sacrifices. Mais je voudrais que la jeunesse

---

1. De Laveleye. *Les progrès de l'enseignement aux États-Unis.*

éclairée de notre pays pût alors associer à l'idée de patrie celle de la culture française représentée par de grandes et florissantes universités. Ces libres asiles au travail, où la poursuite de la vérité ferait oublier nos passe-temps futiles et nos discordes politiques, deviendraient des foyers de patriotisme en même temps que de science, et ils serviraient ainsi doublement à la grandeur de notre pays. N'oublions pas que la victoire définitive appartient à celui qui représente la plus haute idée morale.

FIN

TABLE DES MATIÈRES.

                                                Pages

Origine et objet de ce travail. 1

L'ÉCOLE.

Des caractères particuliers de l'instruction primaire en France. 12
De la double utilité de l'école. 26
Langue française. 30
Orthographe. 67
Du goût de la lecture. 72
Géographie et histoire. 85
Enseignement de choses. 106
Éducation de la raison. 114
L'instituteur. 126
Considérations finales. 144

LE LYCÉE.

Deux caractères particuliers de nos lycées. 152
Enseignement du latin. 161
De la classe et de l'étude. 187
Le thème latin. 202
La version et la lecture des auteurs. 211
Les vers latins. 221
Enseignement du grec. 227
Enseignement historique du français. 231

Du discours latin et du discours français	233
Histoire, géographie, langues vivantes	255
Des compositions hebdomadaires	261
Des examens de passage	264
De la part faite au progrès dans l'enseignement universitaire	269
De l'internat	281
Les récompenses au lycée	318
Résumé	322

LES FACULTÉS.

De la destination primitive de nos Facultés	327
Les Facultés des lettres	338
Les écoles spéciales	347
Des réformes de l'enseignement supérieur	369
Comment l'esprit scientifique se répand dans une nation	392
Conclusion	401

FIN DE LA TABLE DES MATIÈRES.

6414. — PARIS, IMPRIMERIE A. L. GUILLOT ET A. JULIEN
7, rue des Canettes, 7.

www.ingramcontent.com/pod-product-compliance
Lightning Source LLC
Chambersburg PA
CBHW052117230426
43671CB00009B/1022